NF文庫
ノンフィクション

読解・富国強兵
日清日露から終戦まで

兵頭二十八

潮書房光人新社

1941年12月8日、日本の空母艦隊、第一波攻撃隊の猛攻にあう真珠湾の米戦艦群

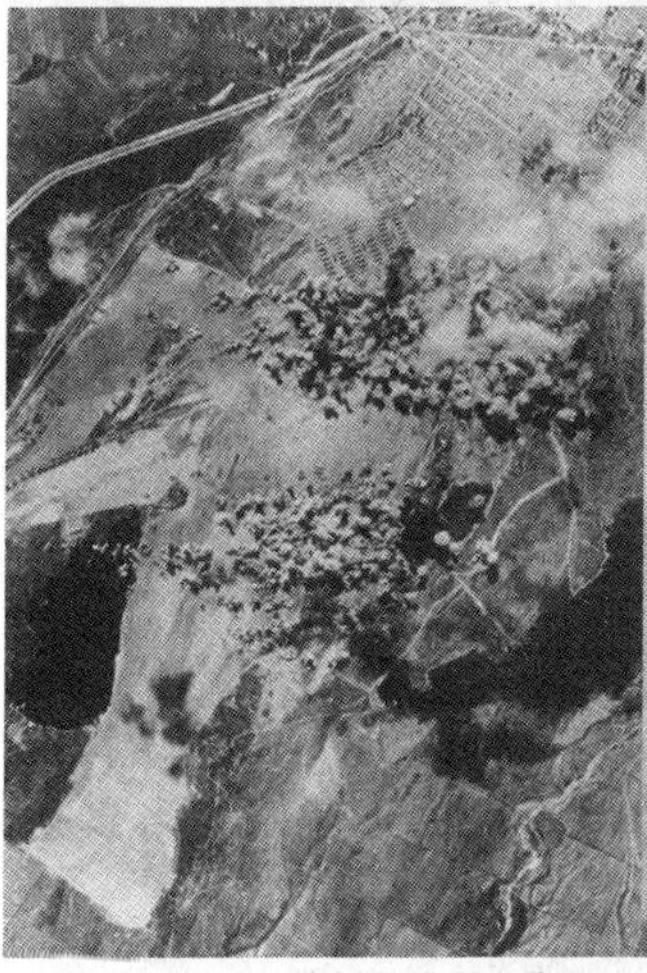

台湾から飛来した日本機の爆撃を受ける
フィリピンのクラークフィールド飛行場

真珠湾攻撃後、赤城に帰投した九九艦爆

那覇に停泊するペリー艦隊。1853年、浦賀に来航して大統領の親書を手渡した

日清戦争時、朝鮮栄城縣龍睡湾において糧食の揚陸作業中の日本軍

日露戦争時、空に黒煙をまいあげながら単縦陣で航行する日本艦隊

第一次世界大戦でヴェルダン要塞を砲撃するドイツ軍兵士

第一次上海事変時、閘北路の戦闘で小銃を手に戦闘をくりひろげる日本軍兵士

第二次上海事変時、羅店鎮で物陰に潜み中国軍を待ち受ける日本兵たち

満州国の首都・新京の関東軍司令部

南部仏印に進駐した日本軍兵士

第二次世界大戦時、北フランスのノルマンディーに上陸する連合軍

軍刀を手に、フィリピンに上陸する本間雅晴軍司令官(中央左)

フィリピン奪回に成功し、レイテに上陸するダグラス・マッカーサー

川上操六

田村怡與造

伊藤博文

兒玉源太郎（右）と後藤新平

伊地知幸介

小村寿太郎

武藤章

石原莞爾

梅津美治郎

ビスマルク

ナポレオン3世

メッケル

ヒトラー(右)とムソリーニ

F・D・ローズヴェルト

野村吉三郎(左)とコーデル・ハル

スターリン

上写真は「空の要塞」B－17爆撃機。下は「超空の要塞」B－29戦略爆撃機

旧陸軍士官学校大講堂で行なわれた東京裁判のA級戦犯被告席。左に東条英機

はじめに

本書では、明治時代の参謀の草分けである児玉源太郎がいかにして「動員奇襲」によってロシア軍の南下を押しとどめ、「満州国」を最初に発想し、しかしそれが逆に日本の「不良資産」となってしまい、ついには、卑劣を卑劣とも感ぜぬ没理性な日本人を今日において増やすことになっているかを、いたって簡単にご説明します。

団体で競う球技には、ふつうはルールがあって、両チームのスターティング・メンバーの人数は、たとえば一方が一一人ならば、他方も一一人というように、同じと決まったものですよね。

また、片方のチームがまだ選手控え室から全員出てきていないのに、試合が始まってしまうようなこともないでしょう。

ところが、国と国との戦争では、試合開始のホイッスルを吹く主審が、どこにもいません。

ですから、スタジアムのピッチに相手チームが一人も出てきていない夜明け前に、こちらのチームが早起きをして全員で準備万端を整え、いきなり「試合」を開始してゴールを二、三発決めれば、楽々と勝ってしまうことができるわけです。

過去一五〇年ほどの間、この「動員奇襲」で戦争に勝ってやろうとする努力が、複数の有力な国々の間で行き過ぎて、いろいろと反文明的な問題をひき起こしました。

やがて、「国家と国家はお互いに、相手から攻撃を受けないうちは、こちらからも攻撃はしない」という国際的な公約を定着させることができないものか、模索され、努力されます。

日本陸軍は「動員奇襲」の技術をドイツ（その以前のプロシア）から必死で学んだ結果、日清戦争と日露戦争に勝って、独立独歩の強国になることができました。

ドイツ軍参謀の教官メッケルから、その「動員奇襲」の真髄を学び、最初にマスターした日本の陸軍将校が、兒玉源太郎でした。

ところが、世界が「動員奇襲」を禁止しようとし始めたとき、日本の陸海軍の若いエリート参謀たちは、いまさらそれに従うつもりになりませんでした。

ついに昭和の日本の国家指導者たちは、「公的な約束を破ることを恥じる」という、近代人の最低限の要件をなす道徳に、こぞって背を向けるようになって、維新の目標であった「五箇条の御誓文」の理想を忘れ、日本の独立喪失に邁進したのです。

本書を皆様にお届けできるのは、潮書房／光人社の牛嶋義勝氏のおかげです。御礼を申し上げます。

また企画コーディネイターの杉山頴男氏（武道通信）にも、前回の『東京裁判の謎を解く』に続いて、お世話になりました。ありがとうございます。

読解・富国強兵 日清日露から終戦まで——目次

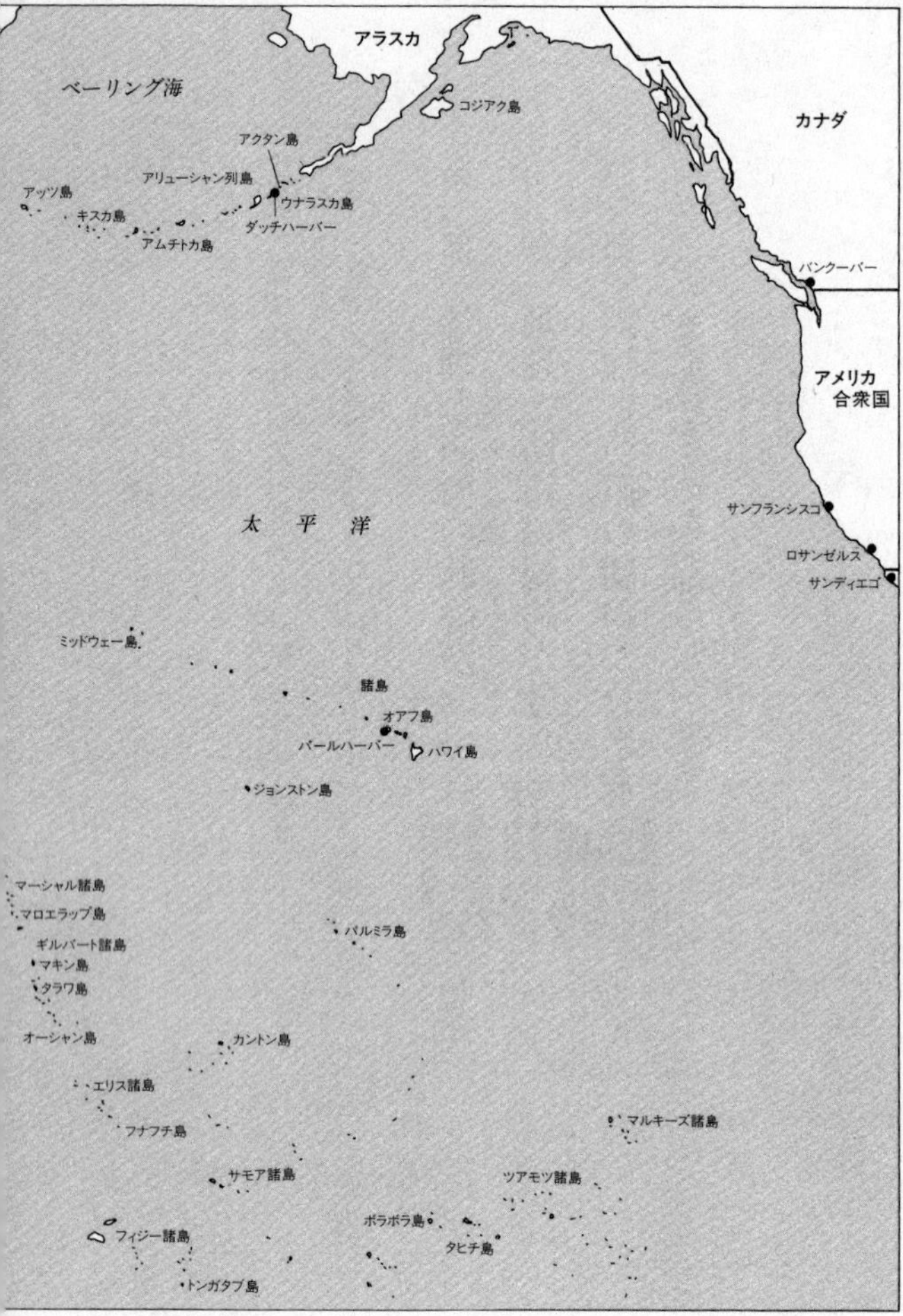
ベーリング海
アラスカ
コジアク島
カナダ
アクタン島
アリューシャン列島
アッツ島
キスカ島
ウナラスカ島
ダッチハーバー
アムチトカ島
バンクーバー
アメリカ合衆国
太平洋
サンフランシスコ
ロサンゼルス
サンディエゴ
ミッドウェー島
諸島
オアフ島
パールハーバー
ハワイ島
ジョンストン島
マーシャル諸島
マロエラップ島
ギルバート諸島
マキン島
タラワ島
オーシャン島
パルミラ島
カントン島
エリス諸島
フナフチ島
マルキーズ諸島
サモア諸島
ツアモツ諸島
ボラボラ島
タヒチ島
フィジー諸島
トンガタブ島

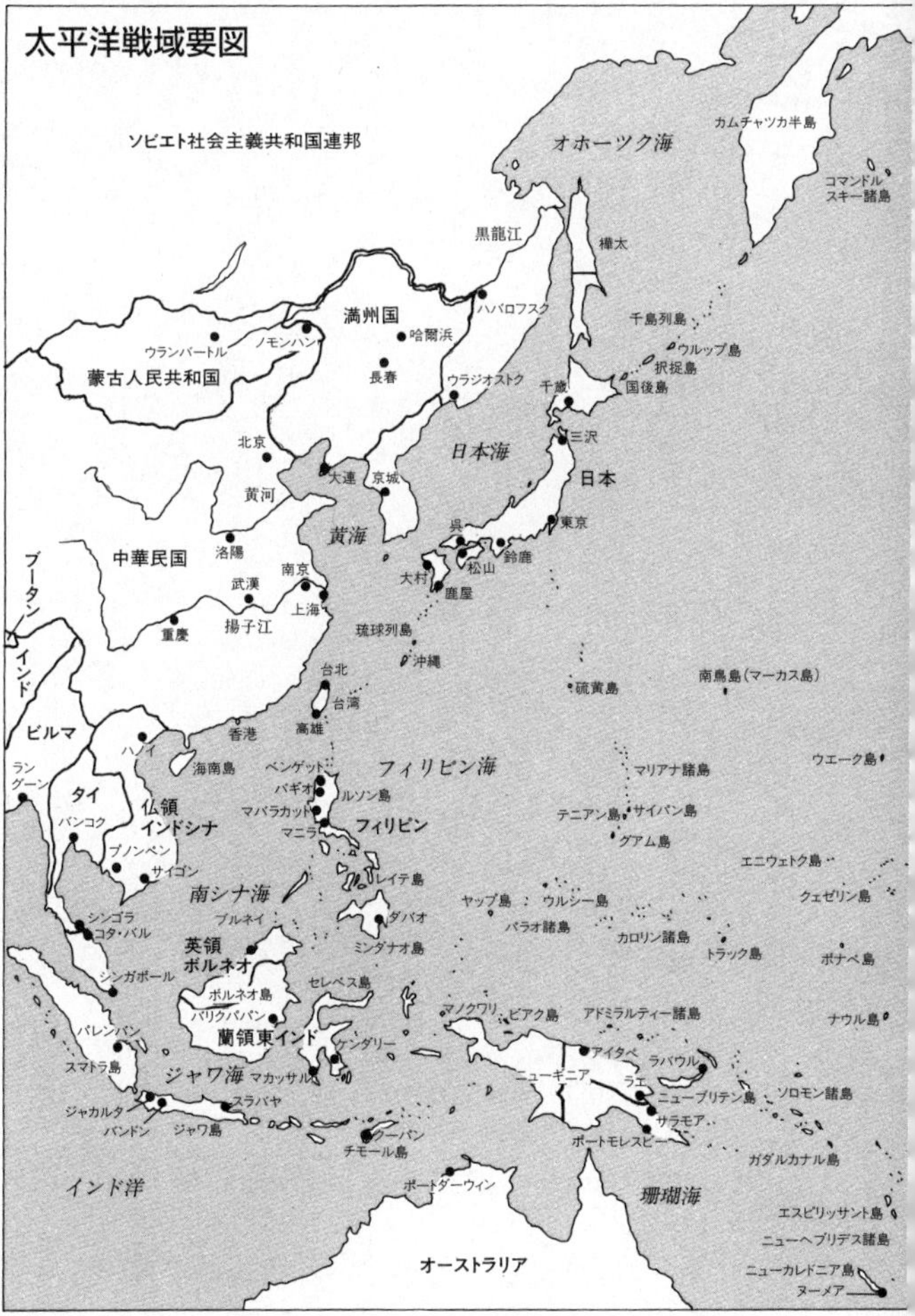

太平洋戦域要図
ソビエト社会主義共和国連邦
オホーツク海
カムチャツカ半島
コマンドルスキー諸島
黒龍江
樺太
ハバロフスク
千島列島
ウルップ島
択捉島
国後島
千歳
満州国
哈爾浜
長春
ノモンハン
ウランバートル
蒙古人民共和国
ウラジオストク
三沢
日本海
日本
北京
大連
京城
黄河
黄海
東京
呉
松山
鈴鹿
大村
鹿屋
洛陽
中華民国
南京
武漢
上海
揚子江
重慶
ブータン
インド
琉球列島
沖縄
台北
台湾
高雄
香港
南鳥島（マーカス島）
硫黄島
ビルマ
ハノイ
海南島
ベンゲット
バギオ
ルソン島
マバラカット
マニラ
フィリピン
フィリピン海
マリアナ諸島
ウエーク島
テニアン島
サイパン島
グアム島
ラングーン
タイ
仏領インドシナ
バンコク
プノンペン
サイゴン
レイテ島
エニウェトク島
南シナ海
ヤップ島
ウルシー島
クェゼリン島
ブルネイ
ダバオ
パラオ諸島
カロリン諸島
シンゴラ
コタ・バル
英領ボルネオ
ミンダナオ島
トラック島
ポナペ島
シンガポール
セレベス島
ボルネオ島
バリクパパン
マノクワリ
ビアク島
アドミラルティー諸島
ナウル島
パレンバン
蘭領東インド
ケンダリー
アイタペ
ラバウル
スマトラ島
ジャワ海
マカッサル
ニューギニア
ラエ
ニューブリテン島
ソロモン諸島
ジャカルタ
スラバヤ
サラモア
バンドン
ジャワ島
クーパン
チモール島
ポートモレスビー
ガダルカナル島
インド洋
ポートダーウィン
珊瑚海
エスピリッサント島
ニューヘブリデス諸島
オーストラリア
ニューカレドニア島
ヌーメア

読解・富国強兵　日清日露から終戦まで

第一部　地理と防衛の制約が分かる

32Q

32A

Q 一三世紀後半に、元軍はなぜ蝦夷（いまの北海道）から日本への侵攻を企てなかったのでしょうか？

A 沿海州の人口が稀薄すぎたために、出撃基盤が構築できなかった。人は、定期的に一定量以上の栄養を摂取しないと、やがて餓死する。モンゴル人も、例外ではなかった。

草原には、人間の食い物はない。だから住民は、牧畜をするにしても、まばらな密度でしか生計が立たない。

もしも草原で大集団を組んだ場合は、同じ場所に少しの時間もとどまることはゆるされず、できるだけ早く通り過ぎて行くようにしなければならない。それを可能にするのは、馬と羊である。羊の群を、生きたまま歩かせて、乗馬に随伴させれば、食料輸送のコストが、かからずに済んだ。

駄載（馬の背に荷物を積んで、その馬を人が引いていく）は、羊を歩かせるよりも厄介で面倒であった。荒地に放置することができないためである。

土地を耕作している豊かな町村を征服した場合のみ、モンゴル軍は、移動を休止して、しばらくそこに滞留することができた。そして、征服した町村の住民を前衛の歩兵に仕立てて、さらに遠くの町村を攻略した。このパターンを繰り返し、彼らは雪ダルマ式に大勢力となったのだ。

ところが沿海州のように山と湿地が連続する密林地帯では、荷車を押していけるような街道が無いのはもちろん、わずかに存在する原住民族が狩猟採集に利用する獣道も、定期的な強風や洪水のため、いたるところで倒木によって遮断されていて、乗馬も羊も行進不可能であった。遠くの農村から、糧秣を駄載して、一列で細道をノロノロと徒歩行進するしかないのだが、それでは、輸送する者じしんが途中で荷物の食料を消費してしまうから、大集団を何ヶ月も維持することは考えられなかった。

たとえば、間宮海峡は幅が数キロしかないので、小船のシャトルでも渡海は可能であったろうが、樺太を南北に縦貫する陸上通路が、二〇世紀以前には存在しなかった。

沿海州から直接に日本列島をめざすにしろ、耕地が存在しない海岸に何ヶ月も滞陣して、そこで輸送船を建造しなければならない。沿海州では、船大工も、労務者も集められない。北海道でも、その事情は同じである。

なによりもその前に、沿海州・樺太・北海道の海図が、皆無だった。信用できる航海案内人は、東シナ海でしか雇用できなかったのだ。これでは北海道侵攻の構想は、およそ漠然としたものしか考えられず、満足な計画とならない。

北海道に上陸できても、そこは農耕地帯ではなく、狩り集められる住民も糧食も多寡が知れていることは、モンゴルは情報として得ていたであろう。

とうじ南シナを制覇しつつあったモンゴル軍が、すでに手中にしたシナのマンパワーと物産を動員して、揚子江河口に出撃基盤を構築し、ただちに、貴金属が蓄積されている日本の都市を南西方面から攻略しようと考えたのは、彼らにとってはいちばん合理的だったのである。

しかしその作戦は、迎え撃つ日本側にとっては、対処がし易かった。北九州という一方面だけが戦闘正面だと考えればよく、あとは全部、敵からの攻撃を受けぬ後方兵站基地になったからだ。

もしも、九州と蝦夷、すなわち南北から同時に侵攻を受けていたら、日本列島を防衛することはできなかった。南北から挟撃された場合は、日本の武士の数を二倍にしても、防衛は成り立たなくなるのである。

Q

もし沿海州の海岸と満州をつなぐ「街道」が、元・明・清朝のいずれかによって整備されていたら、北海道はどうなっていたでしょうか。

A

早々と大陸勢力によって植民地化されただろう。

その結果、日本列島は南北から挟撃され、防禦計画はほとんど成立しなくなるから、まもなく、本州のすみずみまでもシナ化され、日本文化というものも存続できず、「日本人」は亡びていただろう。

この悪夢が、一九世紀以降、帝政ロシアの東漸《とうぜん》によって、現実のものになろうとしたのだ。彼らは沿海州に軍港を築き、樺太を探検し、やがてシベリア鉄道も敷設し始めた。

もし、満州と沿海州からロシアが南下を続け、朝鮮半島南端も支配することになると、ロシアが、日本列島を南北から挟撃できることになる。

この事態を防ぐために、日本は、朝鮮半島から外国勢力を逐い出す必要があった。それが、日清戦争と日露戦争の理由である。

Q ロシアに日本を支配されたら、不幸だったでしょうか?

A 帝政ロシアの領土拡張、なかんずく東漸の跡をみると、元からいた住民は、しばしば、大虐殺や大粛清の対象にされている。

もともとから暮らしていた土地から排除され、強制移住させられた不毛地で餓死させられた集団もある。流刑や強制収容所は、国家事業のように盛んである。

これは、二〇世紀の共産党政権とは何の関係もない。

いくら、ペテルブルグやモスクワに住むロシア政府のエリート層が西欧化を志向して啓蒙思想を抱いても、末端の統治は、野蛮にせざるを得ないのだ。それは、地理の現実が、警察や司法の文化を規定するためである。野盗や匪賊の捕縛が甚だ難しいために、刑罰がどうしても過酷になってしまい、人々も、それに慣れてしまうのだ。彼らは、のびのびと自由に考えることもできない。

諸外国の野蛮・不自由・規律・権威主義などの具合を、日本人は江戸時代からよく較べていた。北方のロシアの残虐さは、心からのもので、筋金入りであると、わたしたちの先祖は、判定したのだ。このロシアの文化に征服されることは、日本人としては我慢ができなかったので、人々は明治維新政府を支持したのである。

Q シベリア鉄道の建設が日露戦争につながった、というのは本当ですか？

A そもそも沿海州（沿海地区）が清国領土からロシア帝国領土に変わったのは、一八六〇年の北京条約にもとづく。一八五六年に、商船『アロー号』に対する清国の臨検から、英仏連合軍が清国と交戦する事態に発展し、ついに清国の首都・北京は占領されるに至った。この紛争に、ロシアは調停者として口を出し、さらに清朝に迫って、まんまと土地を割譲させたのだ。

ロシアは、その新領土の南端、朝鮮国境近くに、ウラジオストック軍港を建設し始めた。

ロシアは、クリミア戦争で思い知らされたように、どうしても海軍力と資金力では英国に及ばない。陸づたいに、英帝国の財力の源泉であるインド、あるいはシナ市場を強奪したくとも、鉄道が発明される以前には、それは不可能事だった。が、英国人が発明した鉄道の世界的な普及が、ドイツやロシアなどのユーラシアの内陸国に、英国の海軍力に拮抗できる新手段を与えようとしていた。

一八八〇年以降、帝政ロシア政府内で、極東経営のためのシベリア横断鉄道の建設計画が固まった。起工は一八九一年（明治二四年）で、極東側では、終点のウラジオストック軍港から、まず内陸のハバロフスクへ向けて、線路が敷設された。必要なレールや機関車などの鉄道資材は、船舶でヨーロッパからウラジオまで運ばれたのである。

一九〇一年（明治三四年）、難所であるバイカル湖畔区間を除いて、シベリア鉄道は全通した。義和団事件を機に、ロシア軍が満州に南下して居座ろうとしたのも、欧州方面から鉄道によって簡単に兵力を増援できるという自信に、裏付けられていた。

日清戦争の結果、下関条約で遼東半島を日本に奪われそうになった清国は、ロシアに頼んで日本に圧力をかけ、土地を還付させることに成功した（三国干渉）。

この謝礼として、翌一八九六年（明治二九年）、清国政府はロシアに、北部満州を横断して、シベリア鉄道の大湾曲区間をショートカットする「東清鉄道」の敷設権を与えねばならなかった。この路線は一九〇三年（明治三六年）に完成した。

同年一〇月に参謀本部次長になった児玉源太郎中将と、外相の小村寿太郎は、いまや朝鮮の防衛のために、対露の一戦は、不可避になったと判断した。

さいわいにも、イギリスが、日本を応援していた。シベリア鉄道と南満州鉄道（終点は旅順）がつながっているため、ロシアが租借している旅順軍港を拠点にする「ロシア東洋艦隊」が、いちじるしく増強されつつあった。そのまま放置すれば、やがて清国沿岸はロシア海軍に制海されてしまい、シナ市場はロシアに奪われるに違いなかった。

児玉源太郎と小村寿太郎は、このうえバイカル湖畔区間も完成したら、南満州の陸戦で勝てるかどうかも怪しくなるので、一刻も早い「動員奇襲開戦」を相談した。

明治陸軍の参謀本部が、普墺戦争と普仏戦争のときのドイツ参謀本部を模倣していたように、日清戦争当時の陸奥宗光外相と日露戦争当時の小村外相は、ビスマルクの役を果たそうとした。日清戦争のときは、総理大臣の伊藤博文が終戦戦略を主導したが、日露戦争では桂首相のイニシアティヴがほとんどなく、児玉と小村が協働して、開戦も終戦も仕切った。

黄金期のプロシア参謀本部は、ナポレオン個人の仕事を、どうやって官僚組織が再現できるかを模索したのだが、じつは成功の主原因は政治家ビスマルクの個人の才能にあった。ビスマルクが国王の不興を買って失脚したあとのドイツ参謀本部は、第一次大戦で、ドイツ国王を国外亡命者にしてしまった。国体を、救えなかったのだ。日本の明治体制の課題は、そのビスマルク個人の仕事を、どうやって政府機構が再現し得るか、であったはずだ。だが、第一次大戦前にそれを意識していたと推定できるのは、わずかに、伊藤博文と、児玉源太郎の二人だけであり、第一次大戦後には、レーニン、ムソリーニ、スターリン、ヒトラーが、わが国の軍人や政治家のあこがれる目標になってしまう。

Q

ペリー艦隊はどうして、一八五二年より以前には、日本にやって来られなかったのでしょうか。

A

鉄道以前の長距離大量輸送手段の代表は、船だった。一九世紀に蒸気機関が船舶用動力として普及する以前は、帆船が外洋の交通や作戦に用いられていた。

そうした帆走軍艦の大きな弱点は、狭い港湾や水道における機動にいちじるしい制約があることだった。風向と風力によっては、浅瀬があると分かっていながらそれに乗り上げてしまったり、風上側にしか出口がない港から艦隊がまったく出られないという窮地に陥ることがあり得た。蒸気船は自力で後進もできる上、離岸や船出の際の風向・風力に、あまり制約されることがないので、軍艦の機動性と対地攻撃力を革命的に高めることになったのである。つまり、帆船ならばとても近づけなかったような入江の奥まで、大胆に侵入することが可能になったのだ。

しかし蒸気動力にもデメリットがあった。真水と石炭、もしくは薪燃料を、大量に消費することだ。そのため、航路の途中にあらかじめ点々と給炭所が設置されていない限り、ある程度以上の長距離航海は、できなかった。

たとえば一八六九年にスエズ運河ができるまでは、帆船の方が給炭の必要がないため、楽にシナまで到達することができたのである。しかし一八六九年以降は、スエズのような狭い運河は蒸気船でなければ抜けられないから、この航路に帆船は使われなくなった。

北米の西海岸からシナまで、交易目的の帆船が往復するようになったのは、一七八八年末以降だ。

一七九〇年代には、米国東海岸に母港を有した帆走の遠洋捕鯨船が、日本列島の周辺の洋上で、日本の沿岸漁民と接触するようになった。帆船だからこそ、薪炭の補給を気にせずに、一～二年も連続して遠洋で操業していられたのである。

一七九七年から一八〇九年の間、ナポレオン戦争にまきこまれて本国からの補給を英国に遮断されたオランダの東印度会社は、アメリカから帆船を借りて長崎貿易を続行した。

こうして日本情報を収集した在支の米国人グループ（宣教師と貿易商）は一八三七年、北大西洋を漂流していたオトキチら三人の日本人を送り届けるという名目で、広東から、大砲を搭載しない帆船の『モリソン』号を仕立てて浦賀水道に入った。彼らのキリスト教布教の意欲は、貿易の意欲に劣らぬほど強かった。だが、鉄砲でもって追い返されてしまった。

阿片戦争のあとの一八四二年、シナは英国に五港を開き、香港を割譲する。米国は、いよいよ日本利権の開拓に意欲を燃やした。

一八四六年、米国政府の命をうけたビドルの指揮する二隻の帆走軍艦が江戸湾に居座って、開国と通商を求めたが、武力行使の脅しが伴わなかったため、不首尾に終わった。帆船は、品川沖まで肉迫することができない（狭い内湾の岸に接近しすぎると陸上から砲撃されたときに機敏に離脱できず、最悪のばあい座礁して捕獲される）ため、迫力が足りないのであった。

一八四八年に、米国人として初めて幕府との正式の交渉を長崎で持ったグリン大佐は、議会に対する報告書のなかで、日本との交渉は、武力を背景にしないと一歩も前に進まないと切言した。

これがペリーの蒸気船による遠征を準備させることになった。

米国の蒸気船は、ミシシッピ川とオハイオ川を遡航する交通手段として一八一一年から発達していた。だが当時の金属加工知識の未熟から、しばしばボイラー爆発が起こり、火災とあわせて、一八五一年までに数千人の死者を出しているほどの、あぶない技術だった。

ペリーの乗艦が『ミシシッピ』と命名されていたのにも、このような歴史がふまえられている。ペリーは外輪駆動式の軍艦の運用には、その建造時点から関与していて、自信があったが、もっと進んだスクリュー船を伴うことには、慎重だった。

太平洋上には、給炭船から石炭の移し替え作業ができるような港は、ほとんどない。ホーン岬から太平洋を横断するコースは、したがって論外であった。

バージニア州のノーフォーク軍港を出てから、喜望峰まわりでインド洋に入り、南シナの沿岸を伝って江戸湾に向かう他にない。その航路でも、まだロクな給炭所は設けられていなかったので、ペリーは、石炭輸送帆船を二隻、艦隊よりも先行させ、行く先々の港で、給炭ができるように手配した。ペリーの長年の経験と専門知識だけが、このような計画を可能にしたのである。

シナ海岸で『サスケハナ』号ほか三隻と合流したペリーは、一八五三年四月、まず沖縄の那覇港に停泊した。沖縄の役人が退去を求めるのに聞く耳を持たず、艦隊を二つに分かって、一部を那覇に残し、自らは二隻を率いて小笠原を踏査。父島の二見湾に上陸した。

そして七月。浦賀沖に、二隻の蒸気船と二隻の帆走軍艦が現れた。幕府の役人は、長崎へ行けと命じたが、ペリーは、フィルモア大統領の手紙を受け取らないなら戦争だと脅かした。

七月一四日、江戸を砲撃されぬようにと、ペリーは久里浜へ上陸させられた。三〇〇人の陸戦隊員が、ペリーとともに砂浜に立ち、箱入りの親書は手渡された。

「大統領から皇帝に宛てたこの友好的な書簡が、もし受領をされず、また速やかに返事もされぬようであれば、わが大統領は、わが国が侮辱されたとみなす。その結果につき、わが大統領は責任をもてないであろう（…will not hold himself accountable for the consequences.）」というのが、ペリーの脅し文句だった。

天皇の返事を受け取りに来春また来るぞと言い捨てて、七月一七日に黒船艦隊は、シナに向かって去った。途中で、再び、沖縄に上陸している。

タイミングはアメリカにとって幸運であった。一八五三年にクリミア戦争が始まり、五六年まで、日本海とオホーツク海も戦場となった。英・仏・露の海軍は、アメリカの対日工作に、まったく干渉する余裕がなかったのである（日本が英露開戦を告げられたのは、一八五四年七月だった）。

一八五四年二月に、こんどは七隻の船舶を引き連れてやってきたペリーに答えて、幕府は、フィルモア大統領の要求をほとんど受け入れる他はなかった。三月三一日に、ペリーは神奈川条約に署名した。

これによって、下田港と箱館港が、開かれることになった。下田港は水深が大で、大型帆船が座礁の心配なく出入りできることが、アメリカ側には便利であった。商船が蒸気動力に切り替わるのは、当分、先だったからである。また幕府としては、江戸から離れていることが、好ましかった。幕府は、同年中に、英国およびロシアとも、同様の条約を結ばざるを得なくなった。

ペリーはすぐに下田へ立ち寄り、それから箱館も視察した。そこから琉球に行き、那覇条約を結び、香港で待機していた艦船と合流して、インド経由で欧州に針路をとった。

一九〇八年、セオドア・ローズヴェルト大統領が、日露戦争後に増長する日本人に警告を与えるために企画して周航させた、白塗りの主力艦隊（ホワイト・フリート）が、東京湾に「親善」訪問した。このときの戦々兢々たる雰囲気を懸念した元勲の伊藤博文は、自ら撰文したペリー上陸記念碑を、久里浜に建立させた。一九四五年の敗戦の数ヶ月前、この宥和的な石碑は一時的に撤去され、代わって、徳富蘇峰の反米愛国的な撰文の碑に、建て替えられた。

Q なぜ徳川幕府は、黒船と戦争しなかったのでしょうか。兵員数では圧倒していたと思うのですが……。

A 現在、東京港内の「お台場」と呼ばれる遺構は、外国の軍艦を、品川の海岸線まで近づけないようにするための、埋め立て砲台であった。この築造工事のために、江戸幕府は、とっておきの最後の予算まで使い果たして、それが祟って、やがて西南雄藩との力関係が逆転してしまうのである。

そこまでしても台場などを設けなければならなかった理由は、江戸城（といっても本丸の天守閣はとっくの昔に火事で焼けてから再建されず、その周辺に広壮な屋敷が密集していた）の位置が海に近く、黒船からの艦砲射撃を喰らうおそれがあったからだった。もちろん、当時の海岸線は現在よりもはるかに引っ込んでいた。九段坂の低い灯台が、品川沖の舟から、よく見えたという。

これが、徳川幕府がペリーとの交渉で強く出られない弱みであった。

たとえば箱館が開港されたときの役場を要塞化した五稜郭は、海岸から二㎞の位置にあったが、明治二年の箱館戦争で、艦砲射撃を雨あられと受けてしまい、榎本軍はあわてて、海岸から五㎞離れた内陸に「四稜郭」を築こうとしている。

つまり波打ち際から五㎞ぐらい離れれば、最新鋭の艦砲の直撃も免れることができるのだが、江戸城の周りには武家屋敷が、さらにその周りにはおびただしい町屋が連なっていた。ペリー艦隊にとっては、風上の市街地をまず砲撃で炎上させ、それを江戸城まで延焼させることぐらいは、わけもないのであった。そのような前例としては、ナポレオン戦争中のネルソン艦隊による、コペンハーゲン市の焼き討ちがあった。

さらにペリー艦隊は、江戸湾の入り口付近で海賊を働き、日本の商船の出入りを完全に阻止することもできた。江戸時代の街道は、荷車すら通れない未舗装の狭い道幅で、陸上の長距離輸送は、馬の背中や牛の背中に物資を載せて運ぶ以外にない。それではとうてい、大坂方面からの廻船による輸送力を、代行できるものではなかった。食料や薪炭の入港が途絶すれば、ひたすら消費するのみの一〇〇万都市には、たちどころに飢餓地獄が現出するはずであった。そこには旗本の家族や家来だって巻き込まれてしまうのである。

もしも江戸城が焼かれ、将軍のお膝元が生活物資の欠乏で大混乱に陥るという事態になれば、諸藩が徳川家に対する忠誠をひるがえす好機が、そこに生ずるだろう。大名が勝手に国元に戻ったり、各地から諸藩の軍勢が江戸にのぼってくるかもしれない。外様大名の誰かと、外国軍が結託しないという保証もなかった。

アメリカ軍が、初弾の発射後、三〜四秒で次弾を発射できる後装銃を手にするのは、南北戦争の後半からである。ペリー艦隊が引き連れていた三〇〇人の海兵隊員は、まだ前装式の銃剣付きライフルを使っていた。

これらの前装小銃は、サイクル・レートでは日本の火縄銃と互角であり、射程と遠距離での命中率は、火縄銃に勝っていた。

それでももし、人数で五倍の、一五〇〇梃ぐらいの火縄銃隊で取り囲めば、米国海兵隊は、洋上に撤退するしかないだろう。

ところが、幕府は、特定戦場に、一五〇〇人の銃隊を即座に展開することが、できないのだった。動員速度が、お話にならないくらい、遅かった。

幕末の日本には、全国で四七万人くらいの武士がいたらしい。しかし戦争では、特定の戦場に、相手より強力な戦力を集中できた者が勝つ。ペリー艦隊は、日本の海岸の好きな場所に、三〇〇人の海兵隊を投入することができる。しかも、艦砲射撃の支援火力付きである。日本側が一五〇〇人の火縄銃隊をあつめてきたら、こんどは別な場所を襲撃すればよいのだ。有力な親藩の城下町も、多くが海岸の近くにあり、焼き討ち攻撃には弱かった。

この機動力と火力とを、徳川政権が実力で排除するためには、台場ではなく、鉄道か軍艦かの、どちらかが必要なのであった。

Q　ペリー提督とはどんな人ですか。

A

マシュー・カルブレイス・ペリーは、アメリカ東部のロードアイランド州で、一七九四年に三人兄弟の末っ子として生まれた。

父が海軍大佐で、兄のオリバーも海軍将校という家庭環境であった。（この兄の名前にちなむフリゲート艦が、一九七〇年代に建造されている）

兵学校生徒となった一四歳のマシュー・ペリーが一八〇九年に最初に乗艦したのは、兄が艦長を務める『リヴェンジ』号であった。

一八一二年の対英戦争の直前には、米艦『プレジデント』に乗務していて、英艦『リトル・ベルト』との小競り合いを体験した。

対英戦争後に、ペリーは地中海方面に出動。一八一九年から二〇年にかけては、リベリア沖のパトロールに就いた。これは、ナポレオン戦争の期間中に、ヨーロッパ海軍による公海の取り締まりに空白が生じ、各地で海賊が出没して民間商船に被害が出ていたからである。

一八二一年に『シャーク』号の艦長となったペリーは、キューバから買ったキーウエストの地をアメリカ領だとして宣言し、そこに軍港を築いた。これによって米国は、西インド諸島を支配するための根拠地を確保した。

一八二六年、ペリーは海軍中佐（commander）になった。ニューヨークの海軍工廠勤務を経て、一八三七年には大佐になった。米海軍の二番目の蒸気船である『フルトン』号の建造を監督したペリーは、工事が済むと、その艦長にも任ぜられた。一八三九年から四〇年にかけ、ニュージャージー州にあった海軍砲術学校長も兼任。一八四三年から四四年には、ペリーはアフリカ遠征艦隊を率い、奴隷密輸を取り締まった。このとき、艦隊司令官相当官（Commodore）の肩書きを得た。ちなみに一七七五年から一八五七年の間、米海軍の最高階級は大佐（captain）でしかなく、海軍准将（commodor）は、その後につくられたのである。そして、海軍中佐（commander）もしくは大佐のうち、艦隊司令官を務める者を「コモドアー」と呼んだのであった。いかに初期の米国海軍が陸軍にくらべて小所帯であったか、また国内での政治勢力としては陸軍には到底かなわない組織であったかが、分かるだろう。

一八四五年からの対メキシコ戦争は、アメリカの挑発によって始められた侵略で、結果として、今のニューメキシコ州とカリフォルニア州が割譲されることになった。この戦争の初動時において、ペリーはノーフォークでの留守番だったが、まもなく本国艦隊の司令官に任命された。

ついで一八四七年、ペリーはじぶんで建造を監督した蒸気動力の外輪船『ミシシッピ』号でヴェラクルズ市に二日間の艦砲射撃を加え、さらにタバスコ河を遡航。一一七三人の陸戦隊を率いてタバスコ市を占領し、ユカタン半島を遮断した。

メキシコの敗因は、敵がどこに上陸しても、すぐに大軍をそこに集中投下できるような、国防用の鉄道網が未整備だったことである。蒸気船の機動力に、陸上の徒歩軍隊では、どの戦場においても、数的優勢をもつことができないのだ。やはり鉄道をもたなかった江戸幕府も、黒船には屈服するしかなかったのだ。

一八五二年にペリーは、ミラード・フィルモア大統領に、意見を具申した。〈シンガポールと香港をおさえた英国がシナ方面の全貿易を支配してしまう。これに対抗するために、日本に複数の避難港を確保すべきだ〉と。

これに大統領が同意し、一八五三年の日本遠征ミッションが命下された。

最前線の海軍司令官に必要なあらゆる経験を積み、平戦時ともに上司の命令を遵守して政府から信用され、しかも蒸気動力艦の第一人者であったペリーが、この大遠征の指揮官として選ばれたことは、至当な人事であったといえよう。彼を措いては誰もその適任者はいなかったのだ。

二度目の訪日で、神奈川条約に署名して帰国する途中、ペリーは一〇日間、台湾に立ち寄り、石炭補給所の適地を探した。

一七八四年から、対シナ貿易は、東部の米国人を富ませていた。

ペリーは、台湾こそは、かつてスペインがキューバを拠点にしてアメリカを探検したような貿易中継基地になる、と本国政府に提案もした。これは、海軍力と海軍拠点たる島のコンビネーションを説いたマハン理論のそのまま応用だ。けれども折悪しく、アメリカ国内は、南北戦争（一八六一～六五年）前の国内対立が先鋭化しつつあるときで、どうも海外の問題どころではなくなりつつあった。

ペリーは英国船に便乗して一八五五年一月一一日に米国東海岸に凱旋した。その間に大統領は、フィルモアから、フランクリン・ピアースにかわっていた。

前年の一八五四年に、奴隷州に反対する連盟として「共和党」が発足していた。ジョン・ブラウンの過激な奴隷反対暴動が起きるのは一八五九年であり、共和党がリンカーンを大統領に送り込むのはその翌年なのである。

それでも帰国したペリーに対し、連邦議会は賞金二万ドルを拠出して、遠征の公式リポートを出版するように促した。また、もしもペリーが健康をそこねて退役したときには、少将（rear-admiral）の階級を与える恩典も授けた。こうしてペリーの監修の下に編纂されたのが『Narrative of the Expedition of an American Squadron to the China Seas and Japan』である。

ペリーは一八五八年三月に、ニューヨーク市で六三歳で病死した。死の直前には、ロバート・トムス著の日本遠征記の別バージョン：『The Americans in Japan』が公刊されている。

まさにペリーが死んだ年に、初代領事タウンゼント・ハリスが、日米修好通商条約を締結した。この条約は、一九四一年に日本軍が仏印に進駐するまで、有効であり続けた。

日米条約に反発した国内の反幕勢力を取り締まったのが、一八五八～五九年の「安政の大獄」で、それを指揮した井伊直弼は、一八六〇年にテロに遭って殺される。暗殺の直前、『ポーハタン』号にエスコートされた『咸臨丸』がアメリカに旅立った。そしてジェイムズ・ブカナン大統領の歓迎を受けた。

今、ハワイの戦艦『ミズーリ』にある国旗は、ペリーの旗のレプリカで、星の数が現行の国旗とは違っている。このレプリカが、昭和二〇年九月の日本の降伏調印のときに、わざわざ持ち出されたのである。

Q 明治元年の戊辰戦争（倒幕維新戦争）のときには、長州藩と薩摩藩の戦力に甲乙はつけ難かったと思います。それがなぜ、明治二七年の日清戦争の頃には、長州閥がほぼ新政府の方向をコントロールするようになっていたのですか？

A

戊辰戦争の時点で、西国雄藩の全海軍力よりも、榎本武揚が率いる幕府の海軍力の方が優勢だった。けれども徳川幕府は薩長に屈服した。一国の国内権力の帰趨と、海軍力とは、ほとんど無関係なのである。

海軍は陸軍と違って、雇い主である政権や、支配している領民と、その運命をともにしたりは、しない。榎本は、脱走先の箱館で腹も切らずに、投降して、あらためて新政府の大臣に登用されている。対米戦争を主導した帝国海軍の生き残りたちは、敗戦後、進んでアメリカの手先になった。

ある一国内を誰が支配するのかを決するのは、いつでも、陸軍の力である。これは古今東西、例外がない。イギリスですら、本土の陸戦で大敗した都度、王朝そのものが変えられた。その逆に、日本が天皇制の成立以後、国体の変更を許していないのも、玄界灘の荒波に守られた列島の陸軍力が、遠路はるばるやってくる外国勢力に、占領支配を許さなかったためである。

倒幕軍にくらべると、幕末の徳川政府の陸軍は、将兵の創意工夫が活かされないような身分別の命令系統に縛られており、実戦経験も足りなかった。実戦で痛い目を見るという体験を誰もしなかったからこそ、小銃と大砲と軍服の重要な更新が進まず、したがって近代火力戦の訓練も未熟で、その遅れは、実戦が始まってからはとりかえしがつかなかった。

倒幕のために最大の陸軍力を提供した長州と薩摩の二大藩閥が、明治新政府内の主流勢力になった。だが、その二派閥のうち、近代志向で才芸ある陸軍の人材を尊重して引きたてようとする気風は、長州人の方により強かった。

明治一〇年以前にフランスに留学した薩摩の大山巌は、西郷隆盛の従兄弟であり、何もしなくとも陸軍内での出世は堅かった。一方、やはり明治一〇年以前にドイツに私費渡航した桂太郎は、もしその留学がなければ、将官にはなれなかったかもしれなかった。

西洋の最先端の軍事ノウハウを他人に先駆けて身につければ、それだけ未来の陸軍の内部で出世ができるはずだという期待（逆に、それをしなければ、出世は望めないだろうという計算）が、長州の若者にはやや強く、薩摩の若者にはほとんど無かったのではないか。つまりネポティズム（縁故贔屓）が、薩閥系の陸軍人事において一層、仕方のないことと受け止められていたのだ。

（海軍の場合は、軍艦の内部が厭でも欧米式の近代の空間であり、また将校になればいずれは回航委員などで欧米に滞在し、帰ってくればその最新購入軍艦について自動的に第一人者となっているわけなので、若い士官が洋行を焦る必要はなかったろう）

明治一〇年の西南戦争の一つの原因も、この薩摩のネポティズムにあるのだろう。他よりもすぐれた知識を持っていなくとも、同郷の政府高官から重用してもらえるはずだと思っていた士族が、それだけ多かったのだ。

この叛乱で、帝国陸軍でただ一人の陸軍大将が叛乱軍にかつぎあげられたことから、陸軍内の序列ナンバー1は、皇族の有栖川宮を別格として、実質、長州の山県有朋中将になった。

長州の山県が全日本軍の総指揮をとって、薩賊を征討することになったであるから、叛乱に加わらなかった薩摩出身の陸軍将官（筆頭は野津鎮雄）も、委縮した。「ひょっとして……」と朝野から疑いの目で見られぬように、奔放な言動を自己規制しなければならなくなったのだ。

鹿児島の有為の若い士族が叛乱に加わって、その多数が戦死・戦傷または役後に処刑・処分された結果、薩閥の次世代の人材プールも、一挙に枯渇してしまった。およそ組織の中堅幹部は、優秀な若手に兄貴分として盛り立てられることによって、頂点を目指せるものであるが、それが、ありえなくなってしまったのだ。

長州の桂太郎が、明治一一年にドイツから戻ってきて、山県を説得した時点で、フランス語スクールの大山巖の権威も、徐々に掘り崩されることになった（ただ、その有能さと近代志向とが最初から証明されている大山は、新政府の総意によって、潰されることはなかった）。

薩摩が将来の権力回復の期待をかけた最後のホープは、川上操六だった。川上は、参謀教官のメッケルが招聘される前年の明治一七年にドイツに留学し、桂がすでに軍制の専門家だからと、軍令の方を学んで帰朝している。桂より一歳だけ年若で、桂の対抗馬にじゅうぶんなる人材だった。しかし川上は、明治三二年に、五三歳で早死にした。

長閥には、児玉源太郎や桂太郎が死んでも、その後継者がたくさんいた。だが薩閥は、川上の後継者を見つけ出せなかった。

のちに、伊地知幸介のような、格が落ちるエリートを、大戦争の開戦にあたって、薩閥全員で軍の参謀長に引き立てねばならなくなったのも、このようなめぐりあわせからである。

陸軍内で薩摩と権力を競えなくなった薩摩人は、海軍をすっかり手中におさめることで、陸軍（すなわち長州）と国内権力を競おうとするようになる。

のちには、政党勢力も、なにかと陸軍に加勢をすることで、長閥の専横にカウンターをあてようとした。

これには、国民からの広範な支持もあった。黒船事件、薩英戦争、長州対四ヵ国連合艦隊戦争の屈辱の思い出と、日清戦争および日露戦争での、あざやかな海戦の手並みのコントラストが、日本の臣民を、海軍の好意的なサポーターにしていたのだ。

こうして、君主の下に、陸軍と海軍とがまったく対等に並列するという、空前絶後の「統帥二元」体制がつくられていく。

Q

「ドイツ参謀本部」が日本陸軍から崇められ、学ばれる理由の一つになったという、一八六六年（慶応二年）の「普墺戦争」について説明してください。

A

中部ヨーロッパにはドイツ語が話される地域が広がっていたが、一九世紀になっても、それらは一つの国家に統一されておらず、じつに数百もの小邦が、めいめい独立をしていた。フランスにとって、その状態は、特に好都合だった。

ナポレオン戦争直後のドイツ語圏の指導的大国は、オーストリーだった。オーストリーは、ゆるやかな統合体の「ドイツ連邦」を率いようとした。かつて数百年間、ハプスブルグ家の神聖ローマ皇帝がドイツを統治するならわしがあったことを、オーストリーは人々に思い出させようとした。

そこにプロシアが台頭してきた。鉄道の普及とともに、フランスのナショナリズムが、プロシア国民におそまきながら活力を与えたのだ。

まずはオーストリー抜きのドイツ統一を狙うプロシアと、ドイツ語圏全部に君臨するというオーストリーの願望が、対立することになった。

若い時はリベラリストだったビスマルクが、プロシア王の臣下の首相として抜擢されたのは一八六二年であった。その二年後、プロシアはデンマークを敗戦させ、領土を増やす。

一八六六年六月、フランクフルトでの「ドイツ議会」でオーストリーは、プロシアがホルステインを占領していることを非難した。大戦争は間近な雰囲気だった。

ビスマルクは、すでにイタリアと攻守同盟（ただし誠実に履行する気無し）を結んでいたが、あらたに、フランスとも秘密協定を取り交わした。

ナポレオン三世は、ライン河沿いの領土の帰趨が気になっており、戦争の最終交渉で強く乗り出すことを考え、中立を守ることになった。

オーストリー主導の「ドイツ連邦」が、プロシアに対する部分的動員を決議すると、ビスマルクは、ドイツ連邦は終わったと宣言。オーストリーならびにその同盟者である南ドイツ諸邦に対する戦争のため、全面動員を開始した。

外交工作によって戦争の挑発をしたのはビスマルクなのだが、内外に正義を宣伝する上では、敵陣営よりもあとから動員をかけたという外見が、ことのほか大事だったのだ。

イタリアはただちに対墺宣戦した。とうじオーストリー領となっていたヴェネチアの奪還に執心があったので、プロシアに同心したのだ。ビスマルクも、イタリアがヴェネチアを占領するまでは、単独媾和はしないとイタリアに約束を与えていた。

クリミア戦争（一八五三年〜五六年）のときのオーストリーの態度に恨みを抱くロシアは、中立した。

六月一六日、プロシアの参謀総長モルトケは、複数の軍団をいっせいに南に進攻させた。動員と輸送には、鉄道網が極度に役立てられた。

予備役兵（徴兵制度の下、いちど兵隊に登録され、あるいは現役兵として訓練を受けた後、全国各地で市井人として暮らしている二〇代～三〇代の男子）を動員（兵営に集め、部隊にして、敵国の国境まで輸送）する速度が敵国を上回れば、それだけで緒戦に簡単に勝利することができる。これが「動員奇襲」である。そのためには郵便の制度（全国すみずみまでの召集の通知）、鉄道網（迅速大量輸送）、なにより村役場（兵籍簿を管理している）から陸軍省（人と物の動員を平時から計画している）にいたる、あらゆる公務員たちの事務処理能力が、速さでも緻密さでも、敵国を上回っていることが要求された。ナポレオン戦争後のプロシアの教育改革は、そのような公務員を大量に育てていた。

確実に得られる緒戦の野戦の勝利の勢いを停止させず、そのまま敵国の首都まで雪崩れ込むことができれば、短期に電撃的に、敵国の君主を屈服させられるかもしれなかった。

プロシアの参謀本部が、鉄道網と、有線の電信網を前提に練り上げた国境外機動は、「分進合撃」である。

もっとも広い戦線正面から、鉄道を利用して、特定の狭い戦場に複数の部隊を次々に集中させて行く。受け身にまわった敵は、侵略軍がどこを本当に狙っているのか、直前まで分からず、狙われた戦場では必ず兵力集中量で後手に回り、数的な劣勢を挽回できぬまま、敗北を喫してしまうのである。

これは最初はすばらしい奇襲効果を発揮したのだが、プロシア参謀本部の常套手段であることから、やがて手の内は見切られた。オーストリー軍は、とにかく砲声のする方角へ急いでかけつけるという、単純で有効な対策を考えついた。それでも、イニシアティヴは侵攻軍の側にあった。

モルトケとドイツ参謀本部の理想は、カンネーの戦い（紀元前二一六年に、ハンニバル率いるカルタゴ軍が、数では上回るローマ軍を野戦で巧みに包囲し、六〇〇〇〇人対六万二〇〇〇人という一〇倍の戦死者スコアで殲滅した）の再演であった。総勢で何十万人もの諸部隊を、電信によって自在に進退させることができれば、それはハンニバルやナポレオンのような天才的指揮官が前線に立たなくとも、勝利を確実にするのだとドイツ人は信じた（ワーテルローの決戦で、ナポレオンは、視界外の別働隊との連絡がとれず、勝機を逸した。電信は、ナポレオンにも不可能だった放胆な調整攻撃を可能にする）。

ところが七月三日の会戦では、プロシア軍のひとつの軍司令部が、モルトケからの電信命令を受信し損ない、一斉攻撃に出遅れてしまうという痛い手違いが起きた。

それでも、プロシア軍が装備したライフルが後装式で、オーストリー軍の旧式な前装銃よりもサイクル・レート（同じ時間内で照準発射できる回数）が高かったので、最後にはプロシア側が、カンネーに類似する勝利をものにした。プロシア軍の死者は、オーストリー軍の七分の一であったという。これに衝撃を受けたオーストリー皇帝は、早くも媾和を模索した。すなわち、最初の大会戦が、戦争の最終決勝戦になったわけである。

七月五日、ナポレオン三世が双方に停戦をよびかけ、ビスマルクは、同盟者のイタリアが南方で大苦戦中であったのにもかまわず、媾和を決めてしまった。ドイツ政府がいともあけすけに同盟者との約束を破るのは、このときばかりではない。

ビスマルクは、遠い将来の合力をあてにして、オーストリーをとことん撃砕するつもりはなかった。首都ウィーンの攻囲もしなかった。ウィルヘルム国王はオーストリーから領土を切り取りたかったが、ビスマルクがフランスの介入をほのめかして諫め、オーストリー国民には恩義を売った（おそらく民主制国家の首相であれば、このような自制的策術の実行は無理だろう）。ウィルヘルム一世は、首相ビスマルクのすばやい媾和には不服だったが、同意した。

わずか七週間での電撃的な大勝利だった。マイン河以北の、ハノーヴァー、ヘッセ、ナッソー、フランクフルト、およびシュレスヴィッヒ＝ホルスタインは、プロシアのものとなった。この北ドイツ連邦が、一八七一年の「ドイツ帝国」の基盤になるのだ。

ビスマルクは、マイン河以南には手を出さぬことで、将来の対仏戦の時にオーストリーと同盟できる余地を残したつもりだった。オーストリーは、「ドイツ連邦」から脱退させられた。

陸でも海でも振るわなかったイタリアは、ビスマルクの斡旋により、棚ぼた式にヴェネチアを取り戻してもらえた。オーストリーは、たちまち国境の全周から強圧を感ずる立場に転落した。やむなくハプスブルク家は、ハンガリーとの二重帝国を形成して、その安全を図らなければならなかった。

ビスマルクは、ウィーン宮廷内の反プロシア感情を放置せず、一八七九年には普墺同盟を実現し、第一次世界大戦までの置き土産とした。

普墺戦争で使用された技術は南北戦争（一八六一年～六五年）と同じであった。どちらも、軍隊の輸送には鉄道が使われ、報告と命令には電信が用いられた。違うのは、プロシアは動員奇襲をやってのけたことである。

動員奇襲戦争を、美しく理想的な形で完成するためには、開戦前外交と媾和を、総理大臣がほぼ一人で指導できなければならない。ビスマルクの天才的な周旋能力が、これを可能にした。

普墺戦争は、ナポレオン戦争の反省からプロシア軍将校が研究を重ねた成果の、最良の証明になった。けれども、これは、ただ一回の陸上会戦で大国相手の戦争のケリがついてしまった、最後の戦争となるのである。次の普仏戦争では、はやくも、ドイツ式戦争術の理念型の再現には、失敗しているのである。

江戸幕府は、欧語の中では唯一、オランダ語の通訳を、たくさん抱えていた。しぜん、幕末の外交交渉も、できればオランダ語で済ませたかった。

これに感情的な反発を見せたのが、国家の隆盛の勢いを笠に着る、プロシアの外交官だった。〈偉大なわが国に対する日本政府の公式文書に、なぜ、わが国より弱い小国にすぎぬオランダの言語などが使われているのか〉というのである。

オランダ語とドイツ語の近さが、近親憎悪を生んでいるのだった（そういわれても、貿易商人としてより高度に洗練されていて信用ができたのは、幕末においても明らかにオランダ商人の方だった。たとえば戊辰戦争で最新のアメリカ製のガトリング砲を売ってくれたのは、オランダ系のスネル商会である。これに対してドイツ人は、西南戦争前後でも、廃品同然の大砲を明治政府に高値で売りつけ、怒りを買っている）。

日本人の「オランダ語主義」へのプロシア人のつまらぬ反発は、開港後の日本国内に、ドイツ語を教える塾がほとんど設立されないという、文化宣伝上のディスアドバンテージをもたらした。

そのせいで明治陸軍も、普墺戦争以後のプロシア軍には関心を持ちつつも、プロシア人教官に付ける通訳が、ごく少数しか得られぬ以上は、ひきつづいてフランス軍を模範にし続ける他はなかった。

山県有朋によって、フランス語派の古手の将軍たちが、日本陸軍の指導的ポジションから駆逐されたのは、日清戦争の前であった。ドイツ参謀本部の戦争術をそっくり模倣した日清戦争が成功すると、ドイツの軍事教科書は、批判をゆるさぬ絶対の教条に昇格した。

たとえば日露戦争の日本陸軍の野砲の弾薬定数は、普墺戦争におけるプロシア軍の定数に準拠していた。それが鴨緑江渡河後の小競り合いで、またたくまに射耗されてしまい、なんでもドイツの真似をしていれば良いと思い込んでいた融通の利かないエリート軍人たちは、泡を喰うことになったのだった。

Q　初期の日本陸軍内の「フランス派」の目を醒まさせたといわれる「普仏戦争」について、説明してください。

A

普墺戦争で、ビスマルクがマイン河以北のドイツ諸邦をプロシアのもとに統一してしまったのは、フランスには面白くなかった。そこへビスマルクは、ホーエンツォレルン家の血縁をスペインの玉座につけ、フランスに二正面戦争の懸念を抱かせようとしてきた。

ナポレオン三世は、自国の陸軍に非現実的な自信があり、挑発に乗った。一八七〇年七月一九日、フランスは堂々とプロシアに宣戦布告する。ところが、ドイツ参謀本部のようなプロフェッショナルな計画官僚が育成されていなかったため、動員（予備役を召集し、軍隊を編成し、国境に送り込む）が、もたついてしまう。対して、プロシアの参謀本部は、かねて準備していた対仏戦争用の周到な動員プランを、正確に実行に移した。かれらの情報機関は、フランス軍の弱点を細かく把握していた。

翌一六日から一七日にかけ、バヴァリアなどマイン河以南のドイツ諸邦も、プロシアに味方をして、対仏戦争への参加を決めた。

統帥権を有する君主・ウィルヘルム一世の名代となって作戦の総指揮をとったモルトケ参謀総長は、三八万人のプロシア軍を大きく三つの野戦軍に分けて、合撃させた（日露戦争の日本側の初期計画も、規模はずいぶん小さいものの、このコピー）。ただしそれとは別枠で、本国にはなお九万五〇〇〇人の兵力を控置した。中立のオーストリーが背後からとつぜん襲いかからない保証は、なかったからである。

ビスマルクとモルトケが合意していた戦争終結方針は明瞭だった。野戦でフランス軍主力を殲滅し、次にパリを囲んで媾和を強いる、というものである。

かたやフランス側は、総勢で二二万四〇〇〇人を動員したものの、これを最終的に二個軍に分けることを決めたのは、開戦後になってからだった。そんなあわただしさだから、軍司令官（フランスの場合は元帥）たちは、自分の幕僚組織を、自分で一から構築しなければならなかった。勝敗は、最初から決まっていたろう。

先の普墺戦争でのプロシア軍の動員奇襲の手並みを見ていたフランスは、メッツやセダンなど、北方国境付近のいくつかの都市を要塞化し、その要塞を核として野戦軍を配置することで、前線の崩壊を防ぎ、反撃の余裕を得られると考えていた。

君主のナポレオン三世は、各所で不利に陥っている国境付近へ、自ら駒を進めた。ナポレオン三世は、しばしば作戦に口を出したが、明瞭な戦争終末の構想はもたず、興奮したパリ市民が「ベルリンへ！」と叫ぶのに、漠然と同調していたのだ。フランスの情報機関は、ドイツ軍の実力をほとんど把握していなかった。

全般に、動員される予備役兵の、若さと練度と人数が、ドイツ軍側に断然有利であった。だからフランス側には、わずかな誤判断でも、命取りになりかねなかった。ドイツの針打ち式後装ライフルよりも進歩した槓杆式後装ライフル（シャスポー銃）を装備していたおかげで、フランス歩兵は射撃戦では有利であったが、上層部がミトライユーズという多連装銃の威力を、コンバット・プルーフ（実戦での実績評価）がないにもかかわらず買いかぶって、野砲の四分の一をそれによって代替させるという軽率な失策を前もって犯していたために、小銃での有利は帳消しになった。

九月一日、野戦の敗退に引き続いてたちまちベルギー国境のセダンが包囲され、ナポレオン三世とともに、市内に逃げ込んだ大勢の将兵の頭上に、ドイツ軍の砲弾が降り注ぐ事態となった。ナポレオン三世は、城内からの逆襲を試みず、〈国家を代表しない一個人〉の資格で白旗を掲げ、ウィルヘルム一世の個人的な捕虜になることを申し出る。

連勝を続けるプロシア軍が歩一歩と首都パリに近づいた九月四日、パリ市内で愛国者たちの暴動が起き、臨時政権が樹立、軍政を敷くことを宣言。ただちに首都圏で五〇万人規模の徴募（ほとんどが中年〜老人兵）が実施された。

九月一九日、プロシア軍はついにパリを包囲する。ウィルヘルム一世は、大本営をヴェルサイユに進めることを欲するが、モルトケは、人口が集中しすぎているパリの住民が、飢餓から戦意を失う時を気長に待った。

この頃から、パリとドイツ国境の間の長い後方補給線に対して、非正規兵であるフランス人ゲリラの加害が頻発するようになった。このレジスタンスに対するドイツ軍の処罰は、とうぜんながら峻烈を極めた。

一八七〇年一〇月二七日、それまで五四日間の攻囲に耐えて来た、ルクセンブルクに近い国境要塞メッツの総司令官バゼーンも、一七万三〇〇〇人の守備兵とともにプロシア軍に投降した。バゼーンは後日、軍法会議にかけられて投獄されたが、〈死力を尽くさなかった将帥の最悪の見本〉として、明治初期の日本陸軍の間にも、その不名誉は轟いてしまった。七年後の西南戦争で熊本に籠城した官軍の将校は、もちろんこの故実を意識している。

一八七一年一月、パリ市内に内訌が生じ、団結は崩壊し、対独休戦が決意された。パリ周辺のフランス正規兵はことごとく戦争捕虜になり、市内の武装は解除された。ドイツ軍の入城式は三月一日だった。

五月一〇日にフランクフルトで媾和条約が締結され、フランスはドイツに五億フラン（一億ドル）の賠償を支払うことを約し、ドイツ軍はその支払いが完了するまで、占領軍を駐留させることになった（復讐に燃える元気なフランス国民は、これを予定を繰り上げて全済した）。

長州の桂太郎は、山県有朋のような足軽以下の身分ではない。正規の武士の家柄であったにもかかわらず、戊辰戦争直後に、下士官待遇しか与えられなかった。そこで病気を理由に陸軍を一時休職し、江戸で仏語を学び、明治三年、私費で渡欧してフランスの軍制学を修めようと志した。ところがまさにその時に普仏戦争が勃発したので、パリに入るどころではなく、行く先をドイツに変更した。桂は、ドイツ参謀本部の官僚制が、日本のインテリ武士には合っていると直観し、ドイツ軍制の専門家になって帰朝する。

桂の書いた文章を読むと、生硬な感じをうけることがあるけれども、これは、若いときにフランス語に加えてドイツ語を急遽、外地において覚えねばならなかった必死の努力のために、日本文の洗練されたセンスを磨く暇が、とうとう失われてしまったのであろう。

山県有朋が、帰朝した桂の報告を聴いて納得したことから、日本陸軍の軍制は、幕末いらいのフランス式から、次第にドイツ式を目標にするように、教育路線も変更されて行く。

日清戦争で、日本軍が敵国首都（北京）の占領を企図しなかったのはおろか、直隷平野（北京の皇帝のお膝元）での決戦すら自粛し、外国の干渉を受ける前に素早く媾和に持ち込もうとしたのは、普墺戦争および普仏戦争のビスマルクの戦争指導から、最も重要な正しい教訓を、時の内閣総理大臣で維新元勲たる伊藤博文が、吸収し得ていたおかげである。

日露戦争における旅順は、普仏戦争におけるメッツ市やセダン市と同じだったといえるかもしれない。

プロシア参謀本部のメソッドでは、国境を防備している敵の都市を、力押しの無理攻めで陥落させることはしない。そんなものは迂回して、味方の後詰めの二線級軍に取り囲ませ、放置して、ゆっくりと飢餓に瀕せしめてやればよい。急ぐべきは、敵野戦軍主力の捕捉であり、最後に目指すべきは、敵首都への圧迫であった。

児玉源太郎をはじめ、日本陸軍のエリート参謀は、まったくこの一九世紀後半のドイツの戦争経験および教科書に従っただけである。

ところが一九〇四年の旅順は、背面に海をもつ軍港要塞都市であった。クリミア戦争のセバストポリと同じで、籠城人口の割りに、糧食が豊富なのである。商船の封鎖破り入港もあり得た。したがって、ただ陸兵で囲んだだけでは、なかなか飢餓には陥らないのである。ドイツの経験からしか学ばなかった日本の陸軍エリートは、それを誤算した。

もちろん、一九世紀末のプロシアのように、戦時に動員できる師団数が数十個もある「兵営国家」ならば、旅順攻囲軍と乃木第三軍は、別建てにできる。この思いから、児玉源太郎は、満鉄を足がかりとして、満州に日本の殖民地をつくれないかと、考えるようになった。

他方、ドイツの教科書しか眼中に無い者は、大正時代に、敵（ロシア）の国境に少しでも近いところに、一個でも多くの現役師団を配置して、もっと動員奇襲を容易にすべきであると信じ、日本の農業と工業の制約も度外視して、朝鮮半島への二個師団の「増師」を要求した。

Q 明治時代に、沿岸要塞で日本本土を防衛することはできなかったのですか？

A 最新鋭の沿岸要塞砲と、最新鋭の艦砲が、まともに撃ち合えば、浸水や波浪の悪影響がない要塞側が、勝つ。特に地下陣地の抗堪力に対し、艦砲は、ほぼ無力である。

しかし、軍艦には機動力と攻撃の主導権がある。要塞砲の届かないところへ回って、侵攻軍を揚陸することができるのだ。

全海岸に要塞を建設することは、総予算上も、また兵員の手配の上でもとても不可能だし、国防資源を過度に分散することになれば、予期せぬ場所で敵に突破を許したときの、反撃の弾力性がなくなってしまうのも、自明の理であった。

したがって、島国の国防は、要塞に頼ることはできない。まず、内線機動ができる陸上部隊に依拠せねばならず、そのための交通インフラ（鉄道など）が必要である。その基盤の上に、外国の侵攻部隊をこちらから求めて洋上、もしくは彼岸において撃滅できるような海上戦力があることが望まれる。もちろん同時に、彼岸の敵国に対して別な外国を常に敵対せしめておく、海外軍事援助や同盟外交も不可欠だ。

明治初期の日本海軍は、清国海軍にくらべてすら、はっきり劣勢であった。劣勢海軍は、優勢海軍と互角の勝負をするためには、陸上施設の援護下に戦うしかない。

そのため日本海軍は、全国の沿岸に「望楼」を建設した。

また陸軍は、東京湾や大阪湾に清国艦隊を進入させないために、多額の予算を割いて、海峡に要塞砲台を築いた（東京湾の狭窄点では、人工島である「海堡」が埋め立てられた）。それらの建設を指導したのは、陸軍のボスである山県有朋だった。山県は、外国の軍艦に対抗するには、こちらも軍艦を持たねばならないことをよく分かっていたが、敵国よりも優勢な艦隊がそう簡単にできあがらない以上は、そうでもするより手はなかったのだ。

ロシア帝国は、旅順要塞の近代化に一五九万ルーブルを投じたとされる。これは日本が日露戦費に投入した予算の七分の一にも匹敵した。ロシアは島国ではなく、数少ない不凍港を固守したいという欲求が強かったから、こんな投資が正当化された。それでも、日本軍の数個師団から攻撃されると、半年しか、もちこたえられなかった。

Q 日清戦争に必要だった外国製の軍艦を、どうやって買うことができたのですか。

A 生糸（絹の糸）と、茶が輸出された。

生糸を大量に消費してくれたのは、豊かなアメリカ合衆国のご婦人方だった。とうじはナイロンなどのストッキングスに向いた合成繊維は、他に存在しなかったのだ。

アメリカ国内の景気が悪くなると、絹製品は売れなくなる。すると長野県や群馬県で製造される生糸の輸出価格も下がって、ついには横浜港の倉庫に、売れない生糸の滞貨が山を成す。そんな最悪の事態が、戦前には、何度か見られた。

が、幸運なことに、たまたま日清戦争以前には、アメリカ市場を酷い不況が襲うことはなかった。おかげで日本国内には外貨が溜まった。そして、外国から、大型軍艦の完成品や、小型軍艦を製造するための機械類を、買い求めることができたのだ。

Q

日本陸軍の参謀たちに「動員奇襲」の仕方を教えたのは、メッケルというドイツ人だったのですか？

A

その通り。そして、メッケルから、動員奇襲によって始まるドイツ流短期戦争術のエッセンスを具体的に直伝された陸軍将校が、兒玉源太郎だった。

宿利重一著『兒玉源太郎』（昭和一七年刊）によれば、明治三七年、すなわち一九〇四年の六月六日付『倫敦《ロンドン》タイムス』に、「宣戦布告と共に予後備軍を召集して之を編成するの法を最初に日本に教へたるものも亦此《またこ》のメッケルなりとす」と、紹介されているという。

ここに言う「予後備軍」とは、戦争が始まる前から入営中の現役将兵ではない、有事に召集がかけられる「予備役」兵と「後備役」兵のこと。そのうち予備役は比較的若く、後備役は壮年者である。

この戦時動員によって、ふつう、一国の陸軍が戦争の緒戦に使用できる部隊の数が、平時の二倍に一挙に増やされる。

もし、特定の国境で、敵国と自国の平時の部隊数が均衡していれば、先に二倍に増えた方が、断然有利になるのは、あたりまえである。

もちろん、こちらが予備役の動員をかければ、相手国も予備役を動員して、バランスの不利に傾くのを防止しようとするだろう。だから、先制攻撃をかける側は、全国の隅々から予備役兵を兵営にあつめる動員を、できるだけ素早く完結して、しかも編成が終わった部隊を即座に遅滞なく、必要な物資ごと、前線へ送り出してやるべきである。そうすれば、敵国は数的に対抗するいとまが持てず、連戦連敗するはずだ。迅速さが勝負である。その早さを極限まで追求しようと思ったら、必然的に、動員令と進軍開始（開戦）は、連続一体の行為になるであろう。

他のどの国も、国防のためにそこまでする必要は真剣に考えていなかったときに、プロシアの参謀本部だけは、この動員奇襲の方法を徹底して研究し、動員から初盤会戦の一勝目までを見事に一体化した、細密なプログラムを完成していたのだ。その「プログラム戦争」の成果を世界に見せ付けたのが、普墺戦争と普仏戦争だったのだ。

普仏戦争以後、中部ヨーロッパにおける統一されたドイツ帝国の脅威は、誰も無視できなくなった。オーストリーやフランスの陸軍も、プロシア参謀本部の真似をするしかなくなった。すなわち、ドイツが予備役を動員しはじめたというニュースに接したら、ただちにこちらも予備役を動員し、ドイツ軍が国境を越えてくる前に、こちらからドイツ国境を越えるようにしなければならない。動員奇襲のできない国は、次の戦争で、必ず敗れてしまうであろう。

このブームに、日本陸軍は鈍感ではなかった。

明治一六年に、素質ある陸軍将校を、動員奇襲から始まる「プログラム戦争」が計画できるエリート参謀に育てる教育機関として、陸軍大学校が設立された。

その中心となる教官については、明治一七年の訪独視察団（長が大山で、児玉、桂、川上らが随行）が、ドイツの陸軍大臣を通じて、派遣を要請した。

結果、招聘《しょうへい》されることに決まったのが、プロシアの現役参謀少佐のクレメンス・ウイルヘルム・ヤコブ・メッケル（一八四二年生まれ、一九〇六年没）である。

メッケルは、明治一八年三月一八日から、陸軍大学校の雇い教師となった。プロシア流の動員奇襲戦争とうじ、兒玉は参謀本部内の動員担当係になっていた。プロシア流の動員奇襲戦争の大要をメッケルから教わるため、兒玉は明治一九年九月三〇日に、陸大の幹事（教頭）に補された。まだ校長は空席であった。

明治二一年一月二三日に、三七歳の兒玉は、参本の第一局長（作戦部長）を兼任のまま、陸大校長になった。

この年の三月一七日に、メッケルは離日する。つまり兒玉は、メッケルから必要な知識を、すべて吸い取ったのである。

後任には、フォン・ブランデンブルヒ少佐が雇われた（明治一九年に大尉で来日して、メッケルから引継ぎを受けていた）。

明治二五年、兒玉は陸軍省の次官・兼・軍務局長になった。軍備を計画し、予算を割り振るポストである。すぐにまた、鉄道会議議員にもなった。いうまでもなく、動員奇襲のための不可欠のインフラが、鉄道であった。

メッケルがもっていた近代戦争の知識は、むろんのことに多岐にわたり膨大なものであったろうが、短期間に日本人に教授できる分量は、多寡が知れていた。日本陸軍が至急に求めたものは、動員から緒戦会戦までスムースにつなげる技法であった。児玉は、メッケルからはそれだけを吸収できれば十分だと割り切っていた。

メッケルの限界は、ドイツ人だったことである。彼はプロシア参謀本部員の少壮メンバーとして、独仏国境の要塞帯をいかにドイツの野戦軍に突破させるかという課題だけを考えていた。とうぜん、日本人に教えられる内容も、その範囲を越えることはありえない。

独仏国境には、海は存在しない。健脚の歩兵を叱咤《しった》して、敵の防禦線の弱点をみつけてそこを突破させ、敵の背後で展開させれば、敵フランスの要塞守備隊は簡単に孤立するのだ。

セバストポリや旅順のような、港を抱擁する近代要塞を攻略する方法には、メッケル自身、興味のあったはずがなく、しかもまた、予測し得る未来の日本陸軍の大陸作戦では、ほとんどその必要はないであろうと見積もってもいた。じっさい、このような要塞は日清戦争後にロシアが驚くべき予算を投入して旅順にのみ建築してみせたものであった。

メッケル戦法を、海際の近代陣地帯に対して馬鹿正直に応用しようとしたのが、白《しろ》襷《だすき》隊であった。それはまた、対米戦争でも再現された。すなわち、ガダルカナル島のヘンダーソン飛行場攻撃である。

どちらも、攻撃側の歩兵は、海側の後背に遠くから回り込むことは不可能であったし、突破・浸透して敵陣の後背陸地で展開する余地も、探し得なかった。じつに日本の陸大の学生は、真面目に古い教科書を暗記し続けたと言えよう。

メッケルの師匠であるモルトケは、戦争の初めと終わり以外は、政治は蚊帳の外に置け、と主張した。これを、児玉も、児玉の後継者たちも、信奉することになった。

だがクラウゼヴィッツは、戦争のすべての段階で、常に政略の作用を失ってはならないと力説していたし、一九世紀後半のプロシアの勝因も、ビスマルクが参謀本部の暴走を許さなかったことにあったのだ。

第一次大戦では、クラウゼヴィッツの根本精神を理解したフランスの指導部が勝ち、皮相な解釈をしたドイツが負けたのだと、昭和一一年の『世界兵學史話（西洋編）』の中で総括している佐藤堅司（陸軍士官学校を病気中退して学究になった）は、正しいだろう。

ちなみにフランスの陸大は、「エコール・ドゥ・ゲール」といい、元帥フォッシュは、かつてその教官として、第一次大戦中の中堅将校を育成した。そして政治家のクレマンソーに引き立てられたのだった。

フォッシュ自身は、陸大では学んでおらず、「エコール・ポリテクニク」出身の砲兵である。そこは、未来の軍の幹部を養成するために理工系の授業を特に施した学校で、ナポレオン時代の一七九四年に設立された。アメリカのウェストポイント士官学校は、このエコール・ポリテクニクと同じ精神で設立された（それを戦後の防衛大学校が模倣）。

戦前の日本では、「砲工学校」（砲兵科と工兵科の優秀な将校をさらに専門家として鍛えた学校）がそれに近似していた。が、陸軍大学校の卒業者と違って、砲工学校のみの卒業者が、戦争を指導する地位に就く可能性は、最初から無かった。

Q 児玉源太郎とは、どういう人でしたか。

A 長州藩にはいくつかの支藩があったが、その一つ、徳山藩の藩士の子として、一八五二年に生まれた。

明治元年の戊辰戦争では、「諸隊」の一つに加わって、箱館まで転戦する。

萩の山県有朋の縁故でなかったため、明治陸軍の草創期には、下士官待遇での初任採用となった。しかしヤケをおこさずに精勤し、西南戦争が勃発したときには、熊本鎮台の参謀になっていた。

児玉は、西郷軍が近づく前に、司令官の留守の間を窺って、独断で熊本城の天守閣を焼き払い（表向きは失火と説明）、叛乱軍の大砲が城内に照準をつけることを著《いちじる》しく不利にした。また、熊本鎮台のシンボルが予《あらかじ》め消されてしまったことによって、西郷軍も気勢を挫かれた。

児玉の機略と胆才は陸軍内で知られるようになり、山県有朋からも嘱目《しょくもく》された。桂もそうだったが、児玉も、ボスの山県の政治活動資金のための借金を背負わされた。その代わり、政治を動かすためのカネの作り方や使い方を、しっかりと見学する機会も得たのである。一八九三年には陸軍大佐になった。

陸軍大学校の教官として雇われたメッケルは、第一期の学生のなかで、児玉を正当に評価した。

日清戦争の開戦時には陸軍次官だった。児玉は、戦争のための予算について、通《つう》暁《ぎょう》した。

満州や朝鮮から大量の将兵を復員させるにあたって、当時は先進国でも社会福祉上の大問題であった伝染病の持ち込みを水際で阻止するための、検疫の総指揮をとることになった。このときに、後藤新平の非凡な手腕を知る。

乃木希典が台湾総督を勝手に辞任してしまったので、一八九八年、兒玉がその後任を買って出た。台湾には一足先に、後藤が民政長官として赴任していた。

兒玉は後藤から、イギリスのインド殖民地経営について教えられ、後藤にすべてを任せることで、台湾を「黒字殖民地」にさせた。そして、かつて山県のために自分が政治資金を工面したように、こんどは後藤に機密費をたくわえさせ、自分の謀略実行のための資金源にした。この関係は、兒玉が死ぬ直前まで継続した。

一八九八年から一八九九年にかけ、兒玉は、台湾の対岸にある福建省を日本が占領してしまうという、大胆な秘密戦略を個人で立案し、実行に着手した。孫文らの反殖民地運動を利用しようとしたのだが、東京政府の賛成が得られず、挫折。がっかりした兒玉は、一九〇〇年八月三〇日に、辞表を提出した。現役中将をやめて、徳山の故郷に隠棲するつもりであったらしい。この事件は「失敗した満州事変」と呼ぶべきものである。

しかし、兒玉の計画能力が、あくまで対露戦にこそ入り用なのだと承知している政府は、兒玉をなだめ、同年末に、陸軍大臣に据えた。

後藤という巨大な秘密工作資金源を握り続けたい兒玉は、台湾にはほとんど出向かないにもかかわらず、台湾総督の肩書きを手放さなかった。なんと日露戦争のあいだも兼任を続け、けっきょく、一九〇六年に本人が急死する直前まで、台湾総督は兒玉源太郎であった。

一九〇三年一〇月、「動員奇襲」を任されていた俊秀の、山梨出身の田村怡與造《いよぞう》少将が五〇歳の若さで急死したため、空席になった参謀本部の次長という、陸軍省次官と同格の低いポストに、現役大臣である兒玉自身が降格して就任しなければならなくなった。

動員奇襲は、外交や謀略と連動せねばならず、秘密にすべきことがあまりにも多いので、「一子相伝」のようにして参謀本部の作戦系のホープに、全計画が任せられていたのであろう。死の直前の川上操六から「相伝」を承けつつあったのが、若き作戦部長の田村であったのだろうが、田村の次の後継者を、参謀総長にもなっていない田村次長が決めるには、まだ早すぎたのだ。

兒玉が参謀総長になってしまえば降格ではなく、すっきりするのであったが、そうしようとすると、今の参謀総長の大山巖を移すにふさわしい空きポストが見あたらない。薩長の協力体制の象徴として、大山を粗略に扱うことは、許されなかった。

一九〇四年二月、日露戦争は始まった。六月、児玉は大将に昇進し、ついで、遠征軍（満州軍）の総参謀長になった。

児玉はこのポジションに就いたことにより、あたかも大本営の参謀総長であるかのように、誰からも掣肘《せいちゅう》を受けずに主導的にふるまうことが許された。はるか後年の関東軍などの「出先の暴走」は、日露戦争時の児玉の姿に、エリート参謀たちがあこがれて妄動したものである。

児玉は、外国の従軍記者に対してほとんどブリーフィングをしないというので、同盟国イギリスの特派員が腹を立て、悪意の報道が世界に流れ出したので、東京から叱責されている。しかし、児玉の外人排除には理由があった。イギリスは、日露戦争を検討した結果として、第一次世界大戦では、新聞記者を軍の司令部から遠ざけているのだ（大橋栄三『英和　いくさの花』大正四年二月刊）。つまり、次の作戦予定や目下の苦境が、新聞報道から敵軍にバレることが、じっさいにあったのである。

一九〇五年九月、ポーツマスで媾和条約が調印された。児玉は一二月七日まで東京には戻らなかったが、開戦奇襲の相棒である外相・小村寿太郎に連絡し、桂首相が米国のハリマンに与えた満鉄株への出資を許すという口約束を、白紙撤回させた。軍事大国ロシアは滅びたわけではない。将来ふたたび対露戦があることを考えねばならなかった。とすれば、国境での動員奇襲に不可欠の南満州鉄道を日本陸軍が掌握できなくなるような事態は、防がねばならなかった。小村は児玉の説明を、完全に理解していたであろう。

東京の大本営は、一九〇五年一二月三一日に解散された。一九〇六年一月に西園寺内閣が成立したが、児玉の意向によって、満州に陸軍の軍政が敷かれ続けており、英米両国の商人が自由に入り込めないことが、政府間の問題となった。

児玉の思惑は、満鉄を後藤新平に経営させ、満州を「日本のインド」に変えることだった。必要な資金は、台湾からもってくるつもりだった。児玉は、すでにこの時点で「満州国」を構想し、たった一人で偉大な計画を勝手に推進し始めたのだ。

満州軍の総参謀長であった児玉は、この戦争中、東京の大本営の参謀総長（つまり上司）であった山県の言うことを、ほとんど聞かなかった。逆に、自分の考えを大本営に呑ませ、終戦まで指導した。児玉は大いに得意だったが、山県はさすがに愉快ではなかった。児玉と勢力を張り合った小人物であった寺内正毅《まさたけ》も、山県に精一杯取り入り、児玉を悪口《あっこう》し、自分が児玉よりも早く総理大臣になれるように運動した。児玉はこのような東京で山県らのご機嫌をとりつつ内閣総理大臣になるなどという小さい夢を早々と捨て、満州国の独裁権を握るつもりになった。

山県有朋以下の政府要人は、一人で暴走する兒玉を引きずり下ろすことに一決した。一九〇六年四月、兒玉は子爵に叙され、かつまた参謀総長に任命されるかわりに、台湾総督は免ぜられ、政治資金源を奪われた。ただし、後藤を連れて、南満州鉄道の経営を仕切ってよいことが、内示されていた。まもなく満鉄の収益を、後藤経由で自分の機密費に流用できるという読みが、兒玉をおとなしくさせたのだ。ところが後藤は、いつまでも兒玉の金庫番でいるつもりなどなかった。じつはもう山県から、直接に子分の閣僚要員として言い含められていたからだ。たしかに、後藤自身が、ハリマンを排斥したあとの満鉄の王となる資格があったろう。七月に、後藤は兒玉に、杯を返すと意思表明したようだ。兒玉は、怒りの余り、脳の血管が損傷し、五五歳で急逝した。

かつて福建省占領計画を共に謀議した、玄洋社（大アジア主義団体）の杉山茂丸は、「兒玉神社」を設立した。

兒玉は年少のときから、手帳やメモを使用せずに記憶する才能をもっていたという。この才能を受け継いだ、帝国陸軍の最後の参謀総長が、梅津美治郎であった。対ソ奇襲開戦という大博打をしようとするには、文書で事務をやっていたらダメなのだ。どちらも、対露（対ソ）戦計画に、ほぼ一生を捧げている。

Q ヨーロッパの近代戦史を読むと、投入されている師団の数が日本より数倍多いように見えます。なぜ日本の師団の数は、少なかったのでしょうか？

A 日本と、日本以外の列強とでは、動員基盤に相違があった。

日本が強国となり大国となったのは、一定以上の人口があったからである。一定以上の人口がなければ、陸軍によって国土を防衛することはできない。人口増を抑制しようとした古代ギリシャが良い例だったが、いくら先進的でも、それでは強国として長く独立を保つことは不可能なのだ。

それほど広くもない日本列島で、幕末において三〇〇〇万人もの人口が自給できていた。この高い人口密度が、ユーラシア勢力の日本本土侵攻を、一九世紀の蒸気船の実用化以前において、かなり難しくしていた。

対米戦開戦時には、日本列島に七〇〇〇万人の住民が養われていた。真珠湾攻撃によってアメリカの有権者が怒り狂うことさえなければ、〈いくらコスなトがかかってもいいから、七〇〇〇万人が立て籠もる島に上陸戦闘をしかけよう〉などと真剣に考えた国は、地球上に皆無だったはずである。

狭い土地で大きな人口を養うことを可能にしていたのは、小麦畑作よりも反収《たんしゅう》カロリーが著大である、水田稲作の導入のおかげである。

水稲作は、縄文時代の前半にはシナの南部で行なわれていたのが、弥生時代以前に北九州地方に渡来し、それから幕末にかけて、北海道の函館以南にまで波及した。明治時代から昭和前期にかけては、肥料と品種に逐次に改善が加えられ、扶養可能人口をさらに高めた。

北シナや満州の主たる農産品は、大昔から今日まで、コメではない。饅頭や饂飩《うどん》など、粉に挽いて料理しないと腸での吸収のしにくい、麦、高粱《こうりやん》、トウモロコシ、豆などの雑穀が、畑で天水（雨）を頼りに、栽培されている。

水稲は、十分な量の水が春から夏にかけて絶えず供給され、しかも、その水温がある程度以上に暖かくなければ、秋にまったく実がならず、くたびれ儲けに終わる。つまり黄河流域以北の寒冷地や乾燥地では、栽培リスクが高すぎるのである。

ところが、毎年確実に、冷たくない水がふんだんに利用でき、夏に一定の日照があるような土地（たとえばシナでは揚子江流域以南）では、水稲作ほど、一定面積あたりの収穫栄養が高い農業はなかった。

単純にカロリーだけを比較するならば、トウモロコシ(大航海時代に新大陸で発見され、英語で「インディアン・コーン」と呼ばれた。ただの「コーン」は本来、小麦のことを指した)や、サツマイモの方が上回っているのだけれども、人間に不可欠な必須アミノ酸をすべて単品から得られること、連作障害が基本的にないこと、乾燥した籾米の形で長期保存が容易であること等の利点は、総合的に突出していた。

近世までに、水稲作は、東南アジア、シナ、朝鮮半島に広く普及した。だが、その中でも、戦前の日本の水稲作の反収は、ずばぬけて高かった。

これは、他のアジア諸国と異なる、日本独特の水稲作のスタイルに、秘密があった。日本の稲作地域の「ムラ」(それは大和朝廷の東北平定とともに北上した)は、朝鮮やシナの「ムラ」とは、まるで異なる。熊沢蕃山《ばんざん》ら江戸時代の儒学者は、日本とシナとでは「水土」が違うのだと、早くから感づいていた(孔子は、コメができない黄河流域の思想家だったのだから、その土地で完成された道徳を日本にそっくり持ち込めば、事情にあわないことがいくつも生ずるはずだ)。

水稲作の面倒なところは、地面が年中水びたしの湿地では、かえって反収は上げられず、また水温が常に低くなりがちで、天候不順の影響を受けやすいことである。冬季における土壌の排水もまた、良好でなければ困るのだ。

シナや朝鮮半島には、まったく傾斜のない、乾燥した広い平野がいくらでもあったため、人々は、平野部を流れる大河から小運河を引き、その小運河から、人力によって用水を高いところに汲み上げて、水田に灌漑《かんがい》した。わざわざ山麓の斜面に水田をつくったりはしなかった（山間部では、水田を維持する資力のない細民が、焼畑を営なんでいた）。つまり、シナや朝鮮では、水汲みの労務者をカネで雇う余裕のある地主は、村の誰に気兼ねすることもなく、我田引水（この言葉は和製熟語で、シナにはない）できたわけである。

これに対して、安土桃山時代以前の日本では、水田は必ず傾斜地に階段状に作られるものであった。河の河口には、傾斜のない土地が広がっていたが、ほとんどそれは、湿地帯になっており、排水が悪すぎたので、開墾されずにずっと放置されていた。もちろん運河を掘って排水工事をすればよいのだが、その大規模工事に必要な鉄製の工具のストック量が、森林保護を昔から重視した日本国内では、なかなか増えなかったのである（安土桃山時代以降に、十分量が蓄積され、新開地が増え、戦国大名が台頭した）。もし、製鉄に必要な炭をほしいだけ生産すれば、広大な山林はハゲ山になってしまう。シナや朝鮮では、じっさいにそうなった。だが国土のほとんどが傾斜地である日本では、そのように山を粗末にすれば、洪水や土石流、あるいは渇水に祟られ、水稲作にとって良いことが何もないと、古代から理解され（出雲のヤマタノオロチ伝説）、製鉄のための炭焼きが、自主規制されてきたのだ。

日本特有の、傾斜地の棚田の灌漑方式は、谷を流れ下る自然の水を、標高の高い田から低い田へ、順々にかけながす「重力灌漑」である。

この重力灌漑方式は、一つの灌漑水系を共有し利用する農家の集まり（しばしば「字」と呼ばれる）を、運命共同体にする。渇水期に一人だけ、水を独占するようなことは、たとえカネモチであっても、許されない。水路の維持修繕作業は、全戸の義務である。

個々の農家は、「自我」を村落コミュニティにすっかりあずけてしまうことにより、狭い面積の水田のために、おびただしい人手を周年、投入することができ、それが高反収の前提条件にもなった。

これはヨーロッパやロシアの、比較的に広い面積の耕地で麦類をバラ蒔くようにして作付けし、天水だけをあてにし、施肥の代わりに周期的に牧草地にして休耕させる「粗放畑作」とは、正反対の労働文化である。

粗放畑作の農村では、男子が農閑期（麦の端境期である夏）に予備役召集されることは、あまり苦痛ではない。もし戦争が一年前後も長引いて、耕作を放棄せざるを得ない畑が増えてしまったとしても、復員後、鋤き返せば、そこは、休耕していた分だけ、地力がアップしているから、翌年の収穫が十分に期待できるのである。

ところが、狭い面積の水田に労働力を集約している日本の農村では、水稲の収穫後の晩秋に徴兵されたとしても、男子を一人でも召集されてしまった農家は、深刻な打撃を蒙る。ましていわんや、春や夏の動員となったら、代掻《しろか》きや、田の草取り等の、手抜きをしなければならなくなる。毎年、精魂を込めて「土作り」をしないと、日本の狭い水田は、高反収をもたらしてくれない。一年、土作りを放棄すれば、男手が復員してきても、戦前の反収に戻すまでには、何年も苦労しなければならなくなってしまうのである。

このゆえに、農業従事者が全労働者の六割以上を占めた戦前の日本では、徴兵適齢人口のうち、平時にじっさいに現役兵として入営させたり、あるいは有事に予備役動員をかける適格男子の割合を、粗放畑作で食料自給している欧州の強国よりも、はるかに少なくしなければ、水稲作農村が不可逆的に荒廃してしまうのであった。

一九一六年に参謀本部に配属された小磯國昭《こいそくにあき》は、翌年、日本が総力戦に突入する場合、果たしてどのくらいの男子を動員できるものなのか、ポテンシャルを調査した。

ドイツは一九一四年の第一次大戦の開戦いらい、満一五歳から五〇歳までの男子の総数三三〇〇万人の約三分の一にあたる一一〇〇万人を、動員しているらしかった。当時の日本には、満一五歳から五〇歳までの男子は二七〇〇万人いた。小磯は、だったら日本もその三分の一の九〇〇万人を動員できると考えた、と、昭和二四年に書き上げた自叙伝の中で振り返っている。

これが日本ではありえない比率であることを、日露戦争後の日本陸軍のエリート参謀（小磯は対米戦争中に首相にまでなった）は、なんと知らないでいたのだ。ちなみに小磯家は、東北の武家だった。

東条英機も、首相在任中に、満州にダムをつくって水田を増やす、などという、「水土」をほとんど無視した妄想を人に語っている（竹森一男『満鉄の建設』）。畑作に関心がないということは、敵国ソ連の力の源泉について無知であったということだ。おそらく薩摩士族にも、この有事動員率の日本固有の限界を、体感として理解することは難しかったであろう。というのは、南九州の火山灰性土壌は水田に不適であり、薩摩の下級士族たちは、天水依存の甘藷栽培で自活をしていたからだ。

しかし長州出身の古手の軍人たちには、水稲作の農村の事情はよくわかっていたはずだ。一回軍事動員をかけられると、日本の農村は、何年も反収を減らさなければならない。その「損害」と「不平」を、何かで心理的に埋め合わせてやる必要が、戦争を指導する当局者には、必要なのであった。短期戦で済ませるだけでは、ダメだ。「戦争をして勝ったので、日本の領土が増え、日本国はみなさんの犠牲のおかげで、トータルで大いに得をしました」という納得のいく説明が、与えられなければならなかった。

こうして戦前の日本の指導層は、ポーツマス媾和条約で南樺太を領有した以上は、南北二正面からロシアに攻め込まれる可能性がほぼなくなったにもかかわらず、いったん獲得した満州や朝鮮を捨てて「脱亜」を選ぶことが、できなくなってしまうのである。

Q　シナの兵法が「拙速」を重視したのは、動員奇襲主義でしたか？

A　戦争は、こちらから始める場合には、できるだけ短期で終わらせなければならない。これを『孫子』は「拙速」と言い、「巧久」よりも遥かにマシなことである、と説いた。誤解されやすいのは、「拙速」の「速」を、専《もっぱ》ら、早く始めることととらえること。

早く始めるのが必ず良い結果になるとは、限らない。しかし、短い時間で早く終わらせようという気構えは、おおむね良いことだと言えたのである。

「拙速をとうとぶ」と主張した兵法家は、古代のシナにはいなかった。ただしそのように『孫子』を誤読した者が幾人かはいたようで、『日本書紀』がその痕跡を伝える。

宋学の一派を成した王陽明は、『孫子』を私釈して「兵貴拙速」と断言した。これは極端な例外である。『孫子』ほんらいの「拙速」主義の背景には、シナ人が伝統的に、人件費に関して計算高いことがある。

匪賊の首領すら、部下を集めたらいかに速やかに一戦し、いかに速やかに解散させるかを配慮する。さもないと、大人数を拘束している間の経費負担だけでも大変だからである。

大正~昭和期の日本軍には、この「時間比例コスト」の計算が働かなかったように見える。日本の水稲農業では、伝統的に、労働が金銭で計られなかった。玉城哲《たまきあきら》氏は、これを「フローではなくストック」と表現した。

西洋の農民動員は、フローの動員である。日本では、農民を動員すると、ストックが破壊されてしまう。
対露防衛のために、満州を「第二のプロシア」にしようとするなら、満州に水稲作を持ち込んではいけなかった。児玉源太郎没後の日本陸軍内には、これを理解できないエリート参謀が増えた。

Q 動員奇襲は日本でも昔からあったのではないですか？

A 将門の乱をたいらげるため、中央政府軍は、わざと農繁期に軍勢を送った。当時の関東武士は、同時に農業経営者であり、農繁期に自分の耕地から離れることができない。それで、将門側は、たくさんの軍勢を集めることができずに、敗滅した。
安土時代以降に、河口付近の沖積平野の沼地が排水工事によって優良な水田に代わり、年貢で養われる専業武士の数が増えた。敵味方ともに動員できる総人数が激増したので、もしも敵方よりも人数の動員が遅れれば、要塞などあったところで意味がなくなってしまった。

そこで各大名は、じぶんの城下町に主な武士をすべて集めて住まわせ、急速動員に対応できるようにした。これは平時に行政事務を統制する上でも好都合だと分かったから、江戸時代には、例外的な藩を除き、武士の知行地と住所は、すっかり分かれたのである。

武士が、手前稼ぎではなく、サラリーとして主君からコメをもらうようになれば、もはや主君を裏切ることは難しい。この点でも都合がよかった。

地勢的に、敵から動員奇襲を喰らうおそれのなかった薩摩藩は、下級武士の土着を幕末まで維持している。

Q 対清戦争でも対露戦争でも対米戦争でも、日本陸軍より先に日本海軍が敵軍に対して最初の攻撃を加えて開戦したと思いますが、それはどうしてですか？

A

普墺戦争や普仏戦争でプロシア陸軍がやってみせた動員奇襲のパターンを、日本陸軍が朝鮮半島（またはその後背地の満州）の敵の駐留軍に対して再現することは、常識で考えれば、誰でも不可能だとわかる。

プロシアが動員奇襲をしかけた敵国は、いずれも陸続きの隣国（接壌国《せつじょう》）で、しかも、かなり広い正面の国境を共有していた。その接壌国境まで、自国の兵営から、鉄道が通じていることもまた、プロシア式動員奇襲の前提条件なのであった。

したがって、プロシアの敵国がもし、海にへだてられたイギリスだったとしたら、動員奇襲によってロンドンの政府を屈服させる方法など、考えられもしないのである。

しかし、日本陸軍は、是が非でも、その不可能事にチャレンジするしか道はなかった。

なぜなら明治時代の日本は、大清帝国やロシア帝国に比べて、最終的に総動員できる物的資源と兵員数において、劣勢だったからだ。基礎体力の弱い者が、大男にいじめられないで独立を保つためには、奇襲開戦から即決媾和にもちこむパターンで一回、こちらの戦闘能力と意志とを思い知らせておく以外に、あり得ないと信じられたのだ。

もしも、全樺太を、江戸幕府が早くからしっかりと確保して防備を整えていたなら、あるいは、北海道で水稲農業を放棄してデンマーク式の有畜畑作農業を実現し、北方正面での郷土防衛ポテンシャルを高めていたなら、史実のように朝鮮半島の中立もしくは領有に、日本が必死でこだわる必要などもなかったろう。

その場合は、天武天皇時代に唐に備えて防人《さきもり》を置いたように、あるいは北条政権時代に九州の御家人に元軍を撃退させたように、あるいは明治初期の鎮台制陸軍（本土はりつけ防御部隊で、防人の再現）のままであっても、対露防衛は可能だったのだ。

しかし、ロシアが樺太を領有した上で、満州から朝鮮に南下する気配が濃厚であったために、日本政府としては、北海道と九州の二正面から（ロシア軍と清軍に、あるいは両正面ともにロシア軍から）侵攻される危険を、予測しなければならなかった。万一、そのような事態となれば、トータルで戦争資源がすくない日本国は、防衛も独立も成り立たない。

朝鮮半島を縦貫する鉄道は、日露戦争後まで、開設されなかった。だから、日本陸軍が釜山《プサン》に上陸して、そこから鉄道で南満州の戦場までかけつけるという方法は、明治時代には考えられなかった。

輸送船に陸軍の大部隊を乗せ、それを、できるだけ南満州（もしくは北部朝鮮国境）に近い港に、海送する必要があった。

その場合、いちばんおそろしいのが、黄海や東シナ海を遊弋《ゆうよく》する敵国の軍艦によって、わが輸送船団を途中で邀撃《ようげき》され、撃沈されてしまうことである。五〇〇トンの船を一隻沈められただけでも、陸軍の一個大隊分の兵員と馬と大砲と弾薬と糧食が、完全に失われてしまうのだ。当時の輸送船は非常に低速であったから、洋上で敵の軍艦に出遭ったら百年目、助かる術はなかった。小さい船は、浮力に余裕がない。しかも客船とは違って、貨物用の船倉に人馬をすし詰めにしているので、砲撃を受けて浸水し始めたら、もはや兵員の大半は、甲板まで脱出するチャンスがなかった。ということは、わずかな敵海軍の妨害活動で、日本陸軍が満州に集中することも、増援することも、たちまち不可能になってしまいかねない。これではとうてい、動員奇襲には、なりようがない。

だから、日本陸軍の参謀本部は、プロシアの参謀本部と違い、陸軍だけで奇襲開戦を計画することはできなかった。必ず、まず事前に海軍に頼み、陸軍の輸送船が宇品《うじな》港を出港する前に、渤海から敵海軍を駆逐してもらう必要があったのである。奇襲開戦計画の策定に、最初から海軍首脳に参加してもらい、同意してもらう必要もあった。日本陸軍に、このような弱みがあったがゆえに、日本海軍は、陸軍参謀本部に対して、あれほど対等のデカい口が利けたのである。

このような事情で、戦前の日本の開戦は、必ず海軍の奇襲から、始められている。

そして兒玉源太郎は、海軍に頼らなくても済むような対露国防体制を創るために、満州国を構想した。

山県有朋や上原勇作は、その次善の方策として、朝鮮半島に二個師団を置こうとした。

さらに、玄界灘に海底トンネルを開通させ、満州まで鉄道で内地から兵力を急送できるようにしたいという構想も、大正初期から、日本陸軍の参謀本部内の若手によって、提案されている。

Q 日清戦争はどのような手順で開戦されましたか？

A 朝鮮と満州の国境地帯は、世界でも有数の、軍隊が行軍しにくい地帯である。冬が寒すぎ、人口が稀薄で、まともな農業はなく、したがって沿道に大きな村もない。そんなところに大軍を徒歩で送り込むとすれば、現地で糧食の徴発しようがないから、あらかじめ糧食を調達し、それを後方から蜒々と前線まで輸送していかねばならない。が、朝鮮の道路はひどい悪路であった。少し雨が降れば地面が沼地と化し、人も馬も荷車も、いっこうに前へ進めなくなるのだ。時間とともに、補給部隊じしんが、運んでいる糧食を食いつぶすばかりであった。このためかつて隋帝国も、朝鮮半島に対して長期の軍事作戦を展開したばかりに、兵站が過剰な負担となって国費が尽き、とうとう衰亡してしまったぐらいであった。

韓国は、このような地理に国境を守られている幸運をよいことに、清国と朝貢関係を結び、国防の近代化を放置したまま、一九世紀まで長い鎖国を続けていた。

しかし、ロシアがシベリアから南下してくると、この、自主国防力ゼロに等しい朝鮮半島が、西日本への、大陸からの侵攻軍の跳躍台として、利用されるおそれが出てきた。

日本の国益は、韓国が自主国防力を備えて清国などと縁を切るか、さもなくば、日本陸軍を朝鮮半島の北部まで駐留させることであった。

朝鮮を属国とみなす清国は、そのどちらも面白くなかった。朝鮮人も、防衛努力をしなくてよいという現状を改める改革には、少しも乗り気ではなかった。

そこで日本政府は、朝鮮の強制改革に乗り出そうとする。

清国は、大韓帝国に、軍事通の外交員として袁世凱を駐箚《ちゅうさつ》させて、朝鮮の改革を妨害しようとした。袁の前では、朝鮮政府の要人など、子供のように、言うなりであった。

清国と大韓帝国の間には、鉄道は通じていないし、ロクな道路すらない。しかし、蒸気船がいくらでも利用できる時代になっていた。北京周辺の精鋭軍（それは清国のもつ地上部隊の中で最新の装備を誇る、皇帝親衛軍であった）を、渤海に面した港から蒸気船に乗せれば、その日のうちに、北朝鮮の黄海に面した港に上陸させることが可能だった。

この圧力を背景に、袁世凱は、この上は、朝鮮国内に清国軍を駐留させ、朝鮮人の武装独立を求める日本人を、実力で半島から駆逐せねばなるまいと考えた。

日清間の緊張は、年々、高まった。

明治二七年以前にも、清国と日本との間には、なんどか戦争気運が生じたことがあったが、日清は協約を結んで、朝鮮半島に軍隊を入れるときには、互いに相手国に通告するものとしていた。

川上操六は、参謀次長や参謀総長をしながら一〇年近くも、清国を半島から撃攘《げきじょう》する作戦を、練り続けていた。もちろんそれは動員奇襲である。川上には、野戦で緒戦から続けて連勝をおさめる、かなりの自信があった。明治二六年四月には、川上本人が、こっそりと韓国の地形を視察してきている。清国は同年一一月に、北京から満州境界の山海関まで鉄道を開通させ、半島向けの陸路の増援能力を著増させようとしていた。

あとは、政府が、開戦の決心をしてくれなければならない。

しかし政府の上層は、慎重だった。明治天皇の本音も、乗り気ではなかった。清国との戦争が長引けば、列強が干渉してくることが予測され、その結果は、どうなるか知れたものではなかった。たとえばロシアの軍艦が北日本の沿岸や近海で暴れ出せば、半島方面へ全力を傾けているさいちゅうの日本の陸海軍には、防禦のしようもなくなるのだ。

積極的だったのは、陸奥宗光の率いる日本外務省だった。彼らは、プロシア流の動員奇襲を成功させるために、外務大臣と公使は何をしなければならないか、じつによく研究していた（明治天皇が、この戦争は陸奥の私戦ではないか、と嘆息したほどの手並みだった）。

明治二七年六月はじめ、袁世凱が朝鮮国内の暴動を鎮定するため、朝鮮政府の要請によって半島に派兵すると、日本政府に通告してきた。袁には動員奇襲の着眼などなく、じっさいの派兵は、この通告より数日、遅れる。

しかし、この通告によってようやく、日本政府の肚《はら》は括《くく》られ、川上と陸奥の合同プログラムがスタートした。

六月五日、東京に大本営が設置された。予備役をあつめなくとも、現役兵だけで即応出動が可能な大島旅団を、先行して半島へ派兵するという命令が下された。

七日、一五〇〇名の清国兵が、汽船に搭乗して、渤海に面した太沽《タークー》、および鉄道終末の山海関から出港した。

八日、これらの清国兵が、北朝鮮の牙山に上陸を開始した。

九日、大島義昌少将が指揮する混成旅団が宇品港（広島港）から出港を始める。また海軍は、陸軍が上陸を予定している仁川《じんせん》一帯を、交戦することなく制圧した。

一二日、大島旅団の第一陣が仁川に上陸。近くに清国軍は進出していないので、まだ交戦は始まらない。

一五日、外務省は清国との国交断絶の手続きを記録した。これは戦時国際法上の非難を列強からこうむらないために必要であった。

六月一六日、総勢七五〇〇人の大島旅団は半島への上陸を完了した。

七月二〇日、大島公使が清国に最後通牒を発した。

二五日、日本海軍は、清国の軍艦『廣乙』を大破させ、『操江』を捕獲し、清国兵を輸送中の英国船籍の貨物船『高陞号《こうしょう》』を撃沈した（豊島沖海戦）。

二九日、日本陸軍が清国軍と交戦開始。牙山の清国兵を掃討。

七月三一日、清国政府が日本政府に国交断絶を通告。

八月一日、清国に対する宣戦の詔勅が煥発された。すなわち公式の宣戦布告である。

八月二二日、広島第五師団の主力が朝鮮に到着し、竜山に進出した。

ちなみに、この明治二七年当時、兵一人を輸送するためには五トンの船舶容量が必要と見積もられていた。しかるにまだ一〇〇〇トン以上の日本籍船は一隻もなく、五〇〇トン以上の船は九一隻のみ。ということは、一個師団を半島に運ぶためだけでも、国内の五〇〇トン以上の船を数十隻も御用船に徴発しなければならない。数個師団を送ろうとすれば、その船団が何往復もしなければならない有様だった。

兵員二万三〇〇〇人＋馬二五〇〇頭と弾薬と糧食と諸材料を、到着した三二隻の船から陸（花園河口）に卸すだけでも、八日間もかかったという。

Q　なぜ広島の宇品港から、多くの陸軍部隊が大陸に送られているのでしょうか。

A

西日本の人には、説明されずとも解っているような常識が、東日本の人にはさっぱりわかっていないということは、多い。

その一つが、広島港の意味だ。対米戦争中の「広島港」とは、日清戦争から満州事変までの「宇品港」が大きくなったものに他ならない。中心部の埠頭のロケーションは同じでありながら、昭和初期に、その総称が変えられただけなのである。

したがって、原爆が落とされた「広島市」というのも、それは、イコール、日本の随一の「陸軍専用軍港」を包み込んで発展したエリアである。その事実を、東日本の住民は、ほとんど知らされていない。

この認識ギャップにも、理由がなければならない。敗戦後の広島市や広島県が、国からの補助金をできるだけ多く受けるために、ことさらに被害者の一面を強調しようとし、その目的のために有害となる「宇品港」の歴史については、情報の更新・発掘を封印しようと努め、国もまた、その情報環境を是認していたからであろう。

宇品の築港を指揮したのは、明治一三年に広島県令になった千田貞暁であった。千田は、幕末の薩英戦争から会津戦争まで従軍した、歴戦の元・鹿児島藩士であった。

宇品から一五㎞離れた海岸には、並行して、海軍が呉軍港を造成しつつあった。もちろん、軍港は民生用には利用できない。千田は、広島県の産品の輸出のために、近代的な港湾整備が必要だと考えたのである。

その頃の港湾建設で肝要なことは、工事をできるだけ一挙に短期間で完成させてしまうことであった。というのは、波浪の破壊力は、おそるべきものなのだ。半成の状態で何ヶ月もモタモタやっていると、波がその間に基礎部分を徐々に掘り崩してしまって、いっこうに、次の施工段階へ進むことはできない。ひたすらに工事費が無駄にかさんでいくだけになってしまうのである。

工事を速く済ませるには、江戸時代のような人夫の頭数に頼ったノンビリ工法ではどうしようもない。アメリカ製のスチーム土工機械（石炭などを燃やして高圧の蒸気を発生させ、その圧力で杭を打ったり、掘削アームや排土バケットなどを動かす）の導入が必要だった。それには外貨が入り用となるが、トータルでは、安価になる。工期が短縮されれば、莫大な金利負担が浮くからだ。

しかし、このような合理的な工事をさしもの内務官僚も導入はできず、けっきょく呉の現場との人夫の奪い合いになった（この時点では、宇品を陸軍専用軍港にするという計画はない）。やむをえず千田は、私費で乞食を雇って人夫を増やしたという。ついに工事は五年三ヶ月目にして完了したのだが、落成（明治二三年四月二一日）

の直前に、千田は新潟県知事に左遷された。収支がメチャクチャなので、その政府責任をごまかすためであろう。千田は、予算が超過して国庫に余分な支出を強いたのは計画が杜撰だったからだとして、年俸の一二分の一を減給される罰も科されている。

広島湾は、瀬戸内海のなかでも、さらに一層、引っ込んだ地形である。外縁は海軍基地が点在し、敵国海軍から脅かされるおそれはほとんどなく、また、平時・戦時の防諜上も、理想的であった。

ここに、児玉源太郎が目をつけた。

日本陸軍は、メッケルから言われるまでもなく、鎮台制を師団制に改編して、朝鮮半島に遠征して作戦できるようにもならなければ、効率的な国防はできないことを、早くから認識していた。

九州の師団は、門司港から半島に送り出すことができる。京都・大阪の師団は、大阪湾内のいくつかの港を利用できた。

問題は、仙台、東京、名古屋の師団を、どこから半島へ送り出すか、であった。

当時の貨物船は低速なので、満州あたりで緒戦の数的優勢を得るためには、あまり遠くの港（仙台港、東京港、横浜港、名古屋港）から兵員を運ぶことは、合理的ではなかった。なにしろ五〇〇トン前後の貨物船がほとんどだから、荒天に弱い。低気圧の影響で、太平洋岸の港湾作業そのものが難しくなる場合も考えられた。

船脚の遅い汽船であるから、できるだけ半島に近いところから出港させられることが、清国の速やかな派兵力に外交的に対抗するためには、望ましかった。

瀬戸内海ならば、天候の影響は最小限で済むし、門司港のように、清国海軍から攻撃されるかもしれないという警戒も、不要である。瀬戸内海の広島沖までやってくる敵の水上艦はありえなかった（第二次大戦の末期でも、さすがにゼロ）。

遠州灘に敵国の優勢な艦隊が遊弋したらどうなるのかという心配もあった。これはもう幕末から懸念されていたことで、じっさい、日露戦争中に、ウラジオストックのロシアの巡洋艦が、獲物を探して九十九里沖までうろついたのである。

このような判断から、千田貞暁がのこした宇品港は、陸軍の専用軍港とされることに決められた。

困ったことは、明治二七年の初めには、まだ山陽鉄道（会社は明治一九年末に創立）が、神戸から尾道までの区間しか完成しておらず、広島までつながるのが、八月の予定であった。

それじゃ間に合わんというので陸軍省の兒玉次官は開戦の秘密を会社幹部に打ち明けて、昼夜兼行の突貫工事を依頼した。それにより、明治二七年六月一〇日に尾道から広島までが開通した。ただちに大部隊と大物資の広島輸送が始められた。だいたい人員だけなら、客車三〇両で一個師団を運べたのだが、戦争では、弾薬その他が膨大であった。

宇品の地元の師団は、広島の第五師団である。同師団が、大陸向けの即応出動師団と位置づけられることになった。

宇品が陸軍専用の軍港になると、動員奇襲開戦の基地であるだけに、民間人が写真を撮影することは厳禁された（今日、数枚の公式写真が残っているだけである）。ターミナルの広島駅でも、「防諜」が問題になった。民間の小荷物業者が勝手に駅構内に出入りできるようではまずかろうということから、許可業者に赤い帽子をかぶらせたのが、「赤帽」の起源である。

第二次大戦中、宇品港は、原爆投下の日まで、ほとんど米軍機の空襲を受けなかった。アメリカ軍としては、日本陸軍が内地で兵隊と弾薬をかきあつめ、低速の貨物船にびっしりコンデンスして大海原に送り出してきてくれた方が、戦争は楽になると判断したのである。その貨物船を潜水艦で撃沈するのは、造作もなかった。

このため広島市は、それまで無被害の実験標的として、原爆を投下されることになった。

この投下を決定したスティムソン陸軍長官は、満州事変当時の国務長官（外務大臣）であった。スティムソンは、日本陸軍の動員奇襲主義を咎める意味からも、広島が罰せられる価値があると考えたのだろう。

Q　**日清戦争では、野戦の決戦や、北京の包囲がなされていませんが、これはなぜですか。**

A　プロシアの動員奇襲戦争は、敵国政府の首都を脅威し、包囲し、市街地に砲弾を雨下させ、市民に飢餓を強いるところまではやるが、けっして、工兵や歩兵をもってその首都に無理やり突入したりはしない。

もちろん、モルトケ参謀総長以下の職業軍人たちには、攻城戦もひとつの興味ではあったかもしれない。しかし総理大臣ビスマルクは、それを許しはしなかった。敵国の首都が戦場になってしまったら、敵国の要人は四散し、政府が混乱し、侵略者に対する住民の恨みは嵩じ、冷静かつ打算的に媾和を検討するような雰囲気ではなくなってしまう。

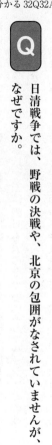

もちろん、戦後の世界的な評判も、悪くなってしまうのである（ちなみに、日露戦争で乃木希典が旅順を囲んだ時点でただちに降伏勧告を守将にあて送り届けたのも、普仏戦争中のプロシア軍がそれをせずにいきなり要塞都市の市街地砲撃をしたことについて、当時の諸外国の新聞が批難した先例があったからだった）。

長州の奇兵隊時代に伊藤と同格であった山県有朋大将は、現地満州に「第一軍」司令官として乗り込んだが、東京の参謀本部（総長は宮様のお飾りで実質の長は次長の川上操六）の統制に耳をかさず、たまたま苦戦におちいったからよかったようなものの、独断で北京占領までも暴走して行きかねぬ勢いだった。総理大臣の伊藤博文は、手遅れにならないうちに勅命を奏請し、山県の司令官職を解き、内地に引き戻した。

日清戦争とうじの伊藤は、当時の日本人のなかでいちばん、シナとの戦争に勝つ方法がよく分かっていた。

伊藤は、軍人に任せると、終わるべき戦争が終わらなくなるだろうと察し、超憲法的に大本営に親臨して、ビスマルクの現役首相当時の役割を、十分に再現した（明治体制には不合理な欠陥があって、参謀本部は、大本営に総理大臣が臨席することを、法制の根拠がないことを理由として、拒絶できた。伊藤は、自分じしんが明治憲法をつくったという自負があり、国家の戦争を参謀本部にまる投げしてしまうような事態を、許さなかった）。

陸奥宗光は手柄顔に、自分が列強が干渉をしてくる前に対清国の媾和をまとめようとするのにどれほど苦心させられたかにつき、遺稿の『蹇々録《けんけん》』に生々しく書き綴っているのだけれども、日清戦争が無難に短期で終結できたことの最大の功労は、やはり伊藤博文にこそ帰されねばならない。陸奥の格では、山県ら軍人を制止することは不可能だったはずである。

伊藤の死後、伊藤に匹敵する総理大臣は、日本には一人も登場していない。

伊藤は、対露戦争には、勝ち目がないと判断していた。理由は単純である。プロシア参謀本部式の戦争術は、敵国の首都が、接壌国境から測って、せいぜい三〇〇～四〇〇kmのところにあったから、可能だったのだ。北朝鮮からペテルブルグまでは六五〇〇kmもある。ロシアが総動員可能な将校と兵卒の数は、日本の一〇倍に近い。これで必ず勝算を成り立たせる方法があると壮語できる者がいたら、頭がおかしいのだ。昭和初期の石原莞爾は、その代表である。伊藤は、なんとかロシア政府と宥和できないか、一人で飛び回った。そのため、責任の軽い若いエリート参謀たちは、伊藤を「恐露病者」と嘲った。

明治三七年時点で、日本が置かれた全般の情況を高所から冷静に観察できていたのは、おそらくは伊藤だけである。伊藤は決して臆病者ではない。日本の歴代総理大臣のうち、刀で人を暗殺した経験をもつのは、伊藤だけだ。その大胆な伊藤青年は、理性の人に成長していた。日露戦争は、外交と作戦に最善を尽くしたとしてもなお、丁半博打だった。

昭和一二年の陸軍参謀本部にも、また近衛内閣にも、敵首都の南京を攻め落とすべきではないことを、日清戦争や普墺戦争の例を挙げて主張した者は、一人もいなかった。

敗戦後、インフレによって登場した千円札の肖像モデルは、伊藤博文だった（今は野口英世）。確かに値千両の役者だったろう。

Q 対露奇襲開戦の計画を立て、実施の采配を揮《ふる》うはずであった参謀総長の川上操六と田村怡與造は、どうして、どちらも若くして死んでしまったのでしょうか？

A いまどきの高級官僚で、国家のために精神力を使い過ぎ、体力が消耗し切って衰弱死したなどという話など、まず聞くことはなかろう。

しかし、明治時代には、これは普通にあった。たとえば外務大臣だった陸奥宗光は、日清戦争の開戦と媾和をコーディネートした心労のために、明治三〇年に五三歳で死去した。

動員奇襲による開戦と、開戦後すみやかな決勝を、至上命題として与えられていた陸軍参謀総長（田村怡与造の場合は、参謀総長としては年齢が若すぎたため、次長のままで参謀総長の仕事を負担させられていた）が、大国ロシアを相手の開戦の前にヤキモキしたのも、またひととおりではない。

彼らは、もちろん職務として成算のある計画を建てるのだが、それに良いタイミングでGOサインを出してくれるかどうかは、内閣次第であった。元勲や内閣の長老が戦争を逡巡しているうちに、敵国は鉄道を敷設したり、前線部隊の数を増やしたりする。つまり、奇襲計画の前提が、変わってしまう。そうなるとすぐに、参謀総長（次長）と作戦部長は、最新の最善の計画を作り直さなければならない。諸部隊に最初に与える命令書の内容も、全部変更である。これを、作戦部長時代から何年も、極度の緊張の下に延々と反復させせられたら、精神が疲労骨折してしまったとしても無理もなかった。

陸軍参謀本部は、陸軍の作戦だけ立案すればよかったのではない。閣外の元老たちの説得にもじかに乗り出さねばならず、外相とは最も密接に、しかも完全に秘密裡に連携せねばならず、戦費の見通しについて蔵相の質問にも答えねばならず、さらには大部隊の渡洋輸送の安全を確保するために、わがままな海軍に頭を下げて、宣戦布告前の海上第一撃を、お願いしなければならなかった。

このようなストレスのために、川上操六は五三歳で急死し、田村怡与造は五〇歳で急死し、児玉源太郎は五五歳で急死したと見られる。

この三人のうち、明治三六年一〇月一日に死亡した田村の苦悩は特に察しやすい。対露戦争が理想的なタイミングで奇襲的に開戦できるかどうか、まったく予断を許さない時節であった。元老や金持ちたちのためらいのため、日本側から奇襲開戦ができないとすれば、受動的な防衛戦争に切り換えるしかない。それは、当時の日本には、ほとんど勝ち目が見込めない展開になるはずだった。

児玉の死は、ポーツマス媾和の翌年である。だから、間接的には日露戦争の全期間を通じた激務と関係があるが、急死をもたらした直接のショックは、彼個人の野望の挫折であったろう。それについては別項で考察する。

死亡の背景に謎が多いのは、川上操六だ。薩摩出身の川上操六は、明治三一年一月に中将で参謀総長となり、九月に大将に昇り、翌年の明治三二年五月一一日に五三歳で急死した。

明治三二年に、いったい何があったのか。

日露戦争が起こるのは明治三七年であるが、それまでのほぼ一〇年間、日本の課題は、一貫して「対露戦争」だった。それを疑うような日本人は、いなかった。

千葉県民で、陸軍士官学校を病気退学して『孫子』の研究者になった佐藤堅司は、七歳のときに日清戦争から凱旋してきた近所の輜重輪卒《しちょう》が「次の戦争の相手は露国だ」と断言していたのを記憶している（『神武の精神』昭和一九年刊）。末端の国民まで、対露戦争がいつあってもおかしくないと意識して暮らしていたのが、明治三〇年代であった。

とうぜん、明治三一年一月に次長から参謀総長に昇任した川上操六は、対露奇襲開戦計画の膨大なペーパーワークに、万全を期していたであろう。が、彼の頭を悩ます課題は、足元にも山積していた。

村田経芳が設計した、日本陸軍として最初の連発式歩兵銃である「村田連発銃」が明治二二年に採定されているのだが、仕組みがレバーアクションという精巧なものであった割には、精密な工作機械が工廠になく、品質管理も幼稚だったため、その後の量産品の作動に、不具合が続出していた。何年もこの改善を図ってきたけれども、とうとう解決には至らず、急遽、有坂成章が新型野砲（三一年式野砲）の傍らに設計したボルトアクション式連発歩兵銃が、明治三一年二月に制式制定された。なんと、陸軍の歩兵連隊の主力装備と、師団砲兵の主力装備が、一斉に、ガラリと変わってしまうのである。対露作戦計画の前提にしていた武器の射距離も命中精度も携行弾量も、変わる。作戦と兵站を根本から見直さなければならなくなっていた。そして、この装備更新が現役師団に関して完了するまでは、対露戦が始まっては困るという心配も、深かった。

そんなとき、大陸では、列強がシナを植民地化するというテリトリー・ゲームが突如として始まり、参本としては、このバスに乗り遅れるわけにもいかなくなった。すなわち、ドイツが明治三〇年一一月に、山東省で宣教師が殺されたことを口実に、いきなり膠州湾を軍艦によって占領し、シナ政府は明治三一年一月に、ドイツが同湾を租借することを認めたのであった。これは、その協定直前の一二月に、ロシアの東洋艦隊が旅順港に強行侵入した圧力を背景にしていた。ロシアは、ドイツに続いて明治三一年四月、旅順一帯を租借した。

黄海に面する二つの重要港湾にドイツとロシアの海軍がはりつくことになった。これを座視すれば、すぐに首都北京および北シナの海上交易は、この無頼な二国によって支配されてしまうだろう。シナ政府はそこで、イギリスに、旅順と向かい合う山東半島北岸の威海衛の租借を許すことにより、独露に対抗してもらおうとした。それに便乗して、フランスも、黄海からはまったくかけ離れている広州湾の租借に動き出すのである。

明治三一年四月二二日、以上の流れを受けて日本政府が、台湾の対岸にある福建省を、日本以外のどの国にも割譲しないようにと求める公文を、北京政府に手渡した。これが領土への野心のあらわれであることは、誰の目にも明瞭である。二月に台湾総督に任命されたばかり（現地着任は三月一八日）の児玉源太郎が、参謀ネットワークを使って、裏で熱心に焚き付けていた。

対露戦の計画修正の前に、福建省というシナ領土の一部を支配する謀略的な作戦も、極秘裡にプランニングしておく必要に、迫られたのだ。メソッドは、昨年末のドイツのやり口をそっくり見習うしかない。しかし、海軍や外務省などとの調整を要する秘密の作戦は、特に部外に真意を漏洩しないように気をつけねばならず、多くの部下に作業を分担させることもできない。川上が、ほとんど一人で立案しなければならなかった。川上の頭脳にのしかかった負荷は、いちどに二倍に増えた。あまりのストレスを、川上は、もちこたえられなかったのだ。

もうひとつの近隣動乱は、台湾の目と鼻の先の、フィリピンである。明治三二年二月、フィリピンの独立派武装勢力のアギナルド代表は、占領軍として進駐中のアメリカ合衆国に宣戦布告した。アーサー・マッカーサーの率いる討伐軍との間に、血なまぐさい戦闘が始まった。アギナルドらは、大倉喜八郎から旧式小銃一万梃と中古の輸送船を買い付けた。そして、その船が航海の途中で自沈するという事件が、七月に起きている。この武器密輸を、川上が知らなかったはずはない。沈没の理由は、日本からの指示かもしれない。

川上が死んだ明治三二年五月から七月にかけ、オランダのハーグで、平和会議が開催されている。陸軍はそこに上原勇作（工兵大佐）を送り込んだが、議題は、一部の最新式の通常火器の規制に及びそうであった（じっさいには、ダムダム弾が禁止されたのみ）。せっかく去年から切り替えが始まっている装備が、もしこの会議で規制でもされたら、三度、対露作戦プランは御破算になる。あるいは呼びかけ人のロシア皇帝と列国は、日本の更新装備を目の仇にしてこの会議を招集したのではあるまいか、という疑心暗鬼すら湧いた。また、この平和会議の開催中に、シナでドイツの真似などをすれば、日本は列国から正論でもってつるし上げられてしまうだろう。外務省も、まず協力はしてくれまい。これも、川上の胃を痛くしたはずだ。イギリスは同年の一〇月にボーア戦争を始めるという面の皮の厚さをみせつけたが、当時の日本は小心翼翼としていたのだ。

この間、川上とソリの合わない桂がずっと陸相であって、しかも総理大臣は桂を引き立てた山県であったから、薩閥の輿望《よぼう》をたったひとりで担う川上としては、心身を憩える一瞬も、なかったであろう。

故・川上参謀長の空席は、大山元帥が埋めることになった。そして、少将の田村怡與造が次長に昇格した。

乃木希典は、陸軍将校になってから生涯、日記をつけている。しかし明治二六年後半から、明治三二年末までの記帳分は、乃木の自決の直後に、行方不明になっている（おそらく寺内正毅が世間から隠匿した）。明治三二年に、陸軍の中で、何が起きたのだろうか。

Q　兒玉源太郎は、孫文の革命運動も支援したのですか？

A

第二次山県内閣のとき、北清事変が起きる。

福島安正が指揮する第五師団を中心とする各国連合軍が、故障がちな「村田連発銃」を手に、北京を包囲していた清国軍を撃砕し、柴五郎中佐や各国外交官を救出したのが、一九〇〇年（明治三三年）八月一五日のこと。

それから九日後の二四日に、軍艦『和泉』が、北京からははるか離れた福建省の厦門《アモイ》に入港し、海軍陸戦隊を上陸させたのだ。誰もが、一八九八年のドイツ軍艦の膠州湾占拠強奪事件を連想した。

この海軍の派兵は、台湾の対岸の福建省でも不穏の形勢があるとの理由によったもので、兒玉がイニシアティヴをとり、海軍軍令部が兒玉に同心していたことは疑いもない。

二五日、厦門の日本領事は、同地の東本願寺がシナ人暴徒によって焼き討ちされた、と報じてきた。外務省も、事前にこの計画に賛同していたのだ。兒玉の計画では、これを口実として、台湾から陸軍部隊を増派し、最終的には福建省の割譲もしくはそれに準ずる特権譲渡条約を結んでしまうつもりだったようだ。

ところが、寺の焼き討ちというのは真っ赤な嘘で、現地日本人の自作自演にすぎないことが、在支のイギリス公使館には、リアルタイムでバレていた。

お粗末にも、火の出る前に、住職が私有財産を安全な場所に移動させるのを、シナ人に見られてしまったのだ。明治一〇年に児玉が熊本城に火を放ったときは、糧食ごと惜しみなく焼いてしまったので、いかにも事故のようにみせかけることに成功したのだが……。

イギリスを筆頭に、数ヵ国から抗議されて、日本外務省は、たちまち腰がくだけた。外相は、ドイツ語スクールの語学秀才・青木周蔵であった。陸奥のような刑務所暮らしの武勇伝はまったく無い。

宿利重一が戦前に書いた伝記『児玉源太郎』は、この事件のことを奇麗にスルーしている。そして、明治三三年八月三〇日に児玉総督が辞表を出して完全に田舎に引退しようとした、というエピソードだけ、紹介をしている。その時点で、政府の気持ちはすっかり退却モードに定まり、一人で浮いてしまったので、児玉は首謀者としての事件失敗の責任をとろうとしたのだろう。

しかし、総理大臣にして長閥の大ボス・山県有朋は、児玉を慰留した。児玉は引き続き、台湾の支配者の地位を保証された。

宿利によれば、児玉は海南島の占領までも、夢見ていたという。

ところでシナ革命家の孫文は、一九〇〇年六月に、北清事変に便乗した武装蜂起を、南シナで計画した。

九月二七日に孫文は台湾に渡り、兒玉や後藤新平と会見しているらしい。この折に兒玉は、もし武装蜂起が成功し、福建省の海岸線までを支配するようになったら、その海岸に、三個師団分の武器を送り届けようという約束をしたと、大アジア主義者の大陸浪人の本などには出ている。

三個師団分の小銃といえば、あまりに膨大な量であり、台湾から現役軍隊用の火器を大量に送ることができた可能性もゼロ。したがってこの話はガセだ。

おそらく、陸軍省が内地の各所に、後備師団用のさらにそのまた予備用として膨大にストックさせていた、スナイドル銃や一三年式村田銃などの、おそろしく旧い単発ライフル銃を、商社に払い下げて私企業が転売したという形にして、援助してもらいたいという話が、孫文からは出たのだろう。

ちなみに一九〇一年には三井物産が朝鮮向けに、小銃一万梃を輸出している（新古品の一八年式村田銃か、もっと時代遅れの一三年式かは不明）。また一九〇二年に、泉新田火薬庫に保管されていた旧式小銃（戊辰戦争から日清戦争まで用いられ、将来いつでも後備師団用としてまた使える状態のもの）を点検した記録が残っているのだが、それを見ると、外国製の単発後装ライフルが二種類、計一万四六一四梃と、やはり単発後装の一三年式村田銃が九〇九七梃であった。全国では、かなりの量の旧式火器が、溜まっていたのだろう。

こうしたオールドモデルに加え、ちょうど明治三二年頃から、全陸軍で村田連発銃を三〇年式小銃に更新しはじめていたから、兒玉が台湾の機密費を出し、内地の倉庫から予備用の一八年式歩兵銃や村田連発銃を三万梃ばかり、大倉商事などの商社に払い下げさせ、民間の貨物船で届けさせるという話なら、実現性もあったのかもしれない。それでも、一万梃を超えるオーダーともなれば、マスコミおよび諸外国に真相が洩れるのは、確実だったであろう。

一〇月に、実際に恵州の周辺で、孫文の意を受けたグループが煽動して、一万人規模の暴動が発生した。しかし清国政府軍は、これを鎮定することに成功した。

一〇月一九日、第四次伊藤博文内閣が成立し、正規の清国政府を相手にしないというムチャクチャな志向性の南支工作など、黙認され得なくなった。

一二月、兒玉は台湾総督の肩書きを手放すことなく、陸軍大臣に就任した。

Q 外国と戦争するのに先立って、宣戦布告をしなければならぬ、と国際会議で合意される以前の先進国間の無通告開戦には、どんな戦争がありましたか。

A ロシアは一八七七年に、宣戦布告の数時間前にトルコに攻め込んだ。一八二六年に、英国は宣戦せずにスペインを襲撃した。一八四八年、デンマークの公使がベルリンで談判中に、プロシアはホルスタインに侵入した。

古代ローマの習慣として、戦闘の前には開戦の通告をしていたという。またゲルマンにも一二世紀においてはその慣行があったという（蜷川新『黒木軍ト戦時国際法』明治三八年八月刊）。

中世から近世の宣戦布告には、正義が自分にあるという内外に向けての公報や、臣下の戦士たちの士気を鼓舞して一致団結させる効果が、あったであろう。

しかし一八六三年の普墺戦争は、双方が明確な宣言をしないまま、動員がそのまま本格戦争に移行している。すでに、「予備役動員」という行為が、戦争開始の合図だと、双方に了解されていたのだ。

江戸時代の武士にたとえるなら、数歩の間合いで向かい合って立っている二人のうちの一方が、先に刀をゆるゆると鞘から抜きはじめたのが見える、という事態である。もう一方としては、これに抜き合わせる備えとして、やはり刀の鯉口を切るしか仕様がない。そうして二人ともに刀を抜き放ってしまえば、血を見ずに再び鞘におさめるのは、容易なことではない。気分がもう殺気満々であるし、体面もある。なにより、動員が国庫と民生にかける負担は巨大なものだから、それを軽々しくもてあそんだ政府要人は責任をとらずには済まされない。

海軍だけの単独作戦は、無通告攻撃になる場合がしばしばあった。行動中の軍艦は、陸軍の連隊で言えば、すでに「動員済み」の状態だからだ。一七一八年に英国のピング提督は、予告なくしてスペイン艦隊を襲った。

一七九八年にフランス軍が、予告なくしてスイスを襲撃したのは、相手を小国とあなどったのだろう。

米国独立戦争は一七七五年四月のレキシントンとコンコードの武力衝突で始まっているが、しばらくは、アメリカ側からの宣戦布告のようなものは無かった。開戦から一年三ヵ月後の独立宣言（一七七六年七月四日）が、宣戦布告の代わりとなったのである。すなわち、それ以前は「一揆／反乱」とみなされ、それ以降が「独立戦争」になったのだ。

Q 児玉源太郎は、生きていたとしても総理大臣には、なれなかったのでしょうか。

A なんともいえない。人事は、環境の偶然にも左右されるからである。つまり天命である。

兒玉は、明治三九年四月一一日に参謀総長になった。参謀総長のポストとしての格は、陸軍大臣と基本的に対等だが、戦時か平時かで、その重さに違いがある。戦時の参謀総長は、統帥権の独立原則により、陸軍大臣よりも勝手なことが好きにできる。作戦を立てて、全軍の将兵に「死ね」と命令できるのだ。しかし平時には、将来作戦の計画は立てられるが、実行はできない。陸軍大臣の方が、巨大な予算を支配しているだけ、権力が大きくなるのである。

兒玉は、日露戦争中に参謀総長になることは長老たちから許可されず、日露戦争が片付いたときに、ようやく参謀総長にしてもらえた。長州閥なのに、周囲から、あまり担がれないキャラクターだったのだ。要するに、長老へのゴマスリが足りないのだろう。

平時の参謀総長では、労功への褒賞《ほうしょう》として不満だろうから、長老たちは、同時に児玉に「子爵」を授爵し、「従二位」を叙階した。そしてそれらの名誉とひきかえに、児玉が最後まで手放すまいとしていた台湾総督の肩書きを剥奪した（ちなみに、まったく同日に、後藤新平には男爵が授けられている）。

殖民地台湾という豊饒な工作資金源と、金庫番の後藤を、児玉は、長老の山県に横取りされたのである。

山県が児玉を好感しているのなら、それでもよかったろうが、日露戦争中に、児玉は、万能の独裁者として国事に活躍する快感を識《し》ってしまった。いまさら、寺内正毅や桂太郎など能力が劣る者たちと並んで山県に対するゴマスリ競争にいそしむなど、彼の膨張したプライドは許さなかっただろう。

もしも、山県有朋が死去し、児玉がかつての山県に匹敵する誰か有力な政治勢力と結託したならば、そのときは、児玉も総理大臣になれたかもしれない。

しかし児玉の意中には、南満州に軍政、もしくは軍政に準ずる個人独裁を敷き続け、そこに「日本帝国にとってのインド」をつくってみたいという野望が芽生えていた。

準軍政の地域であれば、そこは戦時下どうぜんの空間だから、参謀総長の肩書きが、オールマイティになる。総理大臣や陸相にも、口は出させない。後藤新平を部下に使えば、ゆくゆくは予算も本国に頼らずに済むようになるだろうと、兒玉は目論んだ。明治三九年六月八日に、兒玉が仕切ることを許された、南満州鉄道株式会社の設立が公布された。七月、民営だった京釜鉄道も買収した。

しかし八月、兒玉は五四歳で急死する。師匠のメッケルが六五歳で死去してから一八日後であったという。前夜、兒玉は後藤と電話で口論していたという。

訃報が伝わるや、兒玉邸は、陸軍省、参謀本部、および後藤によって徹底捜索され、機密文書が持ち去られたという（古川薫『天辺の椅子』）。そして明治四〇年一〇月、息子の秀雄が伯爵にされている。

Q 後藤新平の台湾経営は、どうしてそんなに巧みだったのですか。

A

台湾利権を機密費に換えて、児玉源太郎の対外軍事特務ならびに国内政治工作のために用立てて来たのは、後藤新平である。

かつて山県有朋の政界工作資金づくりのために、実印を他人に預けて巨額の借金を抱え込まされたこともある児玉は、その山県の権力建築術を見習って、自分も資金源が欲しいものだと考えるに至った。

折りよく、明治三一年二月に、中将の乃木希典が台湾総督を勝手に辞職してしまい、その後任は、児玉と決まった。

乃木の総督時代に、すでに後藤が、台湾の民政局（同局は日本本土でいえば内務省に相当し、警察から建設まで自由にできる）に呼ばれていた。児玉は、後藤を良く知っていた。

日清戦争で大陸に送り出した将兵を、明治二八年四月からふたたび内地に復員させるにあたり、児玉は、外地の伝染病を国内へ持ち込ませぬための「検疫部長」を仰せ付かっていた。そのとき、具体的な計画を立てて、現場を仕切ったのが、「陸軍検疫部事務長官」の肩書きを与えられた、後藤新平であった。

祖国の港を眼の前にしてイライラしている数万人の軍人たちを、後藤は手抜かりなく、スムースに捌いた。

大戦争のあとには、必ず伝染病が流行することが知られていた。たとえば第一次大戦の復員にともなって、世界規模でインフルエンザが蔓延し、先進国の中だけでも万単位の死者が出てしまっている。日清戦争の復員では、そのような疫病の持込みは、完全に防がれた。後藤は、非凡だった。

後藤は岩手県出身で、高野長英を親戚にもつ。愛知医学校の校長をしていたときに、テロリストに斬られた板垣退助を治療し、命を救った。内務省の衛生局の技師になると、ドイツにも留学して、公衆保健衛生の第一人者になっていた。児玉は、後藤の才能が只者ではないことを見抜いた。

台湾に着任した児玉から、民政局長として引き立てられ、台湾経済を自立させるための施策の一切を任されることになった後藤は、英国の東印度会社の事跡を研究し、そこから役に立つ教訓を引き出そうとした。

日本が台湾を領有した当時の、先進国の殖民地経営の見本といえたのは、インドである。インド殖民地以上に成功した殖民地は、他にどこにもない。そのインドを、英帝国のかけがえのない大財源に育てた功労者は誰だったか。

彼の名は、ウォーレン・ヘイスティングス（一七三二〜一八一八年）。学究肌の英国商人で、東印度会社の平《ヒラ》事務員を足がかりに初代のインド総督にまで昇りつめた男だった。後藤は、このヘイスティングスの民政手腕に学ぼうとした。そして児玉にも、ヘイスティングスの話を知ってもらった。

ヘイスティングスは、殖民地支配の合理的モデルを設計し、実現している。すなわち、イギリス本国から送り出される、野心的で若くて精鋭のイギリス文官が、インドの現地語を学び、少数の現地人スタッフを右腕として引き立ててやり、膨大な数の現地人から効率的に租税を集め、イギリス本国を世界で最も富める帝国にするという、理想的な支配の仕組みである。

ヘイスティングスは自分のやり方に自信があり、強烈な意志でそれを押し通したため、生前は、現地でも本国でも、とかくの摩擦を引き起こした。が、今日では、インド殖民地が第二次大戦後まで一世紀半も保たれたのは、ヘイスティングスが遺した制度が、あまりにも優れていたおかげであったと、認められている。

大英帝国に日没はないと思われていた明治の中盤に、後藤が（当時はむしろ英国のインテリから悪罵されていた）このヘイスティングスを模範に仰ごうと決意したのは、さすがに一流の見識だった。

もちろん「春秋の筆法」を以って評すれば、カースト制度を自力で脱し得なかったインド人たちがあまりにもやすやすとヘイスティングスら英国人に籠絡《ろうらく》されたのが世界の不幸の一因であり、もしインド人たちにもっとガッツがあって、このヘイスティングスの目論見などを画餅に帰せしめていたならば、フランスやロシアやドイツなど他の列強が、「自分たちもイギリスのようになりたい。インドのような殖民地をもちたい。それにはシナ大陸が狙い目だ」と、欲心を燃やすこともなかったろう。

軍人の軍政ではなく、文官が民政を敷きつつ、現地での防衛作戦も命令するというヘイスティングスの立ち位置が、後藤の理想であったのだろう。

兒玉は台湾総督に着任早々、吏員をできるだけ台湾人から任選するように命じている。これを助言したのは後藤である。その根拠は、ヘイスティングスの手法だろう。ヘイスティングスは、アヘンと塩を専売にして、税収にしていた。兒玉＝後藤コンビも、台湾でアヘンと塩（と樟脳）を、専売制にした。まったく、イギリスの真似なのだ。

地元には必ず、紳商、豪商のタマゴがいるものだ。その地元商人に特権商売を許す。彼らが機密費を上納してくれる。税収も上がる（ヘイスティングスは、インドで私財を肥やさなかった。会計は明朗で、貧乏なまま英本土に帰った。とてつもなく善良な公務員だった）。

東印度会社は、ガンジス流域の農民にまず前貸金を交付し、綿糸などを納めさせ、それを英本国で売って巨利を博した。会社の農民に対する条件は過酷で、不平の声には暴力で応じた。一六八六年に英国王は、東印度会社に対し、インドでの徴兵権、士官任命権、土侯に対する宣戦・外交権まで与えた（松田智雄『イギリス資本と東洋』昭和二五年刊）。

インド総督のヘイスティングスも、軍隊の指揮権を行使し、北西国境からのイスラム武装集団の侵攻に反撃したりした。後藤も、台湾土匪の帰順工作や討伐のプランに、イニシアティヴを発揮している。

後藤は、民政長官でありながら、軍からの干渉を排した。なんと日露戦争中の戒厳令適用のさいにも、彼の警察行政は掣肘《せいちゅう》を受けなかった。もちろん、児玉が遠くから後援していたおかげだった。

やがて児玉は、東印度会社と同じものを、「満鉄」が満州に実現できるのではないかと、着想するようになったのだ。国家の外の国家である。そこには後の「満州国」が描かれていた。

しかし、民政主義者の後藤は、軍政主義者の児玉の下で働くことは断わった。後藤が、満鉄総裁への就任を肯《がえ》んずるのは、やっと児玉の死後である。

Q 後藤新平の満鉄経営は、ハリマン以上にうまくいったと評価できるものでしょうか？

A 外国語が不得意で西洋人嫌いの兒玉が、満州に軍政を敷いたまま、自身が帝王のようになって、満州を独立国のように運営するつもりではないかという懸念が、東京の政界を一致団結させた。西園寺内閣がつくられ、兒玉は次々と、その手足をもがれていった。

兒玉の下ではもう働くつもりがなかった後藤新平は、兒玉の急死後に、満鉄経営を引き受けた。

南満州鉄道株式会社は、日本の出資で明治三九年六月に設立された。が、以後、昭和二〇年に日本が敗北するまで、連結決算が黒字になったことはない。台湾とは大いに異なり、満州は、日本にとっての寄生虫にしかならなかった。

原因は、日本の役所文化の非効率と、それと一体の、満州官僚の涜職《とくしょく》にあった。無駄な事業が際限なく企画され、コスト感覚や金利感覚のない発注が繰り返され、特権業者と許認可権者の私益を保証し合う共犯関係が蔓延し、誰もそれを咎めなかったのだ。

後藤は、満州を「日本のインド」にするためには、自分が、ヘイスティングスの地位を確保しなければならないと信じていたから、西園寺に迫って、満鉄総裁の椅子だけではなく、同時に、関東都督府（満州の民政局）の最高顧問という地位も、兼ねるようにした。

しかし、この肩書きでも、「インド総督」の権能には、ほど遠かったのである。満鉄は、東印度会社のように徴税権も与えられたものの、関東軍や出向官僚に命令することはできなかった。

児玉という強力な軍人の後ろ盾をなくした後藤は、日本の官僚文化に敗北するしかなかった。

大きな事業の許認可権者である内務省系の行政官僚の腐敗と、政党の腐敗は、共棲的な現象である。どちらかだけが腐るようなことはない。

ロシアは、日露戦争で外洋海軍を失った。特に、海没した熟練水兵と海軍士官の人的損失を埋め戻すのに、軍艦を造る以上の時間が必要であった。それまでの数十年間は、極東での積極外交を自制するしかなくなったロシアは、陸続きに影響力を行使し易いバルカン半島や中近東に、再び関心の向きを変えた。

満鉄を、動員奇襲に役立てねばならぬ「有事」は、当分、なくなったようだった。建軍いらいの参謀本部の緊張も、はじめて弛緩した。

文官や政治家は、参謀本部作戦課の奥の院とは、心配を共有しなくなった。エリート軍人中のエリート軍人である作戦参謀は、文官への秘密のブリーフィングを、やめてしまった。

大正時代に、とうとう満鉄は、政党の利権源の一つになってしまった。第一次欧州大戦と、それに続くロシア革命は、幕末いらいの対露防衛の心理的負担から日本人を解放し、政党と官僚は、いよいよ堂々と、私利のみを追求するようになる。

第一次大戦を好機ととらえた、加藤高明ら、官僚小僧の対支要求に、老境の元勲・山県は反発している。いわく、〈英のインド総督、エジプト総督のような大物をシナにつかわすべきだ。小物の公使などに仕切らせてはダメだ。林権助らは段祺瑞らのシナ政治家より一段下流の人物のうえ、英公使ジョルダンのようにシナ語も解せず、どうしようもないではないか〉と。山県は、英帝国のインド統治について、誰かから、かなり詳しいレクチャーを受けていたのだ。

児玉や後藤の「密教」が、大正前期に、中途で断絶したことは確実だ。

それが石原莞爾によって復活するのは、ソ連の勃興後をまたねばならない。

Q 日露戦争は、どのように開戦されましたか？

A 明治三六年（一九〇三年）の九月、プロシア式動員奇襲の第一人者となっていた参謀次長の田村怡與造は、政府が田村の考え抜いた開戦プログラムの実行に一向に乗り気でなく、日本の方からは対露開戦に踏み切らないことを決めてしまったものと、思わざるを得なくなった。シベリア鉄道のバイカル湖区間の完成は、もう目前に迫っているというのにだ。

ロシアの歳入はざっと日本の一〇倍（約二〇億円対二億五〇〇〇万円）。動員可能兵力も日本軍の一〇倍（二〇〇万人対二五万人）。

シベリア鉄道が完成する前、それも敵の輸送上の摩擦が最大になる冬季にこちらから先制開戦することだけが、唯一の勝機のはずだった。

それが、不可能になる。

動員奇襲一本に精魂を傾けてきた田村は、精神的なショックを受けた。山梨県出身の作戦参謀として長州閥から異例の贔屓《ひいき》を受けていらい、このときのために一〇年近く、見直しに見直しを重ねてきた、膨大なペーパーワークが、すべて無駄になるわけである。彼の半生の精進は、無駄だったかもしれない。

が、やむなく職掌として、田村は防禦作戦（ロシアの北朝鮮に対する先制攻撃を許し、ロシア海軍の玄界灘での跳梁も許し、それに対して日本軍が後手後手で対応する）の立案に向かおうとした。

これはしかし、勝ち目がゼロだと思われた。鴨緑江を超えて大軍が平壌になだれこんでくる前には、旅順でもウラジオでも、あらかじめロシア艦隊に出動命令が出されているはずである。日本の沿岸交通は、さいしょから艦砲射撃の脅威を受ける可能性が大だった。

本州の沿岸部の鉄道が砲撃で寸断されれば、国内にはパニックが起こり、師団の予備役動員も、スムースにはいかないだろう。なんとか宇品から兵員輸送船が出港できたとしても、玄界灘と朝鮮沿岸で、ロシアの軍艦が待ち構えているのだ。低速の輸送船は、一隻も半島に辿り着けないかもしれない。

鉄道でどんどん北朝鮮に後詰を送ってくるロシア軍に、小型の輸送船で仁川や釜山にシャトル輸送するしかない日本軍は、港での揚陸作業と、悪路での荷車輸送の制約があるから、北朝鮮内のどの場所で会戦するにしても、局地的な数的優勢を獲得できる見通しが、持てなかった。

けっきょく、日本はロシアの韓国占領を、黙認するしかないであろう。その事態は、明治維新の失敗を意味している。明治維新と国軍の創設は、樺太と朝鮮半島の二方面から、同時にロシア軍が対日侵攻を仕掛けてくるという最悪事態を防ぐべく、推進された革命だったはずだ。

田村は悩み過ぎて、一〇月一日に急死した。

このニュースに児玉は奮起し、小村を焚き付けた。小村も、投了しなかった。

小村は最後通牒スレスレの修正案を四度にわたってロシア側に提示した。ロシアは韓国の中立を保証しようとしなかったが、国交断絶を通告する気配もなかった。

一九〇四年一月一二日の、小村の最後的修正案に、二週間しても回答がないことで、一月三〇日、元老たちも、肚をくくった。陸軍は、一二月三〇日に各師団に主計正を派し、予備・後備役が着る冬用被服が足りているかどうか、需品倉庫を検査させている。明治天皇だけが、まだ決心がつかないでいた。

二月四日の御前会議で、ロシアと断交することが決まった。一〇年間準備したプログラムが、走り始めた。

陸軍の先遣隊の準備は二月五日に完了し、全国の師団に動員令が伝えられた。これは秘密にするわけにはいかないので、ロシア政府は、日本が数日以内に戦争を始める意思を察したことになる。

六日、駐露公使は、ロシアが独立行動をとることを通知してきた。にもかかわらず旅順のロシア艦隊司令部は日本をあなどって、警戒レベルを強化しなかった。同日、連合艦隊は佐世保を出港した。輸送船が黄海に入る前に、朝鮮沿岸のロシア海軍を先制掃滅するためだ。

八日未明、日本海軍は仁川と旅順で停泊中のロシア軍艦に奇襲をかけ、早朝に陸軍の先遣隊が仁川に上陸した。

一〇日、宣戦大詔（宣戦布告）。

以上の経緯は、米国務省には、徹底研究されていたと思われる。

一九四一年の日米交渉で、日本はハル国務長官の最後の修正案に回答せずに戦争を開始したという外見になった。

Q 旅順を攻略した「第三軍」の参謀長・伊地知《いぢち》幸介は、無能だったのでしょうか？

A 大山巌の姻戚である伊地知幸介少将は、日露戦争が始まって三ヶ月目の明治三七年五月に、新編の第三軍の参謀長に任命された。彼は、西南戦争で人脈が崩壊し、川上操六の急逝でダメ押しの追い討ちをうけていた薩摩閥の、残された数少ないエリートの一人だった。長州閥も、この「バランス人事」を尊重した。

プロシア流の動員奇襲を満州で実行した大本営の方針は、あくまで満州の野戦で敵ロシア陸軍主力を捕捉し、鴨緑江渡河後の緒戦に必ず勝って敵の士気を挫いてしまうことであった。第三軍は、その野戦軍にいちばんあとから加えられている。乃木の軍司令部は、最初から、比較的に頼もしく思われてはいなかった。

伊地知の兵科は砲兵科であり、それも、攻城砲や要塞砲ではなくて、野砲の専門家だった。日本陸軍の課題が、プロシア式の動員奇襲の再現にある以上は、数少ない語学力ある人材は、野戦のためにこそ貢献できなければならなかったのだ。もちろん伊地知には、旅順を料理したあとの満州平野の野戦で、大いにその知識を活かすことが期待されていただろう。プロシアの教科書では、旅順のような要塞都市は、後方に取り残せばよかったので、旅順が何か問題になるとは、陸軍幹部の誰も予測し得なかった。

日本軍の野砲の口径は七五ミリである（ロシア軍は七六・二ミリ）。野砲は、輓馬《ばんば》で戦場を機動させられるかわりに、砲架が軽い。その砲架の制約から、砲身には大きな仰角をかけられない。

野砲から発射する砲弾は、榴霰弾といって、砲口を飛び出したあと、低い弾道でほとんど水平に、敵の人馬の頭上に至る。そして、目標の何百メートルも手前で、黒色火薬の作用によって、多数の金属の粒を、ショットガンのように前方へ放出する。この金属の粒は、真上から敵の頭上に降るのではなく、斜め横から人馬の体を貫くのである。

ナポレオン時代以降、榴霰弾を使うことが、ずっと野砲の使命であったから、砲身には、大仰角をかける必要がなかったのだ。

この野砲の攻撃から身を守りたければ、塹壕を掘れば良かった。榴霰弾の粒は斜め横から拳銃弾のようなスピードで直進的に飛来するので、天蓋の無い露天壕でも、中にいれば安全なのである。

しかし、ヨーロッパでは、第一次大戦まで、大規模な塹壕戦が起きなかった。これは時間あたりの銃砲弾の密度が、まだ低かったからである。一九一四年に勃発した第一次世界大戦では、機関銃のおかげで塹壕を掘ることがあたりまえになった。そして、野砲と榴霰弾の組み合わせは、敵の塹壕陣地には何の効果もないことが、はじめて欧米の高級参謀たちに、困った問題として理解された。あわてて各国は、野砲用に榴弾（地面に落下してから爆発し、あらかじめ丸くしてある金属の粒ではなく弾殻の鉄片を四周に飛散させる）を大量に供給しはじめ、また、七五ミリよりもずっと大きな口径の榴弾砲を、陣地攻撃に大量投入するようになった。

日本は、まさにその経験を、ドイツやフランスやイギリスに一〇年さきがけて、一九〇四年の旅順攻略戦で学習させられたのである。天蓋付きの旅順要塞の地下壕に、七五ミリの榴霰弾を何十万発撃ち込んだところで、効果はゼロであった。野砲用には、わずかながら榴弾もあったが、それはもともと少数しか準備がなく、すぐに射ち尽くされてしまった。伊地知は、機動的な野戦を勝つためのプロシアの野砲兵の教科書しか知らなかったのだから、お手上げだった。

急遽、技術将校の有坂成章が、野砲から発射できる榴弾を、大急ぎで完成した。しかし、それは旅順戦には間に合わず、奉天戦で少数が使われた。

よく、上原勇作（工兵の専門家で仏留学組、第二軍の参謀長になっていた）が伊地知の代わりに第三軍の参謀長になっていたら……という人がいる（上原本人も示唆）が、結果は同じだったろう。

上原もまた、野戦（特に渡河作戦）のための架橋や操舟などの工兵運用を、フランスで勉強してきたのだ。鴨緑江渡河は、日本陸軍が対露戦の冒頭に必ずやらねばならないと分かっていた、しかも未知の大チャレンジであった。

それに対し、ロシアの要塞を囲んで攻め落とす作戦が必要になるなどとは、日本陸軍は夢想もしなかったのであり、そうだとすれば、上原のような人材に、無駄な要塞攻略の勉強をさせたわけもない。

上原は、明治三〇年代の近代要塞が造られるより前の、古いフランスの築城教範や攻城教範を、とりよせて翻訳することができただけである。彼は築城も知っていたが、それは野戦築城（塹壕掘り）が中心だった。日本軍の計画が野戦での勝利だったのだから、それに特化していたのは、国費留学生として当然であった。

工兵は自然を相手に戦う。そこでは「大和魂」はあまり関係ない。つまり、渡河にしろ、攻城にしろ、事前に、ホンモノの工兵部隊を使い、ホンモノに近い規模で演習をして実験をしておかなければ、実戦で使いものにはならないのだ。日露戦争前の帝国陸軍の工兵部隊は、鴨緑江を想定した本格的な渡河演習を積み重ねていたけれども、旅順要塞を想定した攻城演習などは、いっぺんもやってはいなかった（小規模な坑道爆破くらいは、ごく一部の隊に輪番で演練させていたろうが）。したがって、上原が「旅順を屠れ」などという課題を現地でとつぜんに与えられたとしたら、やはり、乃木司令部がじっさいにやったような、試行錯誤を重ねるしか、なかったと断言できる。上原にもそれはよく分かっていた。彼は元帥になったあと、陸大からの取材に答えて、乃木の偉大さを回顧して褒め称えた。専門家としての、心からの賛嘆だっただろう。

明治三七年時点で、日本陸軍の若手のエリート幕僚のどこを探しても、近代要塞攻略の専門家などは、いなかったのだ。そのような人材は、来たるべき対露戦（それは必ず野戦の短期連戦連勝にせねばならない）には、少しも必要だとは考えられていなかったのだ。明治三一年以降の最新設計の近代要塞を攻略した戦史は、明治三七年までの間、存在しない。実戦がないのだから、ノウハウもあり得なかった。それを、乃木司令部は、摑んで勝った。

実戦で大砲を運用することにかけては、伊地知とは比較にならぬ経験者がいた。大山巌その人である。もし大山が第三軍の司令部に顔を出していたら、最適なアドバイスを与えたかもしれない。だが大山は自分の膨大な体験の「暗黙知」を、テキスト化しないで偉くなってしまい、しかも、自分の知能を部下には隠して生きていた。
日露戦争で日本陸軍は、近代要塞である旅順を半年で攻め落としたという適応力を世界にみせつけたために、アジアにおける新興の強国として評価されることになった。プロシア＝ドイツですら、近代要塞を力攻めで陥落させたことはなかった。末端のロシア人将兵の、自国の「体制」への信頼感は、「日本軍の方が近代的なのではないか」「ロシアの近代化は日本にすら追い抜かれているのではないか」という疑問により、自信喪失に変わった。

Q **無理に二〇三高地を占領しなくとも、気球から観測しつつ、長距離砲で射撃すればよかったのではありませんか？**

A 日露戦争では、両軍ともに、偵察用の気球を昇騰《しょうとう》させていた。
ロシア軍は明治三七年八月〜九月に、旅順で偵察用気球を使用している。また同年一〇月には、奉天でも偵察用気球を上げた。それは高度六〇〇mくらいで、沙河にいた日本軍から視認ができたという（竹内正虎・歩兵大佐著『日本航空発達史』昭和一五年刊）。

これに対して日本軍は、明治三七年八月一八日に、旅順を囲んでいた第三軍が、茅到溝の山上で、初めて気球を偵察に使った。搭乗したのは松岡大尉。二〇日には井上参謀が乗り込んで、長嶺子で昇騰。二二日に周家屯で上げたときには、ついに旅順港内の敵艦を視察することができた。二三日には、山岡参謀も乗球して、望台を偵察した。

その翌日の八月二四日、日本海軍も、旅順で初めて気球を上げている。そこには民間の技師が乗り、高度五〇〇mから、港を撮影した。

ところがこれらの気球隊は、旅順攻略に、意味のある貢献をしなかった。陸軍の気球は、一〇月二二日には内地帰還を命ぜられているのである。

この理由を竹内大佐は一切書いていないので、想像するしかないが、おそらく旅順が岬の突端にあったために、常時、上空には強風が吹きまくっていたのであろう。二〇三高地の稜線上の戦死者は、旅順が陥落した時には、ほとんど裸であったという。強風で、衣服が千切れ飛んでしまうほどだったのだ。日本でも襟裳岬などに行くと、強風が吹いていない日はほとんどない。

風といっしょに移動する風船ならば、風圧を感ずることがないが、繋留気球の場合、強風の条件下では、運用は至難だったのだろう。

また、繋留気球の最高高度は、せいぜい八〇〇mであったらしい。とすれば、敵のありきたりな野砲から、当時の主用弾種であった榴霰弾を撃ちかけられただけでも、撃墜されてしまう可能性があった。それを避けようとすれば、どうしても敵の前線からは、かなり離隔した位置で運用するしかない。

それでは、せいぜい八〇〇mの高さしかないのだから、遠くの山の尾根から景色を眺めているのと同じで、とても敵陣内を「見下ろす」ような観測は不可能である。これでは使い物にはならぬと、前線部隊に判断されてしまったのだ。

Q **満州鉄道にアメリカ財界のハリマンが半分出資するという話を潰したのは、小村寿太郎なのですか?**

A アメリカ国内での私鉄の収支改善にたぐいまれな経営手腕を発揮してきた金融投資事業家のエドワード・ヘンリー・ハリマンは、ポーツマスで媾和会議がまだ進行中であった明治三八年八月三一日に、自分が株式を保有し経営を支配している船会社の客船で、横浜港に乗り込んできた。

ハリマンは、日本軍の占領地内にあって、線路は引かれてあるが沿線のほとんど開発されていない南満州鉄道に注目していた。

投資ビジネスは、ある事業がまだ初歩的な段階にあり、現況と、発展後の将来収益の落差が大きいほど、魅力的である。それは競馬で万馬券を買ったようなものだからだ。日本がロシアから獲得（購入）できそうだと予見された満鉄利権は、その条件にピッタリ合っていた。

ハリマンは、日本がこの満鉄を株式会社化したいのなら、その半分の資本と経営ノウハウを、提供しましょうと申し出た。もちろんそのカネは、ハリマンのポケットマネーではない。ハリマンの投資会社が、世界の金融市場で多数の投資家および機関から資本を調達し、それをまとめて、成長率の有望な事業に出資するのだ。やがて、出資した事業が大きな利潤をもたらすように化けたら、そこからの配当が、末端の出資者に還元される。もちろん、幹事であるハリマンも儲ける。

ウォルト・ディズニーが蒸気機関車を私宅の裏庭で走らせたように、ハリマンも根っから汽車が好きであった。鉄道のどこをどう直せば経営を改善できるか、沿線をどう開発すれば市場規模を倍増できるか、彼はひと目みれば的確なアドバイスができるのだ。のちの日本の統制官僚や統制派の軍人にも、そんな能力は無い。そのハリマンが、満鉄は儲かる、と確信した。

伊藤博文、井上毅《こわし》、そして大蔵省は、ハリマンの申し出を大歓迎した。日本は、莫大な対露戦費の調達を、欧米金融市場での起債でかろうじて乗り切ったまでは良かったが、ロシアからは戦争賠償を一文もとれそうにない以上、これから、国債償還の重圧が、財政の上にのしかかってくるはずだった。渡りに船ではないか、と彼らは考えた。　総理大臣の桂太郎には、満鉄の将来について、特に自分の意見はなかった。

桂はかつて清国との下関媾和会議の折に、遼東半島を日本が租借する必要などない、と異見を述べたことがある。とうじはまだ中将で師団長という下っ端なので、ボスの山県も国民も、耳を貸しはしなかった。桂は気性として、〈より前方に展開することによる国防〉という発想が好きでなかったのだろう。桂の心配はむしろ、〈児玉にこれから満州で、厦門《アモイ》事件のような暴走をさせぬためには、どうしたら良いか〉であったはずだ。

満鉄買収に関する予備覚書、またの名を「桂＝ハリマン協定」は、明治三八年一〇月一二日に取り交わされた。

その時点で満州総軍の総参謀長であった兒玉源太郎は、ひきつづき、東京を留守にしっ放しであった。彼が内地に帰国したのは、明治三八年一二月七日である。兒玉は、身動きができなかったのではない。満州占領地の独裁者となって君臨している身分を、エンジョイしていたのだ。しかし、山県も桂も、満州を兒玉から取り上げるつもりだった。米国と英国が「日本陸軍はいつまで満州に軍政を敷き、われわれの商売に門戸を閉ざし続けるのか」と文句をつけてきていた。明治三九年一月成立の西園寺内閣は、そのクレームに対して善処するための内閣だった。

外務大臣の小村寿太郎も、一〇月一六日まで不在だった。小村は九月五日に、ポーツマスで日露媾和条約の調印が済んだのだが、直後に過労から病体となり、ニューヨークのホテルでしばし安静にしているようにと医師から勧告をされていた。シアトルから横浜まで、客船で一五日かかるから、桂内閣は、小村抜きで、ハリマンとの話をどんどん進めてしまったわけだ。

小村は病床にありながらも、霞ヶ関の珍田次官から、ハリマン協定のなりゆきについて、逐次に報告をされていたはずである（日米間の電信の送受を、外務省の公式の暗号電報でばかり、せねばならぬわけではなかった。目立たぬ他のチャンネルでも、情報や意見は伝えられた）。

小村は、このハリマンの投資案件を、児玉が歓迎しないに違いないことを、容易に察することができた。

日露戦争の開戦外交で、小村外相は、児玉や参謀本部の意向を十分に汲んで行動している。小村は、シナ駐在の公使だった日清戦争のときも、外務省の中堅幹部として、開戦外交のイニシアティヴを取ろうと奮闘した。

日本陸軍の作戦参謀が必要とする外交官は、小村のような男だった。頼もしい小村には、参謀本部は、かなりの秘密を打ち明けてきたはずだ。小村には、シベリア鉄道の充実の意味もわかっていたし、日本の参謀本部の「動員奇襲」の信念ならびに企図も、対露開戦の前から、正確に了解できていた。

対露媾和と休戦もまた、児玉がひそかに東京に舞い戻って要路を説き回り、実務を小村が推進した。ほとんど二人三脚の連携であった。

日露戦争の開戦と媾和に限れば、小村と児玉（公式には満州総軍の総参謀長ではあったが、田村怡與造の急死のせいで、非公式的に、東京の参謀総長としての働きを、山県に代わってせざるを得なかった）は、一心同体だった。

動員奇襲に不可欠の道具は、鉄道だ。日本が将来の対露再戦に役立てられるすべての鉄道は、陸軍参謀本部が、平時から管轄すべきなのである。

満州に残留していた児玉は、東京の大浦兼武・逓信大臣から、桂＝ハリマン協定のなりゆきについては、逐一報告されていただろう。大浦は山県の子分であり、しかも逓信省は、当時は鉄道行政を所掌した。逓相は、参謀本部とは平時から気脈を通じていなければならぬポストである（後藤も、初代満鉄総裁のあと、第二次桂内閣の逓相へ横滑りしている）。

ハリマンは、小村と児玉の不在中の日本を訪問し、この二人組が帰日する前に、桂から約束をとりつけて、サンフランシスコ行きの客船に乗った。日本の外務大臣が、あと数日で横浜に戻るというのに、正式調印をしないまま、急いで帰国の途についたのは不審である。あるいは、むしろ桂らが、ハリマンを騙して早く追い返したのだと考えられよう。百戦錬磨の投資家であるハリマンだから、おそらく船中で、桂の挙措を、怪しんでもみたことだろう。

小村はとりあえず明治三八年の九月二〇日、全権随員の山座円次郎・外務省政務局長を、先行してシアトルから日本へ発たせている。一〇月五日に横浜に着いた山座は、ただちに事態を確認。桂首相に対して改めて、ハリマンとは契約を結ばないようにとの小村の意向を伝えた。もちろん、非公式チャンネルで、桂らはもっと前から、小村が児玉の代弁者として基本的に反対を唱えるつもりであるという話を、聞き及んでいたであろう。だから、ハリマンに与えた覚書も、あくまで〈仮〉の体裁にしておいた。一〇月一六日、小村と金子堅太郎の乗った客船が横浜に到着した。即日、小村は桂に、反対理由を説明した。

南満州鉄道は、もともと、ロシアと清国が結んだ条約に基づいて建設されており、そのロシアの権利を日本が譲渡されるとしても、米国資本の新たな経営参加には、清国政府の同意が必要なのだ、と。

小村は、鉄道が動員奇襲のために必要であることを、説明しなかった。そんなことは、桂にも山県にも、常識なのだ。桂と山県は、満州で勝手な王国建設を始める気でいる児玉を押さえつける決意を固めていた。だから小村としては、あくまで外相としての筋論を全面に立てて、児玉を強力に後援したのである。

ハリマンは、一〇月二七日にサンフランシスコ港の波止場で、入港を待ち構えていた日本領事から、桂の覚書を白紙に戻す旨を、通告された。

小村は明治三九年一月七日、西園寺内閣の発足直後に外相を辞任して休養した。陸奥宗光ほどではないが、小村も五六歳で死亡（明治四四年）している。

昭和一二年に『満鉄を語る』という本の中で、元・満鉄総裁の松岡洋右が、次のようなことを述べている。

〈ハリマンの出資の提案に大蔵省が賛成したのは、ロシアの東支鉄道の経営を見て、それがまったくの赤字だと知り、満州に鉄道など抱えても国庫の損になるばかりと思ったからだ。しかしもし、アメリカ資本との共同経営となっていたら、技術でも経験でも経営能力でも事業展開方針でも、ハリマンが圧倒し、満鉄がアメリカ化したことは間違いない。そしてシナ人は元気なアメリカ人を使って日本を満州から排そうとしただろう。つまり、とっくに満州で日米戦争になっていたろう〉

それにしても、桂内閣の断り方は、典型的な「東洋の役人流」であって、ハリマンのような自由人を不必要に不快にさせ、日本国についての米国内でのイメージを悪くしたことは疑いがない。

もっと紳士的・商人的な断り方があった。それは、「win & win」（双方ともに得をする）代替提案を考えて、そちらに切り換えさせるか、さもなくば、相手には呑めそうにない（けれども、もし呑むならばこちらも非常に得をする）逆提案をセットで添えて、一見、こちらからの前向きで積極的な強い意志を示しつつ、相手をして断念させることである。これならば、最終的に断念するのはハリマンの胸先三寸ということになるから、自分の一存で断念するハリマンには、日本政府に対する悪感情などは残らない。

たとえば、ハリマンは西海岸の郵船会社も支配していたのだから、青森とウラジオストック、または青森と北朝鮮の日本海側にある清津港との定期航路の独占権をハリマンに与えるという提案が、日本政府には、できたはずである。

ウラジオストックに貨客船で入港することによっても、ハリマンの「世界一周運送網」は実現するわけである。清津港も、いつかは満鉄経由でシベリア鉄道まで線路でつなげられるだろうと予測ができた。その途中の中継港・補給港・避難港として、シアトルからの大圏コースに近い青森港が利用される。日本は、ハリマンの出資によって、青森港の岸壁、桟橋、埠頭、陸上設備を、すっかり近代化できただろう。そうなれば、北方有事の際には、青森港を「第二の宇品港」にできる。ハリマンも得をするし、日本の国防インフラも強化されたのである。

しかし、役人の頭では、このような発想はできない。

児玉の死後、アメリカ政府が、満鉄の中立案を唱え出したとき、小村はまだ生きていた。明治四三年一月時点での日本政府の判断は、次のようなものだったという。

「日本の多くの工業的及商業的企業は鉄道に沿うて発達したが、それは日本が鉄道と云ふ連絡線を有するから、掠奪及襲撃に対して保護せられ得るのである。日本政府は斯かる保護防禦を可能ならしむる所の材料たる鉄道を引渡す事は出来ない」（吾孫子豊『支那鉄道史』昭和一七年三月刊)。

Q 昭和七年に満州国を作った石原莞爾は、児玉や後藤の薫陶を受けていたのですか?

A 同じドイツ派のエリート参謀の大先輩として、敬慕の念はあったはずだが、世代が異なるので、児玉源太郎とは、ほぼ接点はなかった。石原莞爾は、独自に、児玉と同じ構想を抱き、児玉が実現できなかった満州の「きりとり」を、とうとう実現したのである。

石原莞爾は明治二二年、つまり西暦一八八九年に生まれた。陸軍士官学校は二一期で、少尉任官は、明治四二年である。児玉は、もう死んでいた。

かたや、後藤新平は大正一三年から昭和四年まで、野《や》にありながら、さまざまな活動を続け、昭和二年には訪ソまでしている。昭和三年に関東軍の作戦主任参謀になっている石原は、この期間の後藤のキャラクターに、親近感を覚えたかもしれない。同じ東北地方の出身者でもあった。

後藤は外相時代にはシベリア出兵を唱え、けっきょく、ひどい失敗に終わったのだった。日本の組織文化が「ヘイスティングス」をゆるさぬ以上は、満州にもシベリアにも「インド」は実現し難いのだと、後藤の晩年には、ハッキリ自覚された。

しかし石原には、後藤とは違うアイドルがいた。それはレーニンだった。

石原は、昭和三年（一九二八年）二月、革新派の軍人たちの集会に臨み、日本は満州を領有しなければならない、と演説した。

児玉は、満州を「第二のプロシア」にしたかったのだが、石原は、満州を「第二のソ連」にするつもりであった。レーニンを模倣して、満州で「五ヵ年計画」を三回くらいやれば、極東ソ連軍に対する動員奇襲を、満州国だけで実行できる。それが第一次大戦のような長期戦・総力戦に移行したとしても、後方のシナ人の協力があれば、持久ができると、石原莞爾は考えたのだ。

この、〈シナ人が日本人に協力するだろう〉という、あり得ない妄想が、満州国を、軍事的にも〈日本の不良資産〉に変えてしまうのだ。

第二部　地理と防衛の制約が分かる

24Q 24A

Q 宣戦布告を定めた国際法はどのようなものでしたか。

A 「開戦に関する条約」といい、日本の代表は一九〇七年一〇月一八日に、オランダのハーグ会議の場で署名をした。欧州の主だった国々の間で効力を発生したのは、一九一〇年一月二六日からである（これ以前は、まだどの国も義務を負わされない）。日本は、一九一一年一一月一三日に批准書を寄託し、日本に関しては、条約の効力は、一九一二年二月一一日から発生した。それに先立つ一九一二年一月一三日に、政府が日本国民に向けて公布している。

条約が国際法として有効になるためには、出席した代表者のサイン（調印）だけではだめで、本国の国会の批准が必要である。アメリカ合衆国であれば、連邦議会上院の外交委員会で審議の上、上院が批准する。日本でも、貴族院や枢密院が反対すれば、批准はできないようになっていた。

「開戦に関する条約」は、「戦争は予告なくして之を開始せざるべし。また、戦争状態は遅滞なく之を中立国に通告すべし」と謳《うた》い、これが主な趣意である。

第一条では、宣戦について、「締約国は、理由を附したる開戦宣言の形式、又は、条件附開戦宣言を含む最後通牒の形式を有する明瞭且つ事前の通告なくして、其の相互間に、戦争（hostilities）を開始すべからざることを承認す」とする。

第二条では、戦争状態は遅滞なく中立国に通告すべし、とする。これは電報でも何でもよかった。開戦を知らないでいた商船や商人が、大損害を受けるのを、防止しようというのが目的である。

第三条は「総加入条項」と呼ばれるもので、「本条約第一条は、締約国中の二国又は数国間の戦争の場合に効力を有するものとす」と規定していた。

つまり、本条約に加わっていない国を相手に戦争する場合には、宣戦布告の必要はなかった（だからといって中立国に一言も連絡しなければ、それらの国から苦情が出されることは必至であったことに注意）。

わかりやすいのが、日露戦争前の一八九九年（明治三二年）七月二九日に日本代表が調印した、ハーグ平和条約のダムダム弾禁止であろう。これは、批准をした文明国間での使用のみが禁止されたもので、国内や殖民地、あるいは調印をしなかったアジア・アフリカ・南米の交戦団体を相手にする場合は、条約は適用されず、大っぴらに用いられた。敵もそのような弾丸を使ってくるので、フェアだったわけである。今でも、アメリカの警察官は、拳銃弾が犯人の身体を貫通して後方の一般人を傷つけぬように、ダムダム弾を使う。

国際法は、国家間の条約とイコールだ。というのは、国内法をその国民に強制しているのは、個人の上に存在する国家という、立法・行政・司法の主権。だが、各国家の上には、そのような上級の機構は実在せぬ。つまり、今日の世界でもなお、各国家みずからが、この上ない主権をもちつづけているのであるから、その国家同士を縛る法律といったら、国家同士が締結した条約以外には、何もないわけだ。よって、多国間で署名され批准された「ハーグ条約」などは、そのまま「国際法」の一部分になるのである。

ちなみに第二次大戦後の国際連合は、加盟国が武力による威嚇すらしてはならないことを申し合わせた。おかげで、自衛権を行使する場合や、国連の武力制裁を発動する場合でさえも、外国に対する昔風の宣戦などは、ほとんどあり得なくなっている。

さて、近代の国際法には、平時国際法と戦時国際法がある。その戦時国際法の父であるヒューゴ・グロチウスはオランダで生まれた（Hugo Grotius, 一五八三～一六四五）。

そのオランダの港町がハーグ市（戦前の日本の文献ではHagueを「ヘーグ」という発音で表記しているので、注意）。

イギリスが台頭する以前の世界最強の通商帝国であり、その後は西欧の自由主義的な小国に落ち着いているオランダは、国際法を各国が話し合う場所として、位置的にも権威的にも、好ましい。ゆえに、ハーグ市では、スイスのジュネーブ市と同様、ナポレオン戦争後に何度か、戦時国際法の重要な条約会議が開かれた。「ハーグ条約」と呼ばれるものも、だから複数あるわけである。

では一九〇七年はどんな年だったかというと、日露戦争の講和が成立した翌年だ。ロシアは極東で南進することができなくなってしまったが、農村の人口爆発を背景とするロシア陸軍の膨張力は依然として衰えていず、ヨーロッパやインド方面への脅威は減退してはいなかった。

イギリスは、日露戦争のときは、同盟国日本の抜き打ち奇襲開戦を、熱烈に支持した。しかし、これが前例となり、ロシアが将来、奇襲開戦を平気でするようになるのは困る。そこで、〈日露戦争での日本の開戦作法は、今後は禁止とする〉という国際法を、あらためて作ったのだ。

ちなみに明治三二年のハーグ平和会議は、ロシアのニコライ二世が呼びかけ人であった。彼の意図は、やがて満州で衝突するはずの日本軍の武装に、なんらかの枷をはめることであったとも、推理することができよう。

開戦前の宣戦布告を各国に約束させた一九〇七年のハーグ条約は、今日でもまだ公式には失効してはいない。が、一九二八年の「パリ不戦条約」以後は、論理の上では、無意味化したものと考えられる。

Q **戦前、捕虜の取り扱いを定めていた国際法は、何ですか？**

A 近代の戦争法規を生むきっかけとなったのは、まずクリミア戦争（一八五六年終結）、ついで南北戦争（一八六五年終結）の、おそろしい実相であった。

一八六四年、ジュネーブで国際会議が開かれ、文明国の軍隊が互いの負傷兵を人道的に取り扱うルールについて、話し合われた。

一八九九年、ハーグで国際会議が開かれ、陸戦条規が話し合われた。

一九〇六年、ジュネーブで国際会議が開かれ、負傷兵の扱いについて話し合われた。

一九〇七年、ハーグで国際会議が開かれ、開戦作法などの陸戦条規が話し合われた。ここで決まったことは、二〇世紀の文明国の政府首脳の内心を、大いに拘束した。

たとえば、一般市民だけが住む、非軍事的で、防禦されていない市街・村落・棲み家・建物類に対する砲撃（のちに空爆にも解釈拡大）が禁止されたのは、この会議である。

また、掠奪（Pillage）が禁止された一方で、義勇兵、組織的ゲリラも、一定ルールを守るならば、普通の兵士のような権利と義務をもつ、とされたのも一九〇七年のこのregulations（条規）であった。

一九二九年、ジュネーブで国際会議が開かれ、戦争捕虜（Prisoner of War）の人道的な取り扱いについて話し合われた。

日本は、一九四一年一二月八日の対米英開戦時に、この一九二九年のジュネーブ捕虜条約の批准をまだしていなかった（調印だけは済ませていた）。そのため一二月二七日に連合国から、この条約を守るつもりがあるかどうかの照会があった。日本政府は一九四二年一月二九日に「準用する」と回答した。

Q 日露戦争のときにロシア政府は、日本が奇襲開戦するとは疑っていなかったのですか。

A 陸軍に関しては、あそこまで日本陸軍が効率的に急速動員をして海外展開するとは、あらかじめ信じることはできなかったであろう。先進国のイギリスですら、かつて見せたことのない、動員奇襲であった。

他方、陸軍とは段違いに動員・輸送・展開の手間がかからぬ海軍が、海上のどこかで奇襲をかけてくる可能性があるということは、当時から常識であった。加えて、日清戦争という鮮烈な前例が、世界の海軍の間ではよく記憶されていた。

とは申せ、すべての泊地において、開戦前から、連日のように臨戦態勢をとらせておくことは、まさにまもなく奇襲開戦を仕掛けようとしている当の国以外には、不可能なことである。それで、極東のロシア海軍の一部は、仁川で奇襲を喫した。仁川は釜山よりも南満州に近い。しかも大量の陸兵を揚陸しやすい港で、開戦と同時に日本軍がすぐに確保しなければならない港だった。

公海上では、ロシアの軍艦は、油断しなかった。日本の同盟国であるイギリスの仲介で、アルゼンチンが『日進』と『春日』の二隻の新造一等巡洋艦を日本に売却すると知ると、その回航を、ロシア艦はしつこく尾行した。この二隻が日本に到着する前に、日露が開戦する可能性があると、予見していたのだ。

一隻のイギリスの一等巡洋艦が、極東のシンガポールまでエスコートに付いたこと、および、シンガポールを通過するまで日本が戦争を始めなかったことにより、ロシア艦には撃沈のチャンスは訪れず、尾行も諦められた。

Q　日本海軍は日本陸軍に、開戦のタイミングについて注文をつけていましたか？

A　『日進』と『春日』が、シンガポール港を出て南シナ海に入るまではロシアに対し開戦をしないように、参謀本部に注文をつけていた。参謀本部はその意向を尊重し、小村とも調整していた。

じっさいに、給炭をおえた『日進』『春日』がシンガポールから北上を再開した直後の明治三七年（一九〇四年）二月六日に、日本政府はロシアに最後通牒を手渡した。その連絡がシンガポールの駐在武官から入るまでは、開戦は待つ必要があったのである。

あきらかに、イギリス政府も、日本の開戦奇襲のタイミングを事前に知らされていた。それで、万事に手抜かりのない回航が、お膳立てもされ得たのであろう。

このような「前科」の手の内を知悉していたイギリス政府、およびその同盟者となったアメリカ政府が、一九四一年後半の時期に、日本を警戒していなかったはずもない。

日本海軍が、その戦備がピークに達した瞬間に、参謀本部に開戦させることによって、奇襲開戦のメリット（時間と戦備のイニシアティヴ）を最大限に活かそうとする癖があることを、米英はよく研究済みであった。

対米戦の主力になる軍艦は、航空母艦だった。日本海軍にとっては、新鋭の大型高速空母である『翔鶴』型の二番艦が連合艦隊の戦列に加わる日をまって、即座に対米開戦するのが、いちばん理想的であった。その瞬間には、日米の空母の戦力比が、日本側に最も有利となるからである。

期待の最新空母『瑞鶴』は、一九三九年一一月に進水し、一九四一年九月二五日に、ほぼ予定通り、竣工した。しかしアメリカ本土の船台では、この『翔鶴』級をも凌ぐ『エセックス』級という大型高速空母が、なんと一ダース以上も、続々と起工されることになっていた。それに対抗する建艦計画は、日本にはなかった（建造ドックの数だけでも、まるで勝負にはならない。一隻の大型艦は、建造ドックを一年以上、占拠する）。時間はアメリカの味方であり、アメリカと戦争をするなら、日本海軍は、一九四一年一〇月に開戦してしまうのが、望ましかった。

世間は、一九四一年九月六日に御前会議が開催されたことすら知らされなかった。この会議では「一〇月上旬頃に至るも尚我要求を貫徹し得る目途なき場合に於ては、直ちに対米（英蘭）開戦を決意す」との重大すぎる決定がされたのである。この会議の開催タイミングは、『瑞鶴』の完工が三週間以内に迫ったことと関係があった。パリ不戦条約が、この会議では一顧もされていないことは、驚くばかりである。

陸軍は海軍の事情を尊重しなければならない立場にあったので、一時は、この「一〇月開戦」の線で諸準備がすすめられたが、さすがに対米戦争という大博打には天皇の抵抗があって、一一月以降に延期され、いよいよ我慢のできなくなった海軍からの、外務大臣を味方につけての巻き返しがあり、最終的に一二月八日に真珠湾を攻撃したのである。

Q 鉄道は人口を増やしましたか。

A

「ドイツ語が話されている多数のバラバラな国家」だったものが「統一ドイツ国家」にかわったのは、一九世紀にイギリスから鉄道技術が渡来し普及した、そのたまものである。

それだけでなく、鉄道がもたらした工業と商業の発展が、南隣のフランスに比べて常に極端に少ない兵力しか揃えられなかった、日照が足りなくて穀物がよく育たぬドイツ地方の人口を、一〇〇年たらずのうちに、大農業国フランスの二倍にまで増やした（普仏戦争の時点で総人口では互角、動員兵力では優越）。

ドイツ参謀本部の作戦立案者が追求した「鉄道による奇襲的短期戦争の勝利」の夢も、じつは、このように膨張しつつある人口に、裏から支えられていた。

ある国家が、農業や工業の進歩によって、人口増加のトレンドにいったん入ると、たとい大疫病や大戦争や大粛清で、瞬間的に人口が減ることがあっても、あっというまに復旧し、さらに増えるものである。このような国家の溢れかえるような元気は、隣国には恐ろしい。ナポレオンの没落前のフランスもそうだった。ちょうど、一〇代の若者が、怪我をしてもすぐに治ってしまうことを、経験で理解してはいなくとも、DNAが知っているため、無謀な喧嘩をふっかけたがるのに、似ていた。

普仏戦争と、第一次大戦の仏独正面に関して言えば、ドイツは、多数の兵力で少数の兵力を敗ろうとしたのであった。

ただしそのドイツも、さすがにロシアの人口増には、対抗不能だった。よって、第一次大戦の東部戦線では、ドイツは、少数の兵隊で多数の兵隊を敗る方法を、必死で考究する必要があった。

ちなみにロシアは、革命の経済政策の大混乱で、第一次大戦よりも国民が死んだといわれているが、早くも大正末の時点で、第一次世界大戦前より一〇〇〇万人以上、人口が増えていたという（那須皓『人口食料問題』昭和二年刊）。

戦前の日本陸軍が置かれた環境は、ドイツの対仏正面より、対露正面に、より近似していたと言える。

鉄道は、農業恐慌も引き起こす。北米大陸の内陸部で生産される穀物は、鉄道と蒸気船が登場する以前は、ヨーロッパの農場に、何の影響も与えなかった。しかし鉄道は、どんな遠隔の農場からでも、安価な生産物をかきあつめる。蒸気船はそれを、数週間でヨーロッパの市場に大量に運んでくる。デンマークの畑作農民は、これによる穀物市況の大暴落に直面して、酪農中心の有畜農業に、生活パターンから食生活から、完全に切り換えて、生き延びた。そして日本の軍人のなかでは、児玉源太郎だけが、満州にもし殖民するとするならば、コメの生産も消費もきっぱりと諦め、デンマーク型農業で食糧自給するしかないであろうことを、理解していたようだ。

アメリカ合衆国では、新大陸を東西に横断する鉄道の建設が、アメリカ東部に「株式会社」と「投資金融業」を大発達させた。軍隊の制度を、企業の経営に応用しなければならぬほど大きなビジネスが、日本に一〇〇年さきがけて、続々と生まれた。独立採算の「事業部」制とは、「師団」という独立戦略行動単位を会社にあてはめてみたものに他ならない。また、株式会社のオーナーと、末端の従業員の間に、「マネジャー」という職制が、確立された。

効率向上で日々苦労することのなかった日本の軍人や役人が、ソ連型の計画経済を猿真似しようとしても、ソ連型の「必罰」や「原油」という条件が欠落している以上、パフォーマンスはその足元にも及ばなかった。が、第一次大戦と第二次大戦で、大統領がアメリカの民間企業の百戦錬磨のマネジャーたちに将官の臨時階級を与えて経済統制に協力させたときには、それまでの高い効率が、戦争という目的のために、さらに強化された。

Q フランスは、いつから落ち目になったのですか？

A 羊毛ビジネスが西欧で右肩上がりに延びた一七世紀を通じ、その商品の工場であったオランダと、原料供給元であったイギリスだけが、国土の狭さに関係なく、人口を増やし続けた。

英国では、羊毛目当ての「囲い込み」が起きたことによって、村の共有の空き地というものがなくなり、すべての農民が、休閑地（同じ畑に麦を連作すると地力がなくなるので、二年おきに何も植えつけないようにして自然な地力回復をはかった）をも放置せず、そこにも牧草を植えつけて家畜を養うという、あたらしい有畜輪作農法が普及し、生産性が上がった。

さらに、新大陸から馬鈴薯とトウモコシが導入されて耕地面積あたりの人口扶養力が増したのだ。余ってしまった農村の労働力は、都市の繊維工業が吸収し、工業が金銭をもたらし、その結果、貧農もいなくなった。

これをみたルイ一四世治下のフランス王国の財務総監コルベールは、繊維産業に従事する労働者の人口を増やせば増やすほどに、外貨を稼ぐことができ、国家は強くなるのだと考えた。人呼んで「重商主義」という。

しかしイギリスやオランダの強大化が、経済活動の工夫を各人が自由に進めた結果であったのに対し、コルベールの改革は、統制経済（計画経済）だった。そのため彼の改革は「ムリ・ムダ・ムラ」の多いものとなり、トータルでフランス経済を効率化させたとは言えなかった。フランスの人口は、土壌や天候など、自然にめぐまれた条件の下で、増えたのだ。

めぐまれすぎた国土が、フランスの農民を、改革に対して警戒的にした。

革命動乱後のフランスの中産階級は、国の内外から資本をできるだけかきあつめて、できるだけ大きな企業をつくり育てようとする情熱は、燃やさなかった。彼らは逆に、自分の思い通りにできる小さな企業を、むやみに大きくしないで経営し続けることに、理想的な自由な労働の形を見出した。またじぶんの子供を貧乏にしないよう、男子の子供の数をただ一人にするようにこころがけた。

このミニ私企業が競争的であったならよかったのだろうが、あまり競争的でなかった。そのため、効率の改善は停滞した。

ドイツの人口は、一九世紀に鉄道が爆発させる。ドイツ語諸邦が統合された結果、効率的で大きな経済単位ができた。三〇年戦争のときにはフランスに対して半分の人口しかなかったドイツは、一八三〇年の鉄道敷設前後から人口を増やしはじめ、一八七一年までに概略統一され、同時に人口でフランスに並んだ。この結果が、普仏戦争である。

鉄道が工業家のマインドを育て、工業に就労する人口の率でフランスをしのいだことが、ドイツが戦時に動員できる兵隊の数で勝るようになった主因である。

ドイツの総人口は、一九一四年の第一次世界大戦では、三対二でフランスを上回っていた。一九二七年には、とうとうフランスの二倍になった。また兵役適格者数で比較すれば、一九四〇年時点で、ドイツはフランスの三倍の一五〇〇万人を数えた。

三〇年戦争直後の一六四八年のドイツ人口が、わずか一三〇〇万人まで落ち込んでいたのだから、ヨーロッパの勢力地図が変動したのも、当然だったと言える。

ある地域に、鉄道を無制限に増やすことはできない。

逆に、経済活動のポテンシャルが高くて、しかも鉄道が未整備であるような土地に鉄道会社を起こすと、投資家の懐に入るリターンがものすごい。そこで工業先進国の金持ちたちは、一斉にシナに注目するようになったのである。

ベトナムなどインドシナ地域は、ながらく、シナの属領であった。そこに一八八四年(明治一七年)、フランスが侵入して占拠した。清朝は、何ひとつ抵抗をなし得なかった。目前にそれを観察した日本は、いよいよシナを中心にしたアジアは滅ぼされると予測するようになった。

福沢諭吉は、日本が眠れるシナとはまったく違った、活力のある国家として、文明国として、文明ここにありという意気を示す必要があると考えた。もはやシナは文明国ではない。シナよりも日本のほうが文明度が高い国だということを欧米諸国に知らしめるために、福沢は、日本がシナとの戦争に踏み切るのが良いと考えた。

Q 第一次世界大戦は、プロシア流の動員奇襲主義を、あらためさせましたか?

A 普仏戦争の教訓は各国で学習された。ヨーロッパ大陸の主要国の陸軍は、もし近隣国で予備役動員が始まったというニュースを受け取ったならば、脊椎反射式に自国も、予備役動員をかけなければ危ないのだ、と確信するようになる。

だが、たんに予備役兵を連隊に集めただけでは、動員と開戦を連動させてくる敵国には、時間のイニシアティヴを奪われてしまうにきまっている。それでは、やはり安全ではないと思われるのであった。

そこで各国の陸軍は、敵となる可能性のある隣国ごとに、「予備役動員即開戦」の綿密な計画を、あらかじめ複数のパターン、立てておくことにした。

複数のパターンといっても、最初から国境内防禦に徹したら、勝つ見込みもなくなるのが常識であったので、ほとんどのケースで、越境攻勢作戦を想定しなければならなかった。

君主・大統領・総理大臣は、ある隣国が予備役を動員したと知ったときは、そのプログラムのうちから一つを選んで、参謀総長に「実施せよ」と下命する。あとは、戦争は政治家の手を離れ、政府が降伏を検討するときがくるまでは、参謀本部のゲームとなるのである。

ドーバー海峡で手厚く国土が守られているイギリスだけは、このようなプログラム戦争術のブームに、背を向け続けることができた。

また、予備役兵が日常生活している農村と、連隊と、前線との距離が、通常の欧州諸国の何十倍もあるロシアは、最善の努力をしたとしても、やはりプロシアのような動員速度を実現するのは、とうてい無理な話であった。

一九一四年のサラエボ事件は、バルカン地域を極度に緊張させた。この地域にはオーストリーの覇権に反発する民族が複数あり、その勢力をロシアが半公然に焚き付けていた。皇太子がテロに遭ったオーストリー政府は、事件に責任のある国に謝罪させるために予備役を動員して威圧する権利および必要があると信じた。たちまち連鎖反応が生じ、ドイツ軍が皇帝からプログラム発動を許され、真っ先にパリに向かって押し寄せてきた。

ドイツ兵は、鉄道貨車から飛び降りると、普仏戦争のときのように、足で歩いて南下した。これに対してフランス軍は、内燃機関で走る自動車をかきあつめ、パリ前面での兵員数をドイツ軍と拮抗させた。

たちまち西欧を横断する規模の塹壕陣地帯が掘られ、前線は以後、少しも動かなくなった。開戦から三年後、ロシアに革命が起こり、東部戦線が消滅した。だが、二〇〇万人の元気満々のアメリカ兵が西部戦線にかけつけることが決まり、ドイツ政府は四年目になって継戦を諦めた。ドイツ皇帝は、中立を侵犯されなかったオランダに亡命し、ビスマルクがつくったドイツ帝国は崩壊した。

Q　なぜシベリア干渉のとき、うまいこと北樺太をとってしまわなかったのでしょうか。

A　まず樺太の開発史から振り返ろう。

ロシア政府が極東探検を急がせたのは、イギリスに黒竜江を先占されるという懸念からだった。

一八〇八年、間宮林蔵は海峡を通過し、樺太が島であることを確認した。だがこの事業は、シーボルトの『日本』が一八五二年に公刊されるまでは一般には知られない。そのあいだに、ロシア人も樺太が島であることを一八四九年に知る。

一八五三年一〇月四日、トルコはロシアに宣戦布告した。英仏連合艦隊は一八五四年一月に黒海へ進入してきた。

歩騎二万一〇〇〇を動かせる東シベリア総督（開拓長官）のムラウィヨフは、英仏軍が七〇〇人の陸戦隊を船舶で機動させて、樺太、カムチャッカ、黒竜江を随時・随意に攻撃・破壊できる能力をもっているのを甚だ恐れた。彼が〈自分に全権を与え、プチャーチン艦隊を日本から召還し、シナとの条約を無視して黒竜江を汽船の航路として使うことを許せ〉と要求すると、それは五月に裁可された。

ただちにペトロパウロフスクに砲台が築かれた。直後に英仏艦隊が襲来する。ロシア守備隊は、敵陸戦隊をかろうじて撃退した（矢野仁一『満州近代史』昭和一六年刊）。ロシアは一八五五年に黒竜江を使ってアヴァチア湾に援軍を送り込む。しかし要塞建設は間に合わないと判断された。結氷を破り、ペトロパウロフスクから居留民と守備隊が収容され、デ・カストリーヌに集められた。が、黒竜江は氷結中で遡航ができない。ロシア人は英仏との血戦を覚悟した。しかし連合艦隊は樺太が島だとは知らず、かつまた濃霧座礁の惧れもあったので、間宮海峡の奥までは進入せず、しばらく海峡の南側で待ってから、上海に引き揚げた。間宮海峡は、狭い上に、水深が非常に浅いので、大型帆船が測深しながら進むうちに、船長が「これでは戻れなくなる」と判断するのは自然なのであった。命拾いしたロシア人は、デ・カストリーヌから北航し、黒竜江口に遁入した。

ロシアは、ペリー艦隊が日本を目指して発航したと聞くや、樺太南部のトマリの占領を急がせる。イギリス公使のパークスは〈樺太を争えば北海道も占《と》られるからよせ〉と日本に忠告した。

北樺太では大昔からオハ川の水面に油徴がありありとしており、油田の発見は時間の問題であった。北はオハ、南はルンスキー潟までの二三〇kmの海岸で、自然の石油滲出やガス噴出が見られた。

ニコライエフスクの商人が北樺太東海岸の石油について噂を聞いたのは一八八〇年（明治一三年）だという（大阪毎日新聞社編『北樺太』大正一四年刊）。

一八八六年に、アレキサンドロフスクの区長が、はじめて石油を調査した。

一八八八年、ロシアの海軍大尉ゾートフが、東岸のオハ川地方の石油探査を出願している（ベー・ヂーヲフ著、関根齊一訳『経済上より見たる北樺太』昭和二年刊）。

一八九三年、スマトラで油を掘っていたF・クレエー氏が採掘権を買った。

一八九八年、オハで試掘していたゾートフ氏は失敗し、撤退した。

おそるべきはセオドア・ローズヴェルトだろう。ロシア人が油田探査中であるという情報を一九〇五年（明治三八年）に得ていた彼は、ロシアと戦争中の日本政府に「早く樺太を占領しろ」とアドバイスしたのだ。児玉源太郎が賛成し、山県有朋が説得され、六月一九日の東郷連合艦隊司令長官あての訓電で作戦が開始された。軍艦の損失を恐れ、この樺太占領作戦にもっとも抵抗したのが、日本海軍であった。

担当部隊は、先遣の海軍陸戦隊と、明治三八年四月に動員完結した独立第一三師団

（新設）。後者は運送船二〇余隻で大湊を出港した。アイヌ人の水先案内は、濃霧の中、コンパス無しで、少しも方向を誤らなかった（伊藤貞助『樺太戦史』大正一四年刊）。ただし日本軍は、この全島占領中にロクに石油の調査もしないでいた。

一九〇五年のポーツマス条約で、ロシアは一八七五年から支配していたサハリンの南半分を日本に譲渡した。この媾和会議中、ロシア政府が北樺太は絶対に譲ろうとしなかったのも当然であった。樺太の石油と石炭は、北半分にのみ埋蔵されていたからである（加藤高明は一九一三年の国会で、樺太の石炭は北緯五〇度国境のやや南でも少し掘れるという最新知識を披露している）。

ソ連の地質学委員会は、一九〇七年に技師エ・エ・アネルトを北樺太の東海岸に派して油田に関する調査をさせた（『ウスリー探検記』の著者アルセニエフが沿海州北部を踏査し、ナナイ人のデルス・ウザラが射殺された年である）。

ロシアは一九一二年までに油田の広がりをおおよそつきとめ、一九一三年まで試掘を続けた（『中外商業新報』の大正二年六月一三日号に、露領樺太の「本斗」で試掘しているという記事がある）が、有望と思えるヒットのないうちに、第一次大戦を迎えてしまった。

第一次大戦末の一九一八年八月からシベリアに出兵した日本は、一九二〇年三月のニコライエフスク虐殺事件の補償がされるまでという口実で、北樺太を占領した。もしもすぐにそこに、白系ロシア人からなる日本の傀儡政権をつくっておいたなら、北樺太の油田は、日本海軍が長期安定的に利用できたであろう。しかし児玉源太郎はすでに亡く、そうした着眼を有した政治家・軍人は、ただの一人もいなかった。特に海軍幹部の無見識が際立つ。

一九二〇年一月二一日の『原敬日記』に、田中義一陸相が樺太に派兵しろと要求していること、内田康哉外相が大義名分がないので困ると言っていたことが見える。これは、尼港事件の前である。

同年六月一二日の日記には、長老の山県有朋が、〈北樺太には油田があるから、尼港事件への処置としてあそこを占領せよ〉と原に意見したことが書かれている。

一六日には、反山県系の長老の三浦梧楼が原を訪ね、世論鎮静のために北樺太を占領しなさい、と原総理に進言した。

一七日の日記には、田中陸相が北樺太占領後について海軍と協定したいと言っているのに対し、海軍大臣の加藤友三郎は消極的であることが記されている（加藤海相は前年の一九一九年に、シベリアにオムスク政権を樹立してから、オムスク政権に対して樺太油田を請求したいという意向だった）。

一九二〇年七月二九日、陸軍の歩兵一個旅団を基幹とするサハリン軍が編成された。児島惣次郎中将が指揮をとり、九月の末に、その主力を西岸に、一部を東岸に配し、一個大隊は南樺太に置いた（高倉徹一編『田中義一伝（下）』）。

一九二〇年九月二一日、加藤海相は、樺太油田の試掘を民間には許可させるな、と言い出した。加藤が言っているのは、この以前にイワン・スターエフ会社から権利を買った久原鉱業のことかもしれない。加藤に対して、油田試掘には大金が要ることをよく知っている蔵相の高橋是清は、民間が出資するというのを止めて政府予算で掘るなんて無駄だ、と反対であった。

日本海軍は、一九二〇年になって俄然、石油を海外からの輸入のみに依存しているのは甚だ危険だと認識したらしい。一九二一年一月六日の原敬の日記では、北樺太で政府みずからが試掘に乗り出す必要があることにつき、高橋蔵相が同意したことが見える。

もし日本海軍が「北樺太政権」の軍事的なパトロンになっていたら、外資に油田を掘らせていたって、有事に何の困ることもない。しかし日本政府は無思慮にも、シベリア政権の主権が北樺太に及ぶことを認めてしまったから、その油田開発は日本政府自身がやらないことには、将来の安定確保は危ぶまれるわけである。

北樺太では一九二三年（大正一二年）まで、多くの外国人が試掘したものの、大成功した油井は一本もなかった。大阪毎日新聞と東京日日新聞は、同年八月上旬から九月上旬にかけて「北樺太学術探検」を企画した。趣きは、一八八九年に富豪のハリマンがアラスカを学術探検したのに似ているが、狙いは、海軍のための石油探しだったのではないか。関東大震災のため、この探検は中止されている。

一九二五年、北樺太はソ連に返還された。

Q　樺太の石油試掘で名前がでてきた、久原房之助とは、どういう人でしたか？

A　日本の支配者になりそこなった人物である。

一八六九年に山口県萩の醤油製造業者の四男として生まれた。はやくから貿易商を志していたが、慶大を卒業後、親類の藤田組に入社させられ、鉱山経営を覚えた。

一九〇五年に独立。茨城県（常陸の国）の、つぶれていた銅山を買い、苦心の末、最新の選鉱法を導入することで、大復活させた。現在の日立市は、久原が銅山を再興したことによって町になったものである。また、その坑道から湧出水を汲み出す電動機械を修理する工場は、のちの「日立製作所」に発展する。

銅は、ライフル弾の被套《ひとう》（真鍮製ジャケット）や、砲弾のガスシール（銅帯）のために不可欠のメタルで、当時の大国が戦争に参入すれば、ひたすら消費される一方だから、その市価は天井知らずに跳ね上がる。第一次大戦で、久原は億万長者の気分を知り、経営をさらに多角化させた。

このとき、久原の会社は、北樺太と南洋で、大金を投じた石油の試掘に失敗している。久原が失敗したボルネオの鉱区の近くを後から掘った英国資本は成功したというから、ここで逸されている日本の可能性はあまりに大きかったといえよう。

なお、オランダは第一次大戦では対英航空戦上の価値が低かったのでドイツから中立を侵犯されず（さんざんにやられたのは、陸軍の通路にされたベルギー）、世界からは「親ドイツ」と看做されていた。オランダ政府は、それを口実に日本がインドネシアを占領するのではないかと、冷や冷やしていたという（『加藤高明』下巻、昭和四五年刊）。

じっさいオランダは、敗戦後のドイツ皇帝ウィルヘルム二世の亡命を受け入れ、死ぬまで匿《かくま》い通している。もし児玉源太郎が生きていれば、独帝がさんざんアメリカで黄禍論の宣伝をしたことを咎め、身柄の国際裁判への引渡しを求めるという口実を構えて、インドネシアを占領させたかもしれない。

ベルサイユ媾和後の反動不況の大きさに、ワンマン久原は対処ができなかった。また、たまたま関東大震災で日立の拠点が無事だったことからも天命を感じ、政界に進出して、元気の無い日本国を自分のパーソナリティと一致させてやりたいという野心が強くなってしまった。

そこで一九二八年、久原は、妻の兄である同郷の若い鮎川義介に、久原財閥の整理を丸投げした。鮎川は、東大機械工学科を卒後に芝浦製作所で学歴を隠して一職工として修業をし、ついで米国に渡って可鍛鋳鉄の工程を学んで帰った俊秀だった。鮎川は、久原鉱業を日本産業と改称し、リストラを成功させ、やがて満州と日本で華々しく「日産」財閥を展開した。

久原は一九二七年に政友会の総裁となった田中義一大将および政友会のために多額の献金をし、一九二八年二月の第一回普通選挙で、山口の選挙区から衆議院に出馬。初当選の代議士なのに、五月に田中内閣の逓信相に迎えられた。

田中義一内閣は政党（政友会）内閣であり、支えたのは、久原、鉄道大臣の小川平吉（明治三八年日比谷暴動の首謀者だったが検事のボス平沼騏一郎すら手が出せず。日本で最も早く満州占領を公然と唱えた）、伊東巳代治《みよじ》（伊藤博文の元懐刀で、田中義一内閣の不戦条約加盟を久原と協力して乗り切る）、森恪《わたる》らの党領袖である。張作霖事件をうけた国会運営の相談には、逓相久原も与《あず》かった。久原はほとんど外相のつもりでいた。

この田中義一内閣が倒れたとき、久原は「重臣ブロック」という言葉を創り出して、宮中を批判した。

一九三一年に政友会幹事長となり、満州浪人の一部に活動資金を渡した。また石原広一郎《ひろいちろう》と同じように、二・二六事件で活動家に資金やアジトを提供していたとして、丸の内憲兵司令部に連行された（報道統制があったため、新聞は「久原はどこへ消えた」という記事を載せた）が、翌年、起訴猶予となった。

斎藤実内閣のとき、久原は国会で、商工大臣が書いた足利尊氏を讃える文章をあげつらい、倒閣のきっかけにしようと図った。これが不発だったので、こんどは平沼騏一郎の郎党である内務省の検察が、「帝人事件」をフレームアップして同内閣を倒した。

久原は早くも「一国一党論」を唱えて、政友会と民政党は合併し、挙国一致すべきだと揚言していた。もちろん、その党首兼総理には自分がなるつもりであった。

国を動かす権力が陸軍に集まると、政党内の結束は弱まり、一九三九年、立憲政友会は、中島知久平派と、「久原&鳩山一郎」派とに分裂した。両派は、後に、近衛が提唱した大政翼賛会へ吸収された。

米内内閣の国会で、斎藤隆夫議員の「反軍演説」を問題化させたのは、親軍派代議士とよばれた中島知久平や久原房之助（戦後、両名ともA級戦犯容疑者として指定された）だった。かれらを煽り役とし、軍務局長の武藤章《あきら》が政府に斎藤の除名を要求した。

久原と松岡洋右は、日共の党員を除けば、スターリンに抱擁されたことのあるただ二人の日本人だといわれた。

小磯國昭政権が誕生すると、石原広一郎は東久邇宮を通じて、この久原房之助を特命全権大使としてソ連に派遣し、満州と朝鮮を日本が放棄することを見返りとしてソ連に支那事変解決の斡旋をしてもらってはどうかと提案した。杉山陸相と梅津参謀総長には異存はなかった。が、〈プロ外交官ではあのスターリンと大事な話などできん〉という官僚嫌いの石原の提言は、広田弘毅をソ連に特派したいと考えた官僚独善の権化・重光葵には不愉快で、小磯らにはどうにもできなかった。

GHQによる久原の逮捕令は鮎川より早く、一九四五年一一月一九日に発せられた。キーナン首席検事は、久原と鮎川は二人三脚だろうと見た。ただし両名とも病気を言い立てて、自宅拘禁の扱いとなり、けっきょく不起訴のまま釈放された。

ちなみに、A級容疑で逮捕令が出され、病気を理由に収監を免れたものの、公式に釈放扱いとされる前（一九四八年一二月一六日）に死亡してしまった容疑者として、多田駿（予備大将）がいる。

公職追放が解除された一九五一年に久原は鳩山一郎とともに政界にカムバックした。翌年の総選挙に山口県から立候補して楽々と当選。しかし翌年の総選挙では落選した。以後は、日中・日ソ友好運動をして過ごし、一九六五年に死去している。

Q 極東ソ連軍の脅威は、旧ロシア軍の脅威とは何が違いましたか？

A 第一次世界大戦以降、奇襲の手段に航空機が加わった。結果、奇襲開戦の第一撃の対象も、相手の航空基地に変わったのである。

一九一六年五月三一日、イギリス海軍はドイツ海軍と、ユトランド沖で海上決戦を企図した最大級の海戦を繰り広げ、苦戦の末、ドイツ艦隊を軍港に逃げ帰らせている。だが連合国の海軍は、けっきょく休戦の日まで、ドイツの軍港に近寄ることもできなかった。それを尻目に、両陣営の空軍は、海岸線も塹壕陣地も関係なく、お互いの都市を空襲し合った。

第一次大戦の終了後、イタリア空軍の将官ジョリオ・ドウエは、次の大戦争が起きるとしたら、それは軍艦の殴りこみや地上軍の越境などではなく、いきなり重爆撃機の大編隊が敵国の中心都市を毒ガスで空襲して民間人を大量に殺し、それだけで戦争を短時間に終わらせてしまうだろう、と大胆に予言した。このドウエの諸著作は、一九二〇年代に全世界の参謀本部で翻訳された。

ドウエ理論によれば、空軍による電撃奇襲戦争を成功させるためには、一機で二トンの毒ガスもしくは爆弾を搭載して飛べる重爆撃機を、緒戦で一〇〇機以上も、投入する必要があった。

未曽有の大戦争で疲弊し切った西欧諸国には、こんなカネのかかる新軍備を、まじめに検討しようという陸軍幹部など一人もいなかった。ところが、バクーの原油を欧州に輸出して資金が潤沢であったソ連の赤軍は、これにとびついた。

ソ連空軍の大軍拡が軌道に乗ってしまうと、満州や朝鮮の防衛計画は、覚束ない。そこで石原莞爾は先手を打ち、一九三一年に満州事変を起こした。石原は、ソ連の爆撃機が間もなく日本陸軍の大きな脅威になると見積もって、そのシベリアの航空基地を開戦奇襲でたたけるような地歩を、いまのうちに占有しなければならないと確信したのだ。

その時期、ソ連は、シベリア鉄道の極東区間の輸送力強化を、先送りにしていた。シベリアは気候が悪すぎて、まともな農業がどうやっても成立しない。したがって沿線の人口も増やせないという悪循環に、モスクワでは手を焼いているところだった。

一九三八年六月、スターリン粛清にいたたまれなくなって、国境を越えて満州に亡命してきたリシュコフ三等政治大将が語ったところによれば、極東ソ連軍の補給は、もっぱらウラジオストック港に貨物船で搬入される食料や弾薬に依存していた（林三郎『関東軍と極東ソ連軍』）。日本と戦争になれば沿岸は封鎖されてしまうから、満州事変に対しても、ソ連は強気の妨害ができなかったのだ。関東軍が、もともとソ連の権益範囲である北部満州をおそるおそる占拠したところ、ソ連は一九三二年に〈東支鉄道を、セメントと引きかえに日本に売却してもよい〉と提案してきた。これはソ連の満州放棄宣言だった。ソ連はシベリアに引きこもり、日本から受け取ったセメントで、トーチカ陣地帯を築いて守りに入るのである。

このようにシベリア方面の陸軍の増強は、一九三〇年代のソ連にとって至難だったようだが、航空部隊のみは別だった。航空部隊は自前の燃料輸送手段をもっている上、所帯が小さいから、食料兵站の負担もそれほどかからなかった。

日本陸軍の参謀本部は、一九三三年八月に、数機の四発大型爆撃機が、ニコリスク・ウスリスキー北側飛行場に出現したことを確認する。これは「TB－3」という、世界初の全金属製の四発爆撃機で、「テー・ベー」とはロシア語で「重爆撃機」の略であった。

いきなり、皇居のある東京が、沿海州からの往復爆撃圏内に入ってしまったのだ。幕末いらい、何人も想像しなかった新事態だった。

TB－3は一九三四年には二〇機以上に増え、配備される飛行場も、逐次に多くなった。

日本陸軍は、対ソ戦計画を見直し、開戦直後の奇襲目標を沿海州の航空基地と定めた。北満州の国境線まで列車で送り込まれた歩兵が、そこからトーチカ帯と山岳ジャングルと湿地とを踏み越えて、飛行場を占領しようというのである。

やる時期は、一九三五年か三六年がよかろうと考えた。このタイミングにあわせて、トーチカを攻略するための陸上兵器と、開戦劈頭《へきとう》の航空優勢を確保するための航空兵器が研究される。それらは「九五式」または「九六式」を冠する多数の制式兵器として、じっさいに完成する。

この「九五」とは、神武紀元二五九五年、すなわち西暦一九三五年の採用（予定）を意味する。採用したばかりの新兵器で奇襲をかければ、技術的にも敵は奇襲を食うことになるわけである。

ソ連は日本軍の発想パターンを知っていた。

石原莞爾が一九三五年八月一日に参謀本部の作戦課長になったのは、翌年春か夏の対ソ戦を日本が真剣に予定している証拠だと見た。

一九三六年一月、国防人民委員代理のトゥハチェフスキーは、〈日本が満州で建設中の鉄道網は極東ソ連侵略用だ〉と批難した。

満州国の成立後、ソ連は、シベリアの住民人口を増やす、あるいは、増やしたように見せかける宣言の措置を取っていた。航空機と戦車だけでなく、歩兵の数でも、在満の日本軍に三倍の差をつけていると日本軍に知らせておかなければ、日本軍に侵略されると判断していたのだ。

日本陸軍は、本来ならばまず航空機の数で極東ソ連軍を圧倒しなければならないと分かってはいたのだが、日ソの兵器量産実績の格差はいっこう縮まらないばかりか、むしろ年々開く一方なので、〈歩兵が満州から沿海州まで越境して飛行場を潰す〉という「詭道《きどう》（変則な方針）」に縋《すが》るようになった。その場合でも、防御側の三分の一の歩兵数で攻撃が成功すると考えるほど、日本の参謀は没理性ではなかったのだ。

じつは、一九三三年の東京の参謀本部および関東軍の思惑（一九三五年か三六年に対ソ開戦）とは別に、満州国には独自の「五ヵ年計画」があった。それは、満州が建国された一九三二年を始動年とするもので、非公開だった軍事的な面も含め、一九三七年には達成されるはずであった。

一九三六年春になると、満ソの兵力格差はますます開いてしまったので、それまで何年も対ソ戦準備をしてきて、イライラし始めた中堅エリート幕僚たちは、〈では一九三七年に開戦を日延べしよう〉と、なんとなく示し合わせる。対ソ開戦は当分無理だと結論を下していた石原大佐は、六月一九日、参謀本部の「戦争指導課長」にされた。

（敗戦後の東京裁判では、日本の軍閥が昭和一一年八月一一日に「世界制覇の国策」を策定したと言いたげな糾弾が飛び出した。これは三〇年後に米国と決戦するという国防国策を起案した石原莞爾を、名指ししたに等しい。連合国の誰が石原免訴を決めたのかは、未解明である）

しかし若手の元気な参謀たちの気持ちは、収まらない。一九三七年一月七日に、石原が参謀本部の第一部長（作戦部長）にされ、三月には少将に昇進したのは、陸軍内部に、一九三七年夏の対ソ戦を期待する気持ちが強くあったためである。

Q　昭和一六年の関特演は、なぜ対ソ戦につながらなかったのですか？

A　一九四一年七月に、ドイツに呼応した対ソ戦を始めるための予備役動員と、満州への数十万人規模の兵力増強が実行された。これが「関特演」である。関特演がプロシア式の開戦動員と異なったのは、編成を終え、満州に集中された部隊が、即座に越境攻撃を命ぜられなかったことだ。

日本陸軍中央の心配のタネは、シベリアのソ連空軍が、対日先制空襲するのではないかということだった。

関特演が始まるや、ソ連軍パイロットは、日曜日や祭日には、操縦席内で終日待機を命ぜられているらしいことが分かった。これは、たとい日曜日に日本軍が奇襲をしかけようとも無駄であるのみか、逆に、日本軍が油断しているときにいつでもソ連側から先制空襲をしかけられることを示威していた。

ただでさえ、極東のソ連機は日本陸軍航空隊の四倍もあった。しかも、日本陸軍の最新鋭の「一〇〇式重爆撃機」でさえ、搭載爆弾量は一トンと、ソ連の爆撃機の半分でしかないのだ。

日本軍の航空基地において、大規模な先制奇襲爆撃の準備に着手すれば、これがソ連の諜報網に感づかれないわけはなかった（たとえば一九四一年一二月の海軍機によるマレー半島空襲の準備も、現地仏印の基地周辺ではもうバレバレだった）。

あえて空襲をしかければ、敵機は国境からの警報で緊急発進してしまい、日本機の第一波は空振りに終わり、反対に空中で敵戦闘機の迎撃を受け、たいへんなことになるだろう。しかも続いてすぐにソ連の重爆撃機が日本の航空基地に飛来する。一九三九年のノモンハン事件では、ソ連機は日とともに数が増えるばかりで、味方の戦闘機はあまり頼りにならないことが分かっていた。

関東軍司令官だった梅津大将は、日本の攻撃意図を察知したソ連の方から逆に関東軍の飛行場に先制空襲をかけてくる場合を、極度に恐れた。

すでに四月の時点で、参謀本部の田中新一・第一部長は、日本の奇襲開戦の準備をソ連がまったく気づかないことが、対ソ作戦成功の大前提である、と判断を下していた。それほど、戦力比の歩《ぶ》が、日本側に悪かったのだ。しかるに、ソ連の警戒ぶりは万全で、隙がなかった。これが、日本が対ソ開戦を順延し、ドイツがソ連を崩壊させるまで待とうという気にさせた、理由であった。

なお陸軍は、対ソ航空奇襲のためには、思い切った戦法を採用する覚悟であった。防衛研究所に『飛行集団作戦準備並ニ開戦劈頭ニ於ケル用法ノ研究』という、昭和一四年一月の資料がある。付図によれば、対ソ戦の際には、日本海軍の艦隊主力は小樽に、一部は大泊に布陣することになっていた。ただしソ連艦隊は、沿海州と北樺太を連絡しているだけで、不活発である。

こちらの最強の爆撃機が「九二式重爆」(低速で低空しか飛べない)と「九七式重爆」で、敵には有力な重爆撃機の他、スピットファイアに酷似した新鋭戦闘機もあるようだし、どうも心もとない。

そこで、「着陸急襲仮装飛行隊」をつくろうと考えている。ソ連機と外見をまぎらわしくした小型高速機に二〜三人を乗せ、国境から三〇〇㎞侵入し、敵の飛行場に着陸する。そして、地上滑走しながら、機関銃射撃、火炎放射、毒ガス・毒液・病原菌散布し、人員器材を殺傷破壊するという、すごい案であった。

Q

短期戦争を確実にするための侵攻距離の限界はどのくらいだったのでしょうか。

A

ソ連通のエリート参謀だった林三郎の戦後の本によれば、当時の参謀の兵《へい》站《たん》の教科書では、大兵団の陸路兵站は二五〇㎞が限度だとされていたという。その前提は、大八車のような荷車を、馬や兵隊や人夫で引っ張るのであった。

ところがノモンハン事件では、ソ連軍はシベリアじゅうからトラックをかき集め、鉄道端末駅から七五〇㎞もの陸路兵站をやってのけた。関東軍の作戦参謀は、ソ連軍がトラックを使えば「二五〇㎞」という限度がなくなるという判断をしそこなった。

トラック兵站の制約は、トラック自身が、大量の燃料を消費してしまうことである。その燃料効率の悪さは、鉄道や船舶とは比較にならなかった。

それでもドイツ陸軍は第二次大戦で、作戦発起点から一七〇〇㎞も遠くのスターリングラードに攻め込み、一時的にも兵站線を維持したのだから、日本陸軍が驚嘆し、〈このすばらしいドイツにどこまでもついていこう〉と考えたのも、不思議ではない。

日本は支那事変で、けっきょく海岸から八〇〇㎞までしか作戦はできていない。一九三八年一〇月に日本軍が漢口を占領すると、国民党はさらに奥地の重慶まで七五〇㎞も政府機能を移転した。以後、一九四一年まで続く重慶空襲に、蔣介石は、奥地の成都へ移ることも考えたが、アメリカに背中を叩かれて、もちこたえた。

Q 普仏戦争の結果をみて、日本陸軍は、その規範を、フランスからプロシアに切り換えていますね。それなのになぜ、第一次大戦（一九一四～一九一八年）のあとでは、模範を敗戦国のドイツから、戦勝国の仏英米に変更することをしていないのでしょうか？

A ドイツは西部戦線では歩が悪かったが、東部戦線でロシアを屈服させた。それどころか、ロシアの国体そのものを葬ってしまった。日本陸軍としては、これには感心せざるを得なかった。

ロシアの動員開始は一九一四年七月三〇日で、これをうけてドイツは八月一日にロシアに宣戦した。そして八月下旬、ベルリンを目指して前進してきた数的に優勢なロシア軍を、ドイツ軍は鉄道と馬だけを使った古典的な機動によって巧みにタンネンベルグ付近で包囲し、八月末までにロシア兵一二万五〇〇〇人を殺傷もしくは捕虜にした（ドイツ軍の損害は一万～一万五〇〇〇人）。これはカンネーの再現とうたわれ、数で劣る軍隊による大勝利の、最新の見本になった。

フランスはドイツに持久防御で勝った。しかもそれは、おびただしい砲弾の生産と消費によって実現されている。

日露戦争の奉天会戦で、日本は二十数万発の砲弾を発射し尽くし、弾薬備蓄がゼロになったのだが、その砲弾は、日本国内だけでは生産がまったく間に合わずに、ドイツとイギリスから緊急輸入して準備したものだった。第一次大戦が終わった一九一八年時点でも、このような後進性から、日本の工業は抜け出せていなかった。

フランスの工業力は、世界一ではない。アメリカ、ドイツ、イギリスより低いのだ。そのフランスが、第一次大戦の数度の会戦では、連日、数十万発の砲弾を、惜しげもなく発射している。

遅れた資本主義国であった日本は、逆立ちしても、これら先進各国と同量の砲弾を生産することはできなかった。とすれば、その火力よりも、その機動力で見るべきところがあった、ドイツの開戦攻勢の手際が、ひきつづき、学習する価値が高いものと判断された。

アメリカ陸軍とイギリス陸軍は、その島国性から、動員奇襲を採用していない。したがって、日本の満州での対ソ動員奇襲戦争の参考にはできなかった。

国家による「奇襲開戦」は、第一次世界大戦以後は、悪い「侵略戦争」とほぼ同義になって、今日にまで至る。

「悪い」というのは、ほとんどの文明国が参加した国際連盟規約、および一九二八年の「パリ不戦条約」によって、プロシア式の動員奇襲・プログラム戦争は悪と認定され、プロシア式に戦争を始めた国は侵略者であるとして、経済制裁や交流制限制裁の対象になることが決められたからだ。

プロシア式の動員奇襲主義が、西欧で数百万人の人命を損ねたという反省と、今後は極東で日本が、プロシア式の侵略戦争のスタイルを引き継ぐのではないかという国際的な懸念が、パリ不戦条約の背景である。

同条約の呼びかけ国であるフランスは、プロシア式の動員奇襲を公式に放棄したのである。日本陸軍は満州を「後手」で守れるとは信じなかった。

敗戦したドイツ政府は、パリ不戦条約には参加したものの、ヒトラーの下で復活したドイツ国防軍の参謀本部には、そんな条約を遵守する気が、さらさら無かった。

島帝国の英国には、奇襲開戦の必要がない。英米を味方につけたフランスも、同じである。ソ連は広すぎるので奇襲開戦はしにくい。

ドイツ人だけが、引き続き、自国が置かれた環境下では、動員奇襲こそが唯一の国防国策であると、信じ続ける理由があった。

ドイツ参謀本部は、航空機や戦車などの最先端のテクノロジーによって、現代の奇襲開戦プログラムを完成しようと、研究を推進した。工業の後進性に悩む日本陸軍の指導層には、このドイツ職業軍人の確信犯的な姿こそ、頼もしく思えたのだ。

Q

満州事変の翌年の一九三二年の上海での紛争を「第一次上海事件」、支那事変の初年の一九三七年八月一三日からの軍事衝突を「第二次上海事件」と言っているようですが、どうしてことさらに、上海ばかりが、いつも焦点になったのでしょうか。

A

地理の上でも、経済の上でも、宣伝の上でも、戦前の上海には、いちばん濃厚に、世界各国／各軍の、シナ大陸における利害が、集中していたからだ。

シナの歴史上、西方を重く見る政権は「長安（西安）」、北方を大事に思う政権は「北京」、南方こそ有利と考える政権は「南京」に、拠点を築いた。

これらの大都市は、首都にもされてきたのだが、いずれも、海からは、とんでもなく離れたところに位置している。ようするに、歴代のシナ王朝は、海を嫌い、あるいは、海を恐れていた。

その一方で、歴代のシナ王朝は、外国へ使節を送り、周辺国に朝貢貿易を呼びかけることには、積極的だった。これは、海際に本拠地を置きつつ、海外との交易を極度に制限した日本の江戸幕府とは、まったく逆の対応に見える。

なぜそういうことになるか。

シナの国境線は長すぎたため、国境警備軍による固定した防禦が、とても難しかった。国境を守ろうと思えば、平時にしばしば国境のはるか外まで政治的に押し出して、有事の潜在防衛力について、周辺国人に印象づけておくのが合理的であった。

海岸は沼地が多い。河川によって土地が分断されている。鉄道のない時代には、そんな海岸部では、地上兵力のすばやい機動は不可能だった。だから、どうしても、海からやってくる異国の海賊に、沿岸商人との勝手な交易や、略奪をする主導権を、握られてしまう。

その海賊が、貿易によってリッチになる沿岸部の住民とひそかに結託すれば、これまた鎮圧はやっかいで、さりとて放っておけば、やがては海岸部にシナ王朝の支配がおよばなくなる。そこを反政府軍などが利用すれば、政権がついには亡ぼされかねない。

だから歴代シナ王朝は、海の近くに首都をおくことは避けたのである。海を恐れたのだ。

それで、たとえば、南京を首都にした明朝は、海岸部に国民が住むこと自体を禁止してしまった。そうすれば、異国から海賊がやってきても、奪うものはないし、反政府勢力が海岸に根付くこともないからだ。

海での自国民の漁業活動も、海賊と識別がしにくいものだから、明朝は断然、これを禁止してしまった。海産物は、シナの沿岸にはいくらでもあったのである。が、敢えて自前の資源を利用することをあきらめて、わざわざ日本の港までシナ政府の公式の交易船を派遣して、日本の港で買い付けて輸入をさせたのであった。

そのぐらい、国家が統制できない海の貿易、民間人が勝手に行なう外国との交易は、専制政権にとっては、命取りにつながるものと考えられた。

江戸幕府が貿易を厳重に統制したのも、江戸から遠くはなれた外様の藩が、めいめい勝手に外国と貿易をすすめてリッチになれば、やがてはその財力が外様藩の軍事力に転化されるから、徳川家による日本支配があやうくなってしまうだろうと考えたのだった。

ちなみに豊臣秀吉の朝鮮出兵も、総動員によって諸大名の私貿易を停止させてしまえるという、貿易の国家統制の意義が大きかったであろう。

Q 華僑はいつどのように始まったのですか。

A 明の成祖が、南京から北京に遷都し、それにあわせて、元代にすっかり土砂でふさがってしまっていた南北縦貫運河を一四〇三年から一四二四年にかけてすっかり「どぶさらい」させた。

それまでは、船員一〇〇人が乗る海船で一〇〇〇石の租税を運搬させていたのだが、内陸運河ならば耐波性の必要がないので、一〇人の船員が乗る河船で二〇〇石を運べるようになった。つまり、収税コストが半減したのである。

同時に、農民が陸上を自力で収税ポイントまで輸送せねばならぬ距離も短縮され、そのぶん、田畑の生産増に注力できるようになった。

この経済成長の勢いが、鄭和の七回もの海外遠征（一四〇五～一四三三年）の背景である。同遠征は、官製の営業貿易だった。その刺激をうけ、民間人が南洋に出るようになった。これが華僑の始まりだという。

Q　明治四三年の大韓帝国の併合も、参謀本部が主導したのですか？

A　満州にまだ鉄道などなかった日清戦争当時、満州全域から呼び集められた清国兵が、奉天で一～二週間の速成訓練を受けては、旧式の鉄砲を担がされ、徒歩で一列になってとぼとぼと鴨緑江まで行軍していく様子を、同地で病院を開設していたスコットランド人宣教師が見送っている（デュガルド・クリスティー著、矢内原忠雄訳『奉天三十年』上巻）。奉天から鴨緑江河口右岸（清国領）の安東までは、三〇六㎞あった。

ロシアが、シベリア本線と東清鉄道、さらにその支線である南満州鉄道を使って欧州方面からハイペースで軍隊と物料を増派できるのに、日本軍が、仁川あたりから北朝鮮の泥道と南満の荒野を荷車を押して行くしかないようでは、ロシア人に〈日本は後方線に関して有利である〉と思わせることはできない。それではロシアは南満州と北朝鮮の占有に関して、譲歩などしないであろう。

そこで、日露戦争が始まった翌月の明治三七年三月八日、日本陸軍は、まったくドイツ式に訓練されていた鉄道工兵大隊を、仁川に送り込む。ただちに、京城〜平壌〜新義州（鴨緑江河口の左岸、韓国領）を結ぶ「京義線」、約五〇〇㎞の測量が行なわれ、フル規格の鉄道（単線）は、年内に完成した。

日本の鉄道大隊はまた、新義州の対岸である安東にも派遣され、そこから奉天に向かい、軽便鉄道（機関車も貨車もレールもぐっとミニサイズにした、急設用の鉄道）の敷設を、遼陽会戦の始まる明治三七年八月には着工させた。

奉天会戦直前の明治三八年二月の時点で、奉天まであと半分という一二七㎞の地点まで軽便鉄道のレールは達し、弾薬と糧秣を西送中であった。この急造線は、日露媾和が成立して大山元帥が満州から凱旋した一二月、ついに奉天駅で南満州鉄道に連接。

日本が運用権を有する「安奉線」となった。

　釜山港から京城（仁川）までのフル規格鉄道の建設も、同時に進行した。この「京釜線」の開通は明治三八年一月で、そのときまだ、奉天会戦は始まっていなかった。

　釜山から鴨緑江まで鉄道がつながるだけでも、満州のロシア軍は側面に脅威を覚えるはずだった。ペテルブルグの参謀本部に心理的な圧迫を加え、ロシア政府をして継戦を投了させ、日本に有利な媾和を引き出すのに、これらの鉄道建設は、役に立った。

　また、これで日本の将来の半島防衛も、ずいぶん効率的にもなるはずだった。

　ポーツマス条約で、長春駅以南の南満州鉄道を獲得した日本は、安奉線のフル規格鉄道への改軌を企画した。

　清国政府は、それは将来の軍事上の脅威になるだけだと考えて抵抗したが、日本政府は強談判の上、明治四二年八月から改革を進めた。

　安奉線と満鉄の一体化の目途が立つや、残された空白区間である、鴨緑江の上を渡る九四四ｍの鉄道橋梁の建設も決定された。鉄橋は、明治四四年一〇月に完成した。

　かくしてついに朝鮮半島南端から、満州平野の経済中心地まで、フルスケールの鉄路が、接続されたのだ。

　新たに出来《しゅったい》した交通環境はしかし、諸刃の剣だった。

将来、ロシアかシナが、再び勢いを増し、南満州を占領するようなことになったら、どうなるか（奉天から北京までは、日清戦争後に外貨を導入したシナのフル規格鉄道が通じていた）。

彼らは、日本が建設した鉄橋と鉄道を利用して、過去二〇〇〇年間、大軍には越えがたい難所であった鮮満国境を、数十万人の大軍でやすやすと飛び越え、朝鮮半島南端まで、一挙に攻め下ることも可能になるのではないか？

この地政学が、明治四二年に、日本の指導者層には、理解された。

伊藤博文を含む、どの元勲も、もはや韓国の併合に反対はできなくなったのである。

小磯國昭の回想によれば、第一次大戦中の大正六年、参謀本部内で、「対馬海峡海底隧道」の可能性について、簡単に検討したという。

〈ドーバー海峡トンネルは、今の技術なら工事は難しくないのだが、英仏両国が互いの間合いがとれなくなるのが厭なので、実現されていないだけ〉という話に刺激を受けたようだ。

英仏トンネルの工事区間は二六海里。対馬と朝鮮間は二九海里。九州と対馬間はもっと短い。ならば、日本がやる気になったら、できぬはずはなかろう――と。

ロッキー山脈の「ロジャーパス」の工費から類推して、この日鮮トンネルは、二〇年の工期と一〇億円の予算で竣工可能だと見積もられたという。

内地から満ソ国境まで、鉄道で軍隊を運べるとなれば、日清戦争いらい陸軍参謀本部が悩まされてきた帝国海軍のわがままに、もう配慮も無用だ。半島や大陸に常駐させておくべき兵力も、減らせるかもしれなかった。

しかし、ソ連空軍が開戦劈頭に、朝鮮や対馬のトンネル出口を猛爆撃してくるのを、日本陸軍が阻止できたかどうかは、分からない。

陸軍参謀本部は、こんなトンネル案を考えるよりも、〈対馬海峡は、日本が大陸から間合いをとることを可能にするドーバー海峡である〉と肯定的に再評価して、プロシア式の鉄道動員戦争も放棄し、英国式の国防態勢への進化をこそ、模索すべきであった。ポーツマス条約で南樺太を領有できたからには、〈北海道と九州が同時に大陸勢力から侵攻の脅威にさらされる〉という幕末いらいの日本にとっての最悪シナリオは、もはやあり得なくなっているはずだった。

今日われわれは、明治時代の半島縦貫鉄道の教訓を、あらためて確認することができるだろう。二つの異世界が鉄道で結ばれてしまうと、不可逆的な腐れ縁が生じ、そこから抜け出すことができなくなる。将来もし「日韓トンネル」のようなものが完成してしまったら、明治維新が目指した「脱亜」は、永久に達成不可能になるだろう。

Q 一八九八年の米西戦争は、満州事変の良い見本だったのではありませんか？

A 一九世紀末のキューバに、誰からも文句をつけられないようなスペイン人の行政が敷かれていれば、いくらアメリカ人でも勝手に戦争をしかけることはできなかったろう。しかしスペイン人には隙があり、アメリカ人たちは、キューバの暴政を実力で変更するという、勝手な大義名分を共有した。

きっかけは、カリブ海に出動していた米海軍の戦艦『メイン』号の、綿火薬の変質に起因する自爆沈没事故であった。この海難で乗組員二六六人が死亡した。アメリカの大衆新聞は、これはスペインの工作員の仕業だと書きたてた。スペイン政府は、国際仲裁裁判に付託しようと提案したが、アメリカは受諾しなかった。

スペイン女王はキューバを完全独立させ、あるいはアメリカに割譲してもよいとまで譲歩した。が、アメリカは議会選挙の年であり、聞く耳をもたなかった。

左翼史観では、アメリカの財界が戦争を望んだのだとするが、彼らの投資モデルは、もはや自国政府が獲得する新領土などに大きな意義を認めていなかった。外国との自由で正常な商売が、政治家と大衆の興じる戦争騒ぎによって妨害されたり攪乱されることは、彼らには不快なだけであった。

米国政府はスペインに、三日間の期限付き最後通牒をつきつける。

スペインは、その通告に先行するアメリカ議会の決議に反発して、この決議は宣戦布告にも等しいと声明。スペインの方から、アメリカとの外交関係を断絶した。その後、最初に米軍が戦闘を開始した。

米議会の決議は、キューバ島にのみ言及していた。ところが決議から一一日後、デューイ提督が早朝マニラ湾に侵入し、在泊のスペイン艦隊を撃破。数日後、マッキンレー大統領は、陸軍にフィリピンを占領する準備を命じた。

海軍次官だったセオドア・ローズヴェルトは、久しく、フィリピンを領有すべきだと考えていた。ローズヴェルトは個人的にデューイと密議し、マニラを攻撃することで合意していた。

こうしてフィリピンは米国軍が占領するところとなった。その後、アメリカは条約によってフィリピンをスペインから奪い、世間体をよくするために、領土の「購入代金」を支払っている。

デューイは英雄になった。政府はその熱狂に水を注さなかった。石原莞爾の祖先はデューイだと言えよう。

もともとフィリピンは、スペインの皇太子フェリペにちなんで、一五四二年に命名されたものだ。マニラ市が建設されたのは一五七〇年代である。

スペイン人の狙いは、フィリピンを拠点にしてシナと交易することであったが、あまり成功せず、逆に、福建人がメキシコ銀にひきつけられてマニラに殺到した。シナには多種の天然資源があったが、銀は雲南でしか掘れず、商業の機軸的金属であったにもかかわらず、英国向けに茶が輸出されるまでは、慢性的に不足していたのだ。

増えすぎたシナ人はトラブルを起こした。一六〇三年と一六三九年に、それぞれ二万人近くのシナ系移住民が、フィリピンで殺されたという。しかし北京は、これらの華僑は「化外の民」とみなし、意に介さなかった。

一九世紀後半、スペイン帝国は、往年の活力が失せ、欧州の歴史ある国の中でも、顕著に落ち目になりかかっていた。アメリカは独立以来、欧州の一流国家と戦争して勝った経験がなかった。アメリカ人は、そのような歴史を作ってみたかった。そして、まさにおあつらえむきの、斜陽の殖民地大国を、獲物として見出したのだ。米国が奪わなければ、英国かドイツが奪うだろうという、勝手な言い訳が付けられた。

アメリカによるフィリピン統治の問題は、米国民の誰も、そこを「州」にする気がなかったことだ。数の多い土人に、アメリカ市民と同等の一票の政治的権利などを、渡すことはできなかった。それが初めから分かっていて領有されたという点で、フィリピンの獲得は、反憲法的だった。

アメリカ合衆国は、「政府の正しい権力は、その淵源を被治者の同意に発する」との命題に基づいて建国されている。これでどうしてフィリピン領有が説明できるだろうか。アギナルドは、ただちに米国に宣戦布告をして、独立のためのゲリラ戦争を開始しているのだ。これはかつてのアメリカ植民地人の姿であろう。

住民の同意なき統治は独立宣言の神聖な諸原則に背馳《はいち》する。憲法の諸目的も推進しない。とすれば違憲であった。

セオドア・ローズヴェルトも、領有後のフィリピンには幻滅し、戦争の音頭をとったことを、やや後悔した。

なお、同年に武力併合したハワイは、土人の人口が少なかったので、米本土からの移住者が圧倒的多数にまで増加したところで、アメリカの五〇番目の州に昇格している。

満州事変と米西戦争の違いは、米西戦争の密議は、ワシントンで最初から文民が仕切っていることだ。これに対し、満州事変は、出先の陸軍人がまず事を起こして、泥縄式に東京を引っ張った。

米国のフィリピン領有は、日本からも承認された。しかし満州の独立は、米国から承認されなかった。

Q 満州事変から支那事変までの米国の国防長官の印象が薄いのですが、これはどうしてですか。

A 一九四〇年から日本の敗戦までは、有名なヘンリー・スティムソンが、米国国防長官（陸軍大臣）だった。が、彼以前の三人の国防長官は、日本の歴史教科書ではほとんど無名であろう。

その理由は、その当時の米国政権の顔ぶれや、本人略歴を見れば、明らかになると思う。

特に仕事ぶりが無能であることを証明したような者はいない。要するに「時に遭《あ》わなかった」がために、目だった活躍の機会を持てなかったのである。天命である。

満州事変は一九三一年に起きている。そのときの米国防長官（陸軍大臣）は、パトリック・J・ハーレイであった。在任期間は、一九二九年一二月九日から、一九三三年三月四日までだ。ハーレイの前任官は、J・W・ウッドだ。

一通り、経歴をたどろう。

ハーレイは一八八三年にチョクトー族の居留区で生まれた。超田舎の出身だ。オクラホマで一九〇八年に弁護士を開業し、第一次大戦では大佐になってヨーロッパに渡った。復員後、共和党で活動するようになり、とうとうフーバー政権の国防長官に抜擢される。

反共的な信念をもっていたから、次の民主党のフランクリン・ローズヴェルト政権下では、とうぜんに居場所などない。

しかし、真珠湾攻撃で、挙国一致体制が出現した。彼は准将にされた。そしてジョージ・マーシャル参謀総長が彼を極東に派遣し、バターン半島に孤立していた米軍を救援する方法を探らせた。けっきょく、撤収作戦は不可能で、糧食と弾薬をわずかに送り届けることができただけだった。

ローズヴェルトは次いでハーレイを、ニュージーランドやソ連、近東、アフガンなどに出張させ、一九四四年一一月には、ゴース大使の後任の、駐シナ大使に任命した。

だから、シナでは、彼の名は比較的に知られている。ハーレイに与えられた大事な仕事は、シナ奥地に派遣されているスティルウェル将軍の思うように、蔣介石の軍隊を積極的に作戦させるための説得役だった。しかし、それは不可能だった。

蔣介石は、日本軍と戦うよりも、延安の毛沢東一派との戦いに備えたかった。反共のハーレイは、この蔣総統（the Generalissimo）の考えに同意する。そして、スティルウェルをウェデマイヤーに交替させるのだ。

ハーレイがシナに来てすぐに察したことは、米国務省からシナに来ているJ・S・サービスとJ・P・デイヴィズ、そしてワシントンのJ・C・ヴィンセントの三人が、中共のシンパとなって暗躍していることだった。

一九四五年のヤルタ会談で、日露戦争によって消滅しているシナ領土内の旅順および大連の租界をスターリンが復旧させろと要求し、蔣がそれを呑まされたことは、ハーレイには憂慮に堪えなかった。彼はシナは共産化するだろうと考えた。

ローズヴェルトの急死は、そんなハーレイを元気づけた。ヤルタのあやまちを、後継のトルーマン大統領が修正してくれる……と彼は期待する。

が、一一月に彼に届けられたのは、クビを申し渡すトルーマンの手紙であった。後任大使は、L・スチュアートになった。

ハーレイは戦後、ニューメキシコ州から上院議員選挙に二回、討って出たが、当選しなかった。

さて、一九三三年三月四日、民主党のF・D・ローズヴェルト政権が誕生すると、同日付けでその国防長官に就任したのは、ジョージ・ヘンリー・ダーンである。

ダーンは、ネブラスカ州のダッジシティで一八七二年に生まれている。やがてユタ州で、父と同じ鉱山事業に身を投じた。

一九一四年に上院議員選挙に出馬するまでに、ダーンは米国で有数の鉱山王になっていた。

ユタ州は、モルモン教徒が多く、共和党が強い。ダーンは、非モルモン教徒、かつ民主党員でありながら、一九二五年に同州の知事に当選する。

やがて、全米知事会議で、とうじニューヨーク州知事であったF・D・ローズヴェルトと、ダーンは相識《あいし》った。

ダーン知事は、一九三二年の大統領選挙でローズヴェルトを応援して大いに働いた。その褒美として、国防長官のポストが転がり込んだのだ。

だが、彼はその現職中に、六四歳で急死してしまった。

一九三六年八月二七日、ダーンのポストを引き継がされたのは、ハリー・ハインズ・ウドリングである。

ウドリングは、一八九〇年のカンザス生まれ。一六歳から、地元の銀行に勤めはじめた。そして、米国が第一次大戦に参戦することが決まって、陸軍二等兵として徴兵されたときには、彼はその銀行の副社長兼オーナーであった。

そのくらいの能力のある男だから、入営後にすぐに中尉にされ、第一次大戦中は戦車部隊に配属されていた。

一九二八年、ウドリングは政界入りを考え、銀行業を辞める。一九三一年に、カンザス州知事に当選。

一九三三年に、F・D・ローズヴェルト政権の国防次官補に抜擢され、ダーン国防長官の下で働くことになった。中西部の田舎州の仕事と、首都での政府の仕事とでは、面白さが比較にならないのだ。

そして一九三六年にダーンが病死すると、ウドリングがその後任に指名された。

ウドリングは、ローズヴェルト政権の前半期の選挙公約であった「孤立主義」に、心から賛成であった。そのため、一九三九年以降に、ナチスを打倒しなければならないと決意を固める大統領とは、急速に意見が合わなくなった。ウドリングは、バトルオブブリテンの最中の英国に支援物資を送ることにすら反対した。それで、逐《お》われるようにして、一九四〇年に辞表を提出したのである。後任は、ドイツ打倒に燃える、元共和党の大物政治家・スティムソンであった。

ダーンとウドリングの時代に、米陸軍の常備軍、州兵、予備軍は、地道に強化されている。

ウドリングは戦後、もういちどカンザス州知事に返り咲こうとしたが落選し、その後は民主党の公認候補にもしてもらえなかった。一九六七年に心臓麻痺で死亡したこのカンザスの田舎者にとり、国防長官時代に、複数の欧州の王族と同席できたことが終生の追懐の種であったらしく、以《も》って、その器量の大小も、うかがい知られよう。

Q　戦争では「奇襲」は悪なのですか。

A　「奇襲開戦」と「背信的詭計《はいしんてききけい》」は、国際条約上で、非難され制裁されるべき、大きな悪事という扱いを受けている。その二つを除いた「奇襲」は、国際条約上では、好まれても嫌われてもおらず、また国内法で禁止している国もないであろう。つまり合法だ。

条約や国際法や、近代国家の国内法は、「何が、よりいっそう正しいことか」の価値判断に、細かく介入することはしない。それは道徳や宗教のテーマであって、各人が判断の自由をもっている。

だが、およそ国家にとっては、「安全・安価・有利」に有権者の権力（＝飢餓と不慮死の可能性からの遠さ）を維持・増進させる政治（＝その中に戦争も含まれる）こそが、正しい規範とされ、指針とされるしかないであろう。

具体的に、背信的詭計とは、どのようなものか。

わかりやすいのが、偽計投降だ。国家同士の戦争が既に始まった後で、前線の部隊が、投降するようにみせかけて敵軍をおびき寄せ、油断して近づいたところで射殺してしまう……。

こんなことをやられた方は、怒って報復を欲望するに決まっている。

他にはたとえば、〈停戦交渉の軍使を装って敵陣に入り込み、隙をみて敵の司令部に爆発物を投げ込む〉だとか、〈赤十字マークのついたトラックで核弾頭を輸送する〉だとか、〈民間人の格好をして敵兵を安心させて近寄り、隠していた武器で一斉に攻撃する〉といった、戦時国際法が要請する人道的な相互危害抑制のとりきめを逆用しての卑劣な危害犯罪を、背信的詭計と呼んでいいだろう。

片方の陣営がこのような詭計を一度こころみれば、相手側陣営も戦時国際法を守るメリットがなくなったと判断する。すると、戦場環境が急速に反文明化し、兵隊ではない住民の生命も尊重されなくなってしまう。ちなみにシナ軍はアヘン戦争のときから、白旗を詭計に役立てることで有名であった。

川の下流で渡河すると見せかけておき、とつぜん上流で渡河してしまう。敵陣の左翼を集中して攻めるつもりであるかのように見せかけて、右翼に急に進軍方向を変え、敵が右往左往しているところを、中央で突破する……。このような術策が奇計である。

戦争では双方が奇計の限りを尽くす。むしろ奇計は戦争の正道である。

しかし、戦争の奇計と、背信は、厳格に区別される。

奇計にひっかかった将兵は、「ひっかかった自分らが悪い」と思うのみだが、背信にひっかかった将兵は、「ひっかけた敵が悪い」と思う。

なぜなら、敵はこちらから善意を引き出しておいて、その善意につけこんで人殺しを働いたのだから。背信は、戦場に人間らしい善意が蘇る素地を破壊してしまうだろう。よって、反人類的なのである。

開戦後の奇襲は、上記の奇計の範疇である。

しかし、奇襲による開戦は、背信的詭計である。なかでも殊に悪辣《あくらつ》なのは、AがBに戦争を仕掛けるつもりがないかのように話し合いを続けているときに、蔭で開戦の準備を整え、突如、AがBを奇襲して開戦する場合だ。

これが国際的に許されるなら、いかなる国家の間の信頼関係も、どこにもありえなくなる。平和的な語り口に騙《だま》される方が悪い、ということになってしまうからだ。

一九四一年の日米交渉のあいだ、日本側の外交官は、米国に対して戦争を仕掛けるつもりがないかのように、懇願的な言動を続けていた。その状態から、いきなり海軍力を投入して真珠湾を攻撃したら、たとい攻撃の一時間前に交渉打ち切りの通知がなされたとしても、米国がこれを背信的詭計と感ずるのは当然である。

一九四一年の日米交渉のあいだ、日本側の外交官が、「おまえたち米国のやっていることは戦争の挑発であり、わが国への宣戦布告にも等しいものだ。すぐにやめろ。やめないならば、わが国は必要な行動をとる自由がある」と一度でも公言していたならば、真珠湾攻撃は、国際法の規定とは関係なく、背信的詭計とは受け取られない。「言」と「行」とが一致しているからである。

日清戦争でも、日露戦争でも、日本政府は、開戦前と開戦時とで、「言」と「行」

とを整合させていた。それは近代人、近代国家としての正々堂々たる姿勢であった。「このままでは開戦だ」と外交官が予報しておいてから、海軍が第一撃を放ったのである。

ところが一九四一年の対米開戦のときは、日本の外交官は「このままでは開戦だ」とアメリカ側にいささかも予報していない。むしろ逆に、日本は平和にしか感心がないような言動を示し続けた。そこからいきなり、六隻の空母でもって相手国の日曜日の軍港を空襲したということは、開戦前の日本の外交官の交渉行為そのものが、少なくも数週間前から偽計であり、背信的な詭計の一部であったのだと、認定せざるを得ないではないか。

読者は、偽装停戦のことを考えてみよ。「甲」が、もう戦いはやめようじゃないかと呼びかけ、「乙」が、それもそうだと思い、甲の平和的意図を信用して武器を置く。その瞬間、甲が乙を、隠していた凶器で襲撃して殺傷したら、乙は甲を許せると思うか。

開戦をまったく予報しない、懇願的な外交交渉の途中で、いきなり奇襲によって開戦したのは、その不道徳性において、偽装停戦にも譲らない卑劣さであった。

川上操六と陸奥宗光、および、児玉源太郎と小村寿太郎の二人三脚が成功して以来、開戦時の外務大臣は、統帥部と一心同体であることが、暗黙裡《り》に要請されていた。

Q 兒玉源太郎没後の日本人の満州入殖は、順調だったのですか。

A ひどいものだった。関東軍の参謀長だったこともある東条は、満州にできるだけ農民を増やして、その農民を対ソ戦で徴兵することしか考えていなかった。

そもそも農民を増やすためには、その農産品の消費者となる工業人口が都市部に増えなければならない。さもないと農民は、すぐに労働ダンピングに陥る。その窮乏の姿を見ては、誰も新たに入殖しようなどとは思わない。そういう経済の常識が、東条ら統制派（官僚の計画経済は、自由な企業人の競争経済よりも優れていると信じた陸軍エリートたち）にはさっぱり分からなかった。

戦時中の昭和一七年一二月に市販されている、浅川四郎著『開拓団生ひ立ちの記』には、内地から満州に入殖した農業移民の問題点が、驚くほど容赦なく、指摘されている。

浅川によれば、開拓団は、満州に来てから三年にもなろうというのに、ほとんどが現地の満人に小作をさせており、なおかつ、食料自給すらできていない、という。

これはどういうことかといえば、移民たちは、トラクターによる機械化は無論のこと、「馬耕」もロクにやろうとしていないのである。また「小作」というのは、もともと満人が耕していた畑を強制接収同然に買い叩いて、不労地主におさまっている様子を暗示しているのだ。これは「開拓」ではなかった。

浅川はまた、入殖後一〇年が経っている開拓村で、まだ満式（オンドル中心）あるいはロシア式（ペチカ中心）の家屋も建てずに、日本式の家屋に住んでいるところすらある、と嘆く。

そもそもコメが獲れない土地で米食の慣習を捨てられないでいたら、金銭で主食を購入することになり、楽な生活ができるわけはないのである。コメを捨てられる覚悟のある者だけ、農業移民するべきであった。しかし戦前の日本人のコメ嗜好は強すぎ、それは無理だった。

Q フィリピンと日本を支配したマッカーサー家について教えてください。

A

「Ｍａｃ×××…」と書かれる姓は、スコットランド系を意味している。マッカーサー（Douglas MacArthur）の祖父は、一八二五年に英国北部のグラスゴーから新大陸へ移住した弁護士であった。

マッカーサーの父（すなわち祖父の子）アーサーは、米国陸軍の少尉を養成するウエストポイント士官学校に進学したいという希望があった。ちょうどそんなときに、南北戦争（一八六一～六五年）が始まった。米国に移民してくるのが遅かったマッカーサー家にとって、これは、すばやく社会的な地位を上昇させるチャンスだった。アーサーは、北軍（第二四ウィスコンシン義勇歩兵連隊）に加わり、アトランタまで攻め上った。途中のミッショナリーリッヂの激戦では、弾雨にひるまず部下をはげまして、味方を勝利させた。この働きが後で高く評価されて、軍人の最高の勲章である「議会名誉章」を一八九〇年にさずかっている。

南北戦争が終わってしまうと、マッカーサーの父は、法律を勉強し直し、別なキャリアをつくろうかとも考えた。が、けっきょく正規の陸軍少尉として一八六六年二月に合衆国陸軍に再入隊することに決める。時あたかも政府は、ミシシッピ河より西の広い良い土地で暮らしていたインディアンたちをぜんぶ武力で追い出し、狭い沙漠に押し込めてしまえという野蛮な作戦をスタートさせようとしていた。マッカーサーの父が、西部ニューメキシコ方面に遠征中の一八八〇年に、アーカンソー州リトルロックの陸軍住宅で、三男のダグラスが生まれる。このダグラスが、のちの米陸軍元帥（General of the Army）になる。洗礼はリトルロック市内のエピスコパル派（もとはアイルランドに多かった長老派。アイルランドとスコットランドは住民の血縁も近い）のプロテスタント教会で受けた。

戦後にビル・クリントンが知事となったこともあるアーカンソー州は、ミシシッピ河の西岸にあって、対岸はディープ・サウス（最も黒人差別の深刻な南部）のテネシー州、南隣はメキシコから奪ったテキサス州である。何も自慢するものがないクソ田舎から、ダグラスも母も、脱出したかったようだ。晩年の元帥は、自分の本籍地がヴァージニア州（首都の南隣であり、古い家柄の南部人が住む）であったかのように人に語ったこともある。

一八九八年、アメリカは自国領土をさらにカリブ海と太平洋方面にも拡張するために、落ち目の大国であったスペインにいいがかりをつけて米西戦争を起こした。米国民の志願兵をまとめたフィリピン遠征軍が組織されることになり、父マッカーサー中佐は、そうした臨時の新編旅団を一つ、指揮することになった（米軍の制度では、旅団を指揮する者には、その間だけ「准将」の階級が与えられる）。

マッカーサーの父には、フィリピンの首都マニラがあるルソン島の独立派（指導者はアギナルド氏といい、その部下には後のフィリピン大統領となるケソン氏もいた）を、インディアンのように鎮圧してしまう期待がかけられた。

一八九八年の和平条約によってフィリピンがアメリカ領になると、アーサーはすぐに、全フィリピンの軍政長官に任命される。しかし、独立派の根強い抵抗は、いっこうにおさまらなかった（なお日本も一八九五年にフィリピンの対岸の台湾を領有し、アメリカ軍を意識しながら、殖民地経営を進めていた）。

共和党のマッキンリー大統領（一八九七〜一九〇一）は、対スペイン戦争を始めるにあたって、行政経験皆無だが非常に頭の切れる会社法の弁護士だったエリウ・ルートを軍務長官に抜擢（一八九九〜一九〇四）したことからも分かるように、軍政が理想的だとは思っておらず、連邦巡回控訴裁判所の首席判事であった四四歳のウィリアム・タフト（のちの共和党大統領）を、民政官（総督）としてフィリピンに送り込んだ。いれかわりに、五六歳のアーサーは一九〇一年に本国へよび返された。

アーサー・マッカーサー将軍は、議会に呼び出され、フィリピン人捕虜が大量に殺されている件について質問を受けた。「弾丸はコメより安い」との理由から、米軍は捕虜をとらなかったようである（J・W・ダワー著、斎藤元一訳『人種偏見』一九八七年刊）。

タフトは根っからの憲法学者だったので、そもそもアメリカがフィリピンを併合するのはまちがいだと思っていた。ふりかえるならば、「本国の国会に代議士を送る選挙権もないのに、本国へ税金をおさめる義務などない」としてイギリスに反乱を起こして独立したのが、アメリカ合衆国にほかならない。ところがアメリカ世論は、合衆国の州などよりもはるかに人口の多いフィリピン（第二次大戦直前には一九〇〇万人で、米本国人口は一億二〇〇〇万人だったという統計がある）に対し、合衆国連邦議会に代議士を送る権利を認めるつもりはないのだ。将来も絶対に「連邦内の対等の州」あつかいをする気はなくて、殖民地として多数の住民を永久に支配する計画のもと、独立闘争を武力弾圧しているのだ。これではイギリス帝国と同じであり、合衆国憲法の精神に反している、とタフトは考えざるを得なかった。インディアン殺しのアーサーと、憲法学者タフトの考え方は、出会いの最初から水と油だった。

フィリピン総督となったタフトは、現地人に同情し、経済を改善し、道路と学校を整備し、自治にも参加させた。

一九〇四年、共和党のセオドア・ローズヴェルト大統領は、自分の後継者として育てるために、タフトを国防長官（軍務長官）に任命した（日本では「陸軍長官」とよく訳されるのだが、それだと少し誤解が生ずる。なぜなら海軍長官とはいささかも同格ではなく、「セクレタリー・オブ・ウォー」の名が示すように、閣内では大統領に次ぐ、戦争指導権が与えられるからだ）。

タフト長官は一九〇五年に、アーサーを満州に送って、日露戦争を観戦させた。翌一九〇六年には、フィリピンに駐留する米軍（必要に応じてシナにも派遣される）の司令官に任命した。このとき、アーサーには中将の階級が与えられた。

ちなみに、米軍では、ながらく「中将」が最高の階級だった。というのは、米国の初代大統領のジョージ・ワシントンが米国独立戦争のときに中将にまでしかならなかったので、合衆国連邦議会は、米国軍にはヨーロッパ国軍のような「大将」や「元帥」は認めないことにするという伝統をまもろうとしたのである。

このユニークなしきたりのおかげで、逆に戦時には、連邦議会の承認のもとに、最適任者とおもわれる有能な将官を臨時に一〜二階級上昇させて大部隊の指揮をとらせ、戦争が終わったら元の低い階級（少将や准将《じゅんしょう》）に戻し、それにより、高級軍人といえども平和時に議会を無視できるほどの政治的な発言力は持てないようにするという機動的な人事が、米国では実現できた。

これに対し、わが大日本帝国憲法の下では、衆議院は陸海軍の将官人事に口出しなどはできなかった。国会は、せいぜい、平時の予算の審議を通じてしか国防国策に関与が許されなかった。議会が将官人事を監督できないとすれば、軍人は議会に向けてアカウンタビリティ（自己説明）を発揮する必要を感じない。いったん可決成立した軍事予算の使われ方や、始まってしまった非常事態（戦争や事変など）の指導方針を、国会がチェックすることは難しい。しかも、五〇歳前後で少将になっているエリート軍人が、さらに中将や大将になって大臣などにもなれるかどうかは、もっぱら、軍組織内の後輩の佐官（少佐、中佐、大佐）グループの中に支持（人気）が得られるかどうかによって左右されるようにもなってしまう。そのおかげで、三〇歳代末〜四〇歳代の無責任な部下たちが、日本の戦争コースを、じぶんたちが面白くなる方向へ誘導できたのである。

マッカーサー中将は、次の陸軍参謀総長（制服軍人の最高ポスト）の有力な候補者だった。しかし一九〇九年三月に大統領となったタフトは、ただちに他の者を参謀総長に任命した。六四歳のアーサーは六月に退役し、一九一二年、ウィスコンシン義勇兵連隊の戦友会の会場で、心臓麻痺を起こして死亡した。タフト大統領は一九一三年にイェール大の法学教授になり、ついで真の念願であった連邦最高裁判所長官となって一九三〇年に死んでいる。

さて、父のアーサーがマニラで対ゲリラ戦に従軍していた間、ダグラス・マッカーサーと母は、ずっとアメリカ本土に残り、ウェストポイント陸軍士官学校の受験準備を続けていた。

ダグラスには二人の兄がいた。長兄は、すでに海軍のはなばなしいエリート軍人になっていた。残念ながら、彼は第一次世界大戦で巡洋艦の艦長をつとめたあと、一九二三年に盲腸炎で急死する。また二つ年上だった次兄は、ダグラスが三歳のとき、五歳で病死していた。ダグラスは、自分が長兄を超えて出世するにつれて、いよいよ「運命論者」となった。

ダグラスが陸軍士官学校の入学試験に合格すると、母は学校のすぐ近くに家を建てて引っ越して来た。そこは、アーカンソー州とは何もかも違って見える「文明」圏であった。士官学校は、もちろん全寮制なのだけれども、ダグラスは夕方には欠かさずにその母の家に立ち寄った。

身長六フィート弱のダグラスは、フットボール（当時は防具が万全でなく、ときどき死人が出たが、それはアメリカを強くするための必要な犠牲であると東部の上流社会でも信じていた）にも活躍し、驚異的な成績で一九〇三年に士官学校を卒業する。そして、所属兵科としては、将来、文官や企業人に転身するときにいちばん有望である「工兵」を選んだ。

アメリカ陸軍工兵隊は、港湾や運河、州間幹線道などの大規模公共工事の際には、しばしばプライム・コントラクター（筆頭でうけおう事業主体）となる。プロジェクトごとに動かされる予算や人数は巨大であり、自治体や民間企業と交渉するマネージメント事務も多く、最先端の技術が動員される。したがって、工兵隊の将校として出世をして行くなら、もし定年までに大きな戦争が起きなかったとしても、自分の才能を腐らせずにすみ、退役後の再就職にも苦しまないですみそうであった。

新品少尉マッカーサーの最初の任地は、モロ族の銃弾が飛んでくるフィリピンだった。一九〇四年、そこで中尉に昇進。

一九〇八年から、陸軍の後方任務学校の教官をつとめ、一九一一年に大尉になり、メキシコのヴェラクルスへの遠征にも参加する。

一九一四年、第一次大戦が始まる。参謀本部（米軍にはながらくなかったが、米西戦争の折にルート軍務長官が新設している）に勤務していたマッカーサー大尉は、一九一五年に少佐になり、戦時の特急人事で、一九一七年には大佐になった。

その間、米国参戦のための徴兵と動員を準備し、みずからは、第四二歩兵師団の師団参謀長として、一九一七年にフランスへ渡った。大戦の終了年である一九一八年には、同師団に属する旅団長となってセダンで戦っている。米軍では旅団長には臨時的に「准将《じゅんしょう》」の階級が与えられる。その後、第四二師団長になり、そのポストにともなう臨時の階級が少将になった。マッカーサーは、この戦争が終わるまでに二度、負傷した。

たった二年たらずの間にフランスに派遣された米陸軍は二〇〇万に達する大集団であった。その米陸軍を現地でたばねた司令官のジョン・パーシング大将には、連合国の英仏軍の元帥たちとの政治的なバランスをとるために、一九一九年九月八日に「General of the Armies of the United States」という、元帥相当の特別な階級が贈られている（英国では元帥は「フィールド・マーシャル」という）。パーシングは一九二四年に陸軍を退職した後、一九四八年に死ぬまで、この特別な階級で呼ばれる名誉を保持した。

マッカーサーは、占領軍の将校として、敗北したドイツに数ヶ月間とどまったあと、一九一九年に帰国し、士官学校長に任命された。平時なので階級は一挙に大佐に逆戻りだが、翌一九二〇年、平時常備軍の准将に昇進した。

第一次世界大戦は、文明世界の最後の大戦争だと、米国内では思われた。ヨーロッパ派遣軍の引き揚げと復員、国内での工業動員の解除、そして、常備軍の予算削減……。大戦争直後の陸軍士官学校は、目はしの利く若者には、魅力的な「登竜門」とはとても映らなかった。そんな難しい時期に、マッカーサーは校長となり、一九二二年には結婚した。四一歳まで独身でいた理由は、彼のマザコンとは関係なく、エリート将校が結婚を考える大尉のときにちょうど第一次大戦の激動に巻き込まれてしまったためであっただろう。相手は東部の名門、大金持ちの銀行家の娘で、離婚歴があった。

マッカーサーは、一般大学の学生がウェストポイントで取ることのできる交換単位の世間的な評価を、十分な水準に高めるようにした。

一九二五年に平時常備軍の少将となり、一九二六年のウィリアム・ミッチェル准将の軍法会議（航空第一主義を叫び、米軍首脳を無能・無責任よばわりした罪を問う）では、ミッチェルを追放することに賛成したようだが、その軍法会議の記録はまだ非公開だ。

軍縮で行き場のなくなった資金が民間の新事業の投資先を求め、金融資本市場が発達しつつあったこの時期に、マッカーサーは再びフィリピン駐在を命じられる。マッカーサーには、マニラで対ゲリラ戦を指揮する仕事が、ワシントンでの使い走りよりも愉快であった。だが、東部のリッチな社交界で育った妻は、一九二八年の本国のバブル（金融好況）を、友人たちと楽しむことができない遠国暮らしには、がまんができなかった。ついに一九二九年、妻の方からマッカーサーを離縁した。子供は生まれていない。

米国経済が大恐慌に投げ込まれ、おびただしい失業者を生じていた一九三〇年、フーバー大統領はマッカーサーを、史上最年少の陸軍参謀総長にした。同時に「四つ星」の臨時の階級章も与えられた（他国の「大将」に相当）。この時点でマッカーサーは「中将」にはなっていなかったから、もし、すぐに参謀総長を辞めたとすれば、また少将に戻るのである。すでに述べたように、このような風通しの良い高級将官人事の制度が、組織としての米陸軍をして、大統領や連邦議会に対する責任意識を強めさせていた。

一九三二年の夏、首都ワシントンに、みすぼらしい格好をした「ボーナス・マーチャーズ」がやってきた。それは、第一次大戦で徴兵された人々が、大不況でまったく就職先がなくなって生活に困り果て、政府に対して生活補助金の特別支給を求めた、大規模なデモ行進だった。彼らはフーバー大統領にイヤガラセをするかのように、公園にテントを張って居座り、アメリカの首都風景をホームレス村に変えた。

アメリカの会社では、単純労働者については、「ラスト・ハイヤード、ファースト・ファイヤード」という原則があった。「いちばんあとに雇われた」者が、不況のときには「いちばん先にクビにされる」のだ。勤続年が長い労働者ほど、不況時にもクビにはされない権利を有した。

第一次世界大戦に一九一七年から参戦したアメリカ合衆国は、一九一八年にはヨーロッパへ二〇〇万人もの将兵を派兵している。翌一九一九年にはさらに二〇〇万人を増加する予定で、大規模な若者の徴兵が行なわれた。その徴兵に応じたために、民間会社に就職するタイミングが一年から数年も遅れてしまった男たちは、自分たちが三〇歳代になっている一九二九年からの大不況下では、「勤続年が同僚より短い」という理由により、徴兵されなかった労働者よりもクビを切られやすかった。一般の米国民は、この失業者たちに同情的だった。

フーバー大統領は同情をしなかった。大統領はすでに、コロラド河に巨大な「フーバー・ダム」を建設して付近一帯も総合開発し、その多目的公共事業で失業者に仕事を与え、失業者がいろいろな物を買えるようにして、アメリカの景気全体を回復させて行くという合理的な施策を打ち出していた（いうまでもなく、次のフランクリン・ローズヴェルト大統領のＴＶＡとは、このフーバー政権のマネをしたにすぎない。が、弱者に同情するポーズを演出する腕前が、後任者の方にはるかにあった）。

「テント村をぶっこわせ」という大統領の命令が、一九三二年七月に、参謀総長のマッカーサーに対して下される。マッカーサーは、騎兵部隊を出動させ、大統領命令を忠実に実行した。このとき、軍務長官（すでに述べたように、これは戦前の日本の陸軍大臣とは異なって、海軍長官と同格ではなく、海軍長官よりもはるかに地位が高く、戦時には大統領の次に権限が大きかった）の補佐をする幕僚についていたのが、未来の大統領となるアイゼンハワーであった。

この一件で、マッカーサーは、全国的に有名なヒール（悪役）となってしまう。陸軍そのものの国内的な人気も、地におちた。

民主党のフランクリン・デラノ・ローズヴェルトは、大不況下の大統領選挙で現職のフーバーに圧勝した。異例にも、新大統領は、参謀総長を自分に忠誠な新人とは交替させないで、マッカーサーに対し、そのまま続投を命ずる。これによりマッカーサーは、米軍史上でいちばん長い五年弱、参謀総長のイスに座らされることになった。ローズヴェルトは、米陸軍の予算を自分の任期中にさらに削らねばなるまいと考えていた。そのためには、共和党系のマッカーサーを「仇役」として制服軍人の頂点に据えておくのが好都合だと考えたのだろう。新予算案に対して抵抗を試みるであろう陸軍を、大衆の支持を味方にしつつ大統領が押し切るためには、新聞報道上の対立図は、できるだけわかりやすくなくてはいけない。マッカーサーは大衆の敵であり、ローズヴェルトは大衆の味方だから、陸軍予算は削られるべきなのだと、大衆に理解させやすかったのだ。

五五歳を迎えるマッカーサーは、一九三五年、選挙で二期目の続投も決めたローズヴェルト政権から参謀総長職を解任され、現役陸軍少将に戻り、その身分のままで、フィリピン殖民地の軍事顧問として派遣された（そのときの軍務長官はダーンで、一九三六年にウッドリング、一九四〇年にスティムソンとかわる）。

同年、フィリピンは名目的な自治権を与えられる（それ以前には、ルート軍務長官が考案した統治憲章で、わずかに自己決定権が許されていた）。初代の大統領は、かつてマッカーサーの父アーサーが軍隊で追い回した独立軍の闘士、マニュエル・ケソンであった。

ちなみに、このときアメリカが押し付けた「フィリピン憲法」の戦争放棄条項こそは、第二次大戦後に日本政府が押し付けられた「マッカーサー憲法・第九条」の先行モデルだ。マッカーサーは参謀総長としてフィリピン憲法の草案から確定まで関与すべき立場にあり、ほとんど条項をそらんじていたから、一九四六年に日本人のために押し付け憲法の骨子を一晩で書くのも、かんたんなことだったのだ。

ケソン大統領は、アメリカ国籍のままである雇い人マッカーサーに対して、さらに「フィリピン軍元帥」の階級を特設して、進呈せねばならなかった。フィリピン国軍隊の実態がまだ存在しないにもかかわらず、将来のフィリピン人の最高階級の将官よりも明白に上位である権威を誇示する必要を、マッカーサーとしては感じたのである。

ケソン大統領は、この名のみの「元帥」閣下に、あきれるほどの高給も支払わさせられた。法的には現役米陸軍少将にすぎないマッカーサーは、近代先進国の職業軍人としては空前絶後の年俸を、フィリピン政府からむしり取った。そして王侯貴族のように暮らすあいだに、同地で、二番目の妻を迎える。このテネシー人の妻との間には、息子が生まれた（軍人にはされず、コロンビア大学を一九六一年に卒業して、後に駐日大使にもなった）。

アメリカ政府の許可を得ることなく、マッカーサーは勝手に「元帥制帽」をデザインして着用し（第二次大戦中もこれを無許可で着用し続けた）、火皿がとうもろこしの穂（corncob）でできているパイプとサングラスを自分のトレードマークにした（英語では「コーン」はとうもろこしの粉でできた食品を連想させるため、「コーンパイプ」ではおかしく聞こえる。「コーンコブパイプ」でないと意味は通じにくい)。

一九三七年、マッカーサーは、上司である軍務長官から、本国への転勤を命ぜられた。

この年のローズヴェルト政権の方針は、アメリカ大衆世論に徹底的に迎合した「軍事的ひきこもり」である。つまり、ヨーロッパやシナで近い将来にどんな大戦争が起きようと、そこへアメリカは干渉せず、少数の海軍部隊や陸軍航空隊を送る可能性は残すけれども、第一次世界大戦のように陸軍の地上部隊を投入するようなことは絶対にいたしません、とちかうものであった。マッカーサーは、そのような空気のワシントンに戻って少将の安月給で定年退職させられるのは、まったく面白くもないと考え、五七歳で自発的に米軍の現役を退き、そのまま、フィリピン軍の専属顧問に天下った。これをワシントンも、だまってみとめた。フィリピン人には、いい迷惑だった。

一九四〇年春にパリが陥落し、欧州情勢が劇的に変化する。もしヒトラーが西方のフランスに続き、東方のソ連をも打倒してしまえば、全ユーラシア大陸は、ドイツのものになってしまうだろう。全ユーラシアの工業力ポテンシャルはアメリカをしのぐので、その次にはアメリカ大陸がドイツに侵略されるだろう。もはや「軍事的ひきこもり」をしている場合ではなくなった。民主党員であるローズヴェルト大統領は、共和党員のスティムソンを重要閣僚の軍務長官にむかえるなどして、全米を一つにまとめにかかった。議会も、史上空前の海軍増強予算を承認した。

一九四一年六月、ヒトラーはついにソ連に攻め入った。アメリカはどうしてもソ連を助けなければならない。ということは、アジアでは、去年からドイツと同盟している日本とは、敵対せざるを得ない。

アメリカはそれ以前から日本の暗号通信を解読し、外務大臣の松岡洋右が、独ソ戦のさいには日本もソ連を攻撃するという約束をヒトラーにしているのではないかと強く疑った。もし本当にそうなれば、ソ連はおしまいであった。

じじつ、日本の参謀本部は七月二日に「関特演」という対ソ動員を開始した。ローズヴェルト大統領とその中核閣僚は、日本を背後から牽制するために、フィリピン軍を動員させねばと考えた。日本軍が南部仏印（いまのベトナム南部）に進駐しようとする動きに対し、七月二六日にローズヴェルト大統領は厳しい対日禁輸措置を決定し、その同日付けで、マッカーサー顧問も、米陸軍現役に復帰させられた。

フィリピン元帥にして退役米陸軍少将であったマッカーサーは、巨大な動員予算を与えられ、また、平時の米陸軍中将の階級と、米陸軍の極東司令官のポストも与えられた。当時の世界最強の重爆撃機で、ルソン島から台湾を空襲できるB－17も、できるだけ多数がフィリピンに送られることになった（B－17の最初の太平洋展開は一九四一年五月一三日で、計二一機のD型がカリフォルニアのハミルトン基地を離陸し、一四時間後にヒッカム飛行場に降りた。ルソン島への最初の配備は、一九四一年九月の九機であった）。一〇万人以上のフィリピン人からなるフィリピン国軍が、すべてマッカーサー中将の率いる米陸軍の下に、編合された。しょせん、戦前のフィリピンとは、アメリカ人の支配者から偽憲法をあたえられた一植民地にすぎなかったのだ。

日本政府（近衛内閣）は一九四一年九月に、対米開戦プログラムをスタートさせた。次の東条内閣も、このプログラムを停止しなかった。

ローズヴェルト大統領は一一月一四日、過去一五年間も上海に駐留していたアメリカ海兵隊の八〇〇名に対し、フィリピンに移動せよと命令した。彼らは一二月一日までにマニラ湾に輸送され、それ以前からフィリピンの港湾や無線施設を守るために配備されていた七〇〇人の海兵隊に合流した。フィリピンのほとんどの米軍家族は、真珠湾攻撃の前に本国へ引き払っている。

一一月二六日、日本の主力空母艦隊が千島列島の停泊地から東方に向かって出港した。アメリカ政府はこの情報をリアルタイムで正確につかんでいた。マーシャル参謀総長は一一月二七日、フィリピンのマッカーサーを含む、すべての米軍の司令部に、日本軍の攻撃が近いと警報した。

マッカーサーは、受領した一〇七機のP－40戦闘機と三五機のB－17重爆撃機のすべてを、台湾から最も近いルソン島のクラークフィールド飛行場に集めていたが、航空部隊からのたびかさなる要求をしぶしぶ受け入れて、B－17は南方のミンダナオ島に退避させることにした。だが一二月八日時点では、まだ一七機がクラークフィールドに残されていた。

ルソン島の近海での日本機の偵察行動は、一一月下旬から活発であった。フィリピンの米軍は、レーダー基地もひとつ運用していた。

真珠湾攻撃の前夜、マッカーサーのホテルの宴会場ではパーティが開かれ、B－17のクルーも夜二時の閉会まで酒を飲んで騒いでいた。彼らは翌日、ミンダナオへ移動することになっていた。

夜中の三時四〇分（とマッカーサーは自伝に書いているが、それより一〇分～数十分早かった可能性がある）、ワシントンから長距離電話が入り、真珠湾が空襲されたことを、マッカーサーは伝えられた。被害についての詳報はなかった。

マッカーサーは、日本軍はハワイ沖で逆にひどい目にあって撃退されたに違いないと、人種差別的な先入観から勝手に判断をした。

翌朝の九時半、米軍偵察機が、日本の爆撃機がルソン島に向かって飛んでいると知らせてきた。この編隊を迎えうつためにクラークフィールドから戦闘機隊が発進したが、接触できずに帰ってきた。マッカーサーは、ますます日本軍の無能ぶりを確信し、こちらから逆に台湾にある日本軍基地、または近海の空母を爆撃するための偵察攻撃の準備にとりかからせた。

そこへ、日本軍の大編隊が到達した。戦闘機の一部は緊急発進できたが、準備に手間のかかる四発爆撃機はどうすることもできずに地上で破壊されてしまった（残余の米軍機は一二月一〇日にオーストラリアへ退避）。

日本軍の編隊に単発戦闘機が護衛でついてきたのも、アメリカ軍人には不意打ちで、わけがわからなかった。というのは、アメリカ軍の単発戦闘機は航続距離が短く、台湾まで往復作戦することはできなかったので、敵もそうだろうと思い込んでいたのである。何年も前からシナ空軍のスタッフとして派遣されていた米軍人シェンノートは、日本軍戦闘機の航続力の大きさについて、アメリカ本国に正確な情報を送っていたのだが、高級軍人の誰も、そんな報告書をまじめに読む気はなかったのだ。

マッカーサーも、フィリピンを空襲した日本機のパイロットは日本人ではなくて、白人の傭兵だと言い張った。彼は米国東部の名門社会における自分の将来の名声にのみ興味があり、インディアンや東洋人には、基本的に興味がなかった。

ただちに本国政府は、マッカーサーに、戦時の大将の階級を与えた〈戦争が終われば中将に戻される〉。

フィリピン群島に展開していた米軍は全部で二万人弱。あとは頼りにならないフィリピン軍兵士だった。フィリピン軍兵士は全部で一〇万人以上が動員されたが、その半分は訓練が不良で、残りの半分はほとんどまともな訓練をうけていなかった。

彼らが使いものにならぬその責任は、建軍いらい顧問として君臨してきた「元帥」マッカーサーにあるのだった。味方の航空戦力が初日に全滅したのも、現地司令官のマッカーサーが油断をしていたからである。バターン半島で有利な陣地防御ができなかったのも、マッカーサーが日本軍をバカにして、あらかじめ塹壕陣地を掘らせておかなかったからである。まさか日本軍にマニラから追い出されるとは、夢にも思わず、一九四一年の四月までに、もらった動員予算に見合った体裁だけ整えれば良いと、彼は楽観していた。

各地で大苦戦に陥ったマッカーサーは、〈米本土から大規模な援軍が向かいつつある〉と出まかせを言って、部下将兵を勇気づけようとした。

フィリピンを一時的に放棄してもソ連支援に全力をかたむけるというのが米政権の

大方針だったから、ローズヴェルト大統領は、このマッカーサー発言の新聞報道を見て、内心で腹を立てた。もしアメリカの有権者がマッカーサーの口車に乗せられて、〈フィリピンをすぐに全力で取り戻せ〉などと政府に要求したら、その結果、全ユーラシアはドイツのものになってしまうのだ。物には順番があるはずだ。

一躍、全米の注目する前線将軍となってしまったマッカーサー大将を、ローズヴェルトとしては、日本軍の捕虜にさせるわけにはいかなかった。以前の陸軍制服組のトップで、しかも大将である者を敵軍に捕虜にされるなど、アメリカ史の永遠の恥である。またもしマッカーサー自身が捕虜になるのを嫌って戦死でもしたら、これまた国内的には大騒ぎとなり、ローズヴェルト政権の「ドイツ打倒を優先」という大方針が、世論の圧力によって、崩されてしまうかもしれなかった。

一九四二年二月二二日、バターン半島で後退を続けているときに、マッカーサーはローズヴェルトからの命令を受けた。部下を捨ててオーストラリアへ脱出せよ、というのだ。

妻、四歳の息子、そしてシナ人の女中一人をともなって、マッカーサーは魚雷艇（全フィリピンで六隻あり、他には二九隻もの潜水艦もあった）に搭乗。ミンダナオでB－17に乗り換えて、オーストラリアまで逃れた。日本海軍の駆逐艦にはレーダーはなく、暗夜の多島海で小型高速艇を捕捉することはできなかった。

ウェインライト中将が、フィリピンの現地指揮権を委譲された。無名の臨時中将が捕虜になるのは、シンガポールでパーシバル英陸軍中将がすでに日本軍の捕虜とされているから、もはや許容範囲である。残る一万一〇〇〇人の米軍将兵とともにコレヒドール島にたてこもったウェインライト中将は、戦前からやせ細っていたが、一九四二年五月に、食糧が尽きて降伏した。

マッカーサーはすぐにも自分に大軍が与えられてフィリピンを取り戻す作戦が行なわれるべきだと考え、またワシントンの政界にそうさせる圧力をかけるために、オーストラリアにとどまり続け、米本国に戻ろうとしなかった。一人で逃亡した将軍として、国民にあわせる顔もなかったであろう。

ローズヴェルト大統領は、世論をなだめるために、マッカーサーを太平洋地区での連合軍の最高司令官に任じ、また議会には、バターン半島の防衛戦を勇敢に指揮した功績に対してマッカーサーに「議会名誉勲章」を贈ってもらうよう、工作をした。この授賞は四月に行なわれ、親子でこの勲章を受章した初のケースになった。

一九四二年末は、ガダルカナル島の戦いと、ポートモレスビーをめぐるニューギニア山地の戦いで暮れた。豪州兵と米軍機を相手とするニューギニアの日本軍の山越え作戦は失敗し、翌一九四三年二月には、ガダルカナル島の日本軍も駆逐艦で撤収した。

ドイツのユーラシア支配を防ぐため、ほとんどの資源をソ連とイギリスへの援助に向けてきたアメリカ政府は、ようやくこの時点で、東京までの太平洋反攻作戦を検討する気になった。

たちまち、オーストラリアのマッカーサーと、太平洋方面の全艦隊をあずかっていたハワイのニミッツ提督との間で、路線論争が起きた。一九四二年六月にミッドウェー海戦で太平洋初の大勝利をあげたのは米海軍であり、またガダルカナル島の日本軍を撃退したのも、ニミッツ配下の海兵隊だったから、ニミッツの発言権は小さくなかった。

マッカーサーの頭の中は、フィリピンを奪回することしかなかった。ニューギニアからまっすぐミンダナオに北上し、つづけてルソン島を取り返すのだ。ルソン島に上陸して日本軍を負かしてみせなければ、フィリピン人に対する支配者としてのアメリカ合衆国のメンツは回復できない——と主張した。さらにマッカーサーは、フィリピンの次には、シナ大陸に米陸軍を上陸させ、その大軍の指揮をとることも夢みた。

ニミッツは、そんなのはわざわざ敵の守備隊が大勢いるところにアメリカ兵をぶつけていく愚策であり、それよりも、敵の守備隊の少ないマリアナ列島を攻め上って、ルソン島などは迂回してしまい、いきなり台湾に上陸すれば、フィリピンの日本軍はぜんぶ遊兵（孤立して戦争に何の協力もできない無駄な軍隊）と化すだろう、と主張した。ルソン島を占領しても台湾海峡（台湾とシナ本土の間の水域）は封鎖できない。しかし台湾を占領すれば、バシー海峡（フィリピンと台湾の間の水域）と台湾海峡の二大チョーク・ポイントを空から封鎖してしまえる。すなわち、日本と東南アジアの海上輸送は完全に遮断されるのである。

米国指導部は、一九四三年五月に、ニミッツとマッカーサーのどちらかの路線には絞り込まないことを決定した。すなわちニミッツの海軍と海兵隊はマリアナ北上をめざし、それとは別コースで、マッカーサーの陸軍はフィリピンをめざせばよい、とした。米国には、それだけの余裕があった。

一九四四年六月、マリアナ列島の経済的中心であったサイパン島に、ニミッツの海兵隊が上陸し、日本軍の守備隊は、その兵員数のわりには、微弱な抵抗しか見せなかった。また日本海軍がマリアナを防衛するために大がかりな反撃に出てきたものの、あっけなく返り討ちされて、日本の空母搭載航空戦力は全滅した。もはや日本軍は弱すぎ、アジアでのアメリカの勝利は絶対確実だと思われた。しかしこの時点ではまだ、マッカーサーの陸軍はフィリピンへ手が届いていなかった。ニューギニアで手間取っていたのだ。

七月、ローズヴェルト大統領はハワイにマッカーサーを呼びつけ、自分の面前でニミッツと路線論争をさせた。マッカーサーはおとなしく理路整然と語った。そして、アメリカ軍は、マリアナの次に台湾に向かうのではなく、フィリピンをこそ奪回すべきである理由を、大統領とニミッツに納得させた。

一〇月、マッカーサーの陸軍は、フィリピン群島南端のミンダナオ島をバイパスして、群島の中部のレイテ島へ上陸した。日本海軍は残存の主力艦をかき集めて反撃をこころみたが、レイテ沖で連合艦隊は実体を消失した。

一九四四年の秋から終戦までに、フィリピンでは四〇～五〇万人前後の日本兵が死んでいる。米軍の戦死者は二万人強であったらしい。他の戦場とは異なり、なぜか、フィリピン戦での米兵の死者の正確な数字は、判明しない。これはマッカーサーが、ニミッツが主張したようにミンダナオから直接に沖縄へホップすることができたにもかかわらず、自分のメンツにこだわってレイテやルソンなどにも上陸した結果、比島人と米軍に大量死を強制したという非難を免れるための工作がなされたためかもしれない。

一一月、ローズヴェルトは大統領選挙に勝ち、異例の四期目の続投を決めた。すでにヨーロッパではフランスに上陸した米英軍がパリを解放しており、スターリンは演説の中で日本を侵略国と呼んだ。つまり、ドイツの敗北は必至となり、そのあかつきには、こんどはソ連が日本と敵対することが予告されたのだ。

ヨーロッパでドイツを占領しようとしていた連合軍のうち、アメリカ軍だけが「元帥」の階級を最高司令官に与えていなかった。しかし、これからドイツの占領政策を現地で相談するときに、アイゼンハワー大将の公式の席次が、英軍のモントゴメリー元帥やソ連軍の元帥より低くされてしまうのでは、やりにくくてしようがないと予見された。

アイゼンハワーを臨時の元帥にしなければならない。が、そうなると、その上司である参謀総長のマーシャルが大将のままではおかしいし、かつてアイゼンハワーの上司であって、有名な太平洋方面の最高司令官であるマッカーサーが大将のままというのも、アジア軽視のように見えるので不都合であろう。そこで米議会は、一九四四年一二月一六日付でジョージ・マーシャルが元帥に、また一八日付でマッカーサーが元帥に、また二〇日付でアイゼンハワーが元帥になることを認めた。なお、前にも述べたように、米陸軍の元帥は「フィールドマーシャル」とは言わず、「General of the Army」と呼ぶのである。

おびただしいフィリピン住民をまきぞえにして、マニラが米軍に確保された一九四五年二月までには、米軍の次の侵攻目標は沖縄、その次は九州と決められ、台湾やシナ本土へは米軍は上陸しないことになった。じつはこの時点でもう、二種類の原爆が完成しつつあったのだが、マッカーサーはアメリカ本土で進行していた原爆開発計画について、一言も知らされてはいなかった。副大統領だったトルーマンすら、ローズヴェルトが四月一二日に急死して自分が大統領に昇格したときに、部下のスティムソンから新兵器がもうじき完成すると説明されて、初めて知ったぐらいなのだ。

マッカーサーはマニラを動かず、そこから沖縄戦の指揮をとった。マッカーサーは、日本本土上陸作戦で、自分のキャリアをしめくくるつもりであった。かつての部下のアイゼンハワーが、フランス上陸作戦でヒーローになったのは、マッカーサーにはねたましくてならなかった。

沖縄戦は五月に入ると米軍の前進速度が鈍っている。日本本土上陸作戦のためには、ぼうだいな戦力集積が必要だから、マッカーサーとしては沖縄の完全占領をあまり急いでもしかたなかったのだが、「ゆっくりやれ」という大きな指示は、マッカーサーよりも上級、つまりワシントンから出されていた。

トルーマン新大統領の出身地は、アーカンソーの北隣、やはり未開で遅れたミズーリ州だった。ローズヴェルト、スティムソン、ハルといった、生まれながらに東部のエリート層に属した名門グループに対して、彼はマッカーサーと同様の「いなか者コムプレクス」を抱いていた。なにしろ、部下の軍務長官であるスティムソンが進めていた大規模な原爆開発プロジェクトからも、トルーマンは最初から仲間はずれにされているのだ。「子供のときから数学の家庭教師をもたなかった田舎者には、アインシュタインの高度な核物理学など分かるまい」と馬鹿にされているようだった。

トルーマンは、こうなったら、世界のどの戦争指導者もやったことがない業績を自分が世界史にきざみつけてやるのだと決心した。すなわち、地上軍や海上封鎖や同盟国の包囲の圧力によるのではなく、大統領が直接に爆撃機に命令して投下させる新兵器・原爆によって、敵国を降伏させてみせよう——と。

七月のアメリカ西部の砂漠での原爆実験成功は、マッカーサーには知らされなかった。八月六日の広島への最初の投下の一〇日前から二週間前に、戦略空軍司令官のカール・スパーツ将軍は、マッカーサーに口頭で、新兵器が使われるであろうことを予告した。

長崎に二発目が落とされた翌日の八月一〇日に日本政府は降伏を決め、マッカーサーは日本を占領する連合軍の最高司令官に任命された。一九日に、日本海軍の双発機がマニラに飛来し、マッカーサーのスタッフと、降伏手続きについて相談した。

八月三〇日、マッカーサーは神奈川県の厚木の海軍飛行場に、自分の専用機「バターン号」で着陸した。厚木は、相模湾の北にある。あの原爆さえ登場しなければ、九州に続いてこの相模湾に、ヨーロッパ戦線から転用した部隊も投入する大規模な上陸作戦が実施されて、厚木飛行場は最初に占領されるはずのところであった。

ひとたび大統領に就任するや、トルーマンは名実ともに最高権力者になっていた。米海軍は、新大統領のきげんをとるために、わざわざ「ミズーリ」の州名がついた戦艦を九月二日の横浜沖での降伏調印式の場として回航する。

マッカーサーはそこで短い演説をし、日本でのキリスト教布教の希望を口にした。この九月、東部エリートの長老であるスティムソンも、ついにトルーマンからお役御免を言い渡される。原爆は、トルーマンだけのものでなければならなかった。

マッカーサーは、東京の米国大使館の中に豪華な住居をあてがわれ、皇居のお堀ばたの第一生命ビルで執務した。なお、のちの朝鮮戦争の指揮も、すべてこの第一生命ビルでなされたのである。

いうまでもなく、ソ連を日本の占領に参加させないといった結論をマッカーサーのレベルで決められるわけはなく、大きな指図は、すべてホワイトハウスから送られてきた。

しかしホワイトハウスも一枚岩ではなく、内部に暗闇があった。ローズヴェルト時代に出世した国務省の関係者の中に、多くの「ソ連びいき」が植えつけられていたことが、トルーマン政権の戦後世界経営を混乱させそうであった。

一九四六年一月二二日、マッカーサーは「極東国際軍事裁判所条例」を布告した。ナチスを裁いたニュルンベルク法廷とは異なり、日本人を裁く東京裁判では、マッカーサー元帥ひとりに管理権限があるのだぞ、と宣言したもので、これによってトルーマン政権は、日本の占領方針へのソ連からの影響を、最小限に食い止めようとしたのである。

三月、「ジェネラル・オヴ・ズィ・アーミー」の階級は、臨時のものではなく、恒久的なものとなった。つまりマッカーサーは、将来、日本と連合国のあいだに媾和条約がむすばれて戦争状態が終了したあとも、死ぬまで「元帥」の肩書きを名乗ってよく、自主的に退役しない限りは、現役軍人としての俸給ももらえることとなった。

（アイゼンハワーは大統領に就任していた期間だけ自主退役し、大統領を辞めたあとに再び元帥に復帰している。これは米憲法が、軍の将校が現役のまま米国大統領の職務を執行することを許さないからである。彼の元帥復帰にも、議会の承認が必要であった）

一九四七年、マッカーサーは、米国の極東軍の最高司令官に任命された。

一九五〇年六月、朝鮮戦争が始まった。米国政府は韓国防衛を重視しない姿勢をあからさまに示しており、それが北からの侵略を招いてしまったのだ。

韓国には、約一〇〇〇人の米軍人が顧問として駐在していた。彼らの家族が、まず救出された。

七月、マッカーサーは国連軍の総司令官を命じられる。

ときどき、彼専用の四発輸送機「バターン号」で羽田や立川を飛び立ち、在韓の指揮官たちと会合した。

一〇月一〇日、トルーマンはウェーク島に飛び、そこでマッカーサーと会った。マッカーサーは、シナやソ連は介入しないと断言した。

一〇月末にこの戦役で唯一の空挺作戦が実施された。すなわち平壌の北の二箇所に米陸軍の空挺部隊を降下させたのだ。同時に地上軍が鴨緑江めざして進んだ。

ところがなんと三八度線の南側でシナ軍が発見されたのである。かれらは一〇月一六日に鴨緑江を超えていたのだ。マッカーサーの情報参謀はこの上ない大失態を演じたといえよう。

一一月第二週以降、シナ軍と米軍はフルスケールの戦争に突入した。ソウルは再び敵軍に占領された。マッカーサーはその冬、「新しい戦争」と呼び、春には、シナ策源の爆撃を願うようになる。

在郷軍人会へのメッセージの中で、マッカーサーは自己弁護するとともに、マーティン下院議員（共和党、マサチューセッツ州）に手紙で答えるという形で、今の政府のやり方では戦争には勝てない、と罵倒をした。

一九五一年四月、マッカーサーは、極東での指揮権を剥奪された。そのときトルーマンは、マッカーサーは反憲法的だと示唆した。

四月一七日、サンフランシスコに着いてから、町々で歓迎され通した。

同年に、連邦議会（上下合同）で演説した。その最後は「古参兵たちは決して死なない。ただ、消え去るのだ」という陸軍の歌の引用であった。

一九五二年の共和党の大統領候補者指名が、とりあえず世人の興味の焦点だった。マッカーサーの発言は一々注目された。が、指名はアイゼンハワーのものであった。

一九五二年八月にマッカーサーは、ニューヨークのパークアベニューの高級ホテルに民間人としての住居を定め、電機メーカーの会長になった。なんとホイットニー准将は、この再就職でも、マックの腹心としてつきしたがっている。

ジョージ・マーシャルが一九五九年に死んだことにより、マックは米軍の最先任大将となり、名実ともに「ジェネラル・オヴ・ズィ・アーミー」になった。

トルーマンにクビにされてからのマッカーサーは、フィリピンには、たった一度、旅行をしたのみだった（一九六一年）。その前年には、前立腺の手術を受けている。

マッカーサーは首都ワシントンで、一九六四年四月に死去した。

一九四六年以降、「フィリピン元帥」なる階級はなくされており、今後も、フィリピンがとてつもない大戦争にでも突入せぬ限りは、復活の見込みはない。

Q　フィリピン奇襲とその奪回は、どのように実行されましたか。

A　フィリピンは七〇〇〇の島からなるが、人口の九割は、一一の島に住んでいた。大都市は、マニラを筆頭として、セブ、ダヴァオ、ザンボアンガがあった。
クラークフィールド空軍基地は、マニラの北約八〇kmにある。もともとは、騎兵部隊の駐屯地だった。

一九二二年のワシントン条約のおかげで、これらの島は無防備状態だった。ただ、マニラ湾をまもるコレヒドール島だけが、しっかりと要塞化された。

一九三五年一二月二一日、フィリピン自治機構は、自衛法（the Philippines National Defense Act）を可決した。一万人の常備軍と、四〇万人の予備・後備をおくことが、計画された。

そこに一九三七年、マッカーサーがやってきた。マッカーサーは、フィリピン兵をアメリカ将校が指揮する「Philippine Scouts」をつくった。全フィリピン軍のうち一万人強がこのスカウツで、かろうじて使い物になる軍隊といえた。

一九四一年に更新された「合衆国陸海軍合同戦争基本計画・オレンジ」によれば、もしフィリピンが日本軍から攻撃されたら、守備隊はバターン半島に退却し、さらにコレヒドール島に立て籠もることになっていた。一九二六年に最初のウォー・プラン・オレンジがつくられたときから、この方針は不変だ。

バターンの回りには、コレヒドール以外にも巨砲を備えた島があったので、海からはアプローチはできない。半島はジャングルと火山岩性の錯雑地形で守りやすいと見込まれた。そこで六ヶ月もちこたえれば、アメリカ海軍が救援にかけつける手筈であった。

しかし、ローズヴェルト大統領は、国民には秘密のうちに、英国のチャーチル首相との間で、「ヨーロッパ第一主義戦略」に合意した。すなわち太平洋では何がおきても当面は防御だけにする。まず全力で欧州の枢軸国を倒そうという確約であった。フィリピンは放棄されることになっていたのだ。これは、開戦後のマッカーサーにもフィリピン政府にも知らされることはなかった。

一九四一年六月、松岡洋右がドイツと対ソ戦の約束をしたようだと情報分析したローズヴェルト大統領と中核閣僚は、日本を背後から牽制するため、フィリピン軍を動員して米軍に統合することにした。実施は七月で、関特演と併行している。

日本軍が南部仏印に上陸したあとの一九四一年七月二六日、ローズヴェルトは、日本船舶のパナマ通航を禁止し、石油等の対日輸出を禁止した。同じ日に、マッカーサーは現役復帰させられる。

マッカーサーは日独ソ関係の重要な情報も与えられぬまま、動員予算を与えられた。ほとんどの兵力は、ルソン島とミンダナオ島に展開された。

七月、本国のアーノルド少将は、フィリピンの空軍力を強化せねばと提案し、マーシャル参謀総長は同意した。かきあつめられるだけのB－17を大至急フィリピンに送ることになった。マッカーサーは一〇〇機のB－17を求めた。新型のB－17D型があれば、フィリピン防衛はもう万全だと思っていた。

一九四一年九月一二日に、最初の九機のB－17（C型とD型）がハワイのヒッカムフィールドからクラークフィールドへ送られた。ただ、四発機の整備は、クラークの隣のデルモンテ飛行場のみで、可能だった。このためミンダナオへの疎開も、簡単ではなかったのだ。

けっきょく開戦時には、一〇七機のP－40戦闘機と、三五機のB－17が、フィリピンには存在した（一二月七日に可動したのは、それぞれ五四機と三三機だったという）。台湾の日本軍の飛行場も港も、マッカーサーのB－17の爆撃半径に入っていた。一〇月の時点でマッカーサーがマーシャル参謀総長に送った報告によると、一三万五〇〇〇人の部隊、各種の二二七機の軍用機が揃い、守っても攻めても強力だとマッカーサーが太鼓判を押していた。

そのうち「真水」のアメリカ軍は三万一〇〇〇人であった、とも、水兵や海兵隊を含めて一万九〇〇〇人であったともいう。陸軍には、全米の州兵のよせあつめである、第一九二および第一九四戦車大隊もあった。またフィリピン軍は六万人いたが、うち、使えるのは一万二〇〇〇人のみであったともいう。

在比航空隊の総指揮をとるため一九四一年一〇月にフィリピンに着任したルイス・

H・ブレトン少将は、驚いた。マッカーサーは空軍力を臨戦体制に維持するための配慮を何もしておらず、スペアパーツも、訓練された整備員も見当たらないのだった。マッカーサーはうるさいブレトンをすぐにマレーと蘭印へ出張させてしまう。

一一月一四日、上海に一五年も駐留していた八〇〇人のアメリカ海兵隊は、大統領から、フィリピンへ移動せよとの命令を受け、三〇日にバターン半島北端、スビック湾のオロンガポロ海軍ヤードに到着した。かれら以前には、全フィリピンに七〇〇人の海兵隊員がおり、マニラ湾のカヴィテ海軍ヤードの防空要員、および潜水艦への指令に使う長波施設の整備にあたっていた。

一一月一九日に見直された「レインボー5」戦争計画の最新バージョンでは、フィリピン全島の防衛をマッカーサーに許可し、日本の第一撃がありしだい、台湾に空襲をかけることとしていた。

一九四一年末までに、フィリピンのほとんどの米軍家族は本国に引き払っていた。日本の商売人が店を畳んで帰国していたし、日本軍の偵察機が二週間連続して活発だった。戦争は確実だった。

しかしマッカーサーは、日本軍はフィリピンを一九四二年の四月までは攻撃できないと勝手に判断し、四月に防衛態勢を完成させるつもりで、諸事を進めさせていた。

マッカーサーは、日本軍はホット・シーズンに開戦するだろうと、ひとりぎめしていた。

マーシャル参謀総長は一九四一年一一月二七日に、マッカーサーを含む全軍の司令部にたいして、〈日本軍の敵対行動が、いつでも起こり得る〉と警報を発し、〈絶対に米軍の方からは勝手にアクションを起こすな〉と念を入れた。アメリカの情報機関は、南雲艦隊の単冠《ヒトカップ》湾出撃を、リアルタイムで把握していたのだ。

ちなみに、真珠湾攻撃当日、ハワイを母港とする『エンタープライズ』と『レキシントン』の二空母は、ウェーク島とミッドウェイ島に海兵隊の戦闘機を送り届けたその帰り道にあった。米海軍も、さすがに真珠湾が狙われるとは考えなかったのである。この二空母は、真珠湾から戻る日本の空母艦隊とニアミスしている。

ブレトンは、クラークフィールド飛行場のB－17は、南のミンダナオ島（ブゴ飛行場など）に移すべきだと意見具申した。マッカーサーは同意したものの、三五機のB－17のうち、一七機はひきつづきクラークフィールドにひきとどめおかれた。

真珠湾が攻撃される前夜、マッカーサーのホテルの宴会場でパーティがあった。B－17のクルーはそこで夜の二時まで酒を飲んでいた。彼らは、明るくなってからミンダナオへ移動することになっていた。

マッカーサーの一九六四年の自伝によれば、彼はその日曜の朝、マニラでは三時四〇分に、ワシントンからの長距離電話でパールハーバーが空襲されたことを知らされた。詳報がないので、日本軍はひどいめにあっただろうと思った。

朝九時半に味方の偵察機が、日本の爆撃機がマニラに向けて飛行中だと知らせてきた。

空軍指揮官のブレレトン少将はただちに戦闘機隊に邀撃を命じた。しかし日本軍の編隊はコースを変えて去ったのだ。

マッカーサーはますます、ジャップはハワイでもひどくやられたのだと確信した。そこで、爆撃機に戦闘機のエスコートをつけて、台湾の日本軍飛行場を偵察させようと考えた。

ところがすぐに、真珠湾でジャップは成功したという詳報がきた。

そして昼前の一一時四五分に、クラークフィールドへ敵大編隊が接近中と知らされた。味方戦闘機はすぐに飛び上がったが、爆撃機はすぐには飛び立てず、地上でやられてしまった――としている。

真珠湾から九時間も余裕が与えられたのに、マッカーサーの空軍は地上で撃破されてしまったのだ。

マッカーサーの自伝を補足すると、仔細は次のようであった。日付変更線があるために、ハワイ時刻で一二月七日朝八時に始まった空襲は、マニラ時刻では一二月八日の午前二時半となる。台湾の日本軍は、二時半に爆撃隊を離陸させたかった。そうすると払暁にマニラに達する計算になる。深夜二時半以前に大編隊が発進すると、台湾近傍の米軍の諜報網から警報がハワイまで送られ、味方海軍のハワイ奇襲をブチコワシにするおそれがあったから、二時半までは離陸もできなかった。もちろん台湾の航空隊がフィリピン上空に到達するころは、ハワイ空襲は知れ渡っているはずで、米軍戦闘機による強力な迎撃をうけることを、日本軍の航空隊司令は覚悟していた。

そのハワイ空襲の第一報は、フィリピンの米海軍には、朝の二時五七分にもたらされた。

そして三時一五分には、全フィリピンの海軍基地に伝達されている。

マニラのハート提督は、真珠湾攻撃さるのニュースを三時に受信したが、陸軍には知らせなかった。マッカーサーは、三時少し過ぎに、幕僚長のサザランド将軍からこれを知らされた（四〇分後に知ったかのように記すマッカーサー自伝は欺瞞的であろう。ワシントンからの公報の前にサザランドから耳打ちされていたのだ）。

一人の陸軍通信士は、カリフォルニアのラジオ局のニュース速報を聞いている。三時四〇分、米本土の国防計画部長のL・T・Gerow准将が、直接電話でマッカーサーに、真珠湾攻撃が確かな事実である旨を伝えた（この電話は公式記録に残っているからマッカーサーも自伝で無視しようがない）。

「パールハーバー！　あそこは我々の最も強固な拠点のはずだ」とマッカーサーは驚いた。

じつは、フィリピン人は中立を守り、そのためにフィリピンは日本から攻撃されないのだ、という噂があった。マッカーサーは、まさにこれが現実化したのではないかと焦った。

ブレレトン少将は四時少し前に、マッカーサーの参謀長であるサザランド将軍から第一報を聞かされた（ヒッカムとクラークの間にまともな通信はなかったのか？）。

ブレレトンはただちに部下にアラートを下達した。が、クルーは前夜、マッカーサーのホテルでのパーティから戻ってきて、寝たばかりだった。

ブレレトンがマッカーサーの本営にかけつけたのは、朝五時頃であった。ただちに台湾の航空基地に全力先制攻撃（a preemptive strike）をかけるよう、彼は意見具申した。ブレレトンはマッカーサーとじかに談判しようとしたが、サザランドはその面会を阻止し、爆撃の前に、台湾に対する航空偵察を欲した(ブレレトンがようやく面談できたのは一二時で、それまではサザランドが門前払いし続けた)。

五時半、マッカーサーはワシントンからじかに海底電話で「レインボー5」を即座に実施せよと命じられる。その計画では、攻撃半径にあるすべての日本軍を爆撃することになっていた。そしてB-17は台湾まで攻撃半径にしていた。

マッカーサーはその命令を履行しなかった。

その頃、台湾では、霧のために日本の大小五〇〇機の陸海軍航空部隊は、離陸が遅れていた。

朝、ブレレトンはハート提督から、日本の母艦機が、アメリカ海軍の水上機母艦『ウィリアム・B・プレストン』をミンダナオ島のダヴァオ湾で爆撃したと知らされた。これは一九四一年一一月二七日に本国から言われた、日本のあからさまな敵対行動にあたり、ただちに「レインボー5」を実行すべき事態ではないか。

七時一五分にブレレトンは再度マッカーサーから台湾爆撃許可を貰おうとしたが、サザランドはマッカーサーの「ノー」を伝えるのみだった。

ワシントンの空軍ボスのアーノルド将軍はブレレトンに電話し、ハワイのヒッカム飛行場のように地上でやられるな、と告げた。ブレレトンは九時から、三六機のP-

40と、飛べるすべてのB－17をスクランブルさせ、上空で旋回させた。

九時すこし過ぎ、日本機がルソン島南部を攻撃しているとブレトンは知らされた。が、マッカーサーへの面談要求は、またもサザランドに拒否される。

九時四五分、マッカーサーは、まず一機の写真偵察機を出すことを、サザランドを通じてブレトンに許した。そこに明白な目標が写っていたら、午後に爆撃するというのだ。

一一時にようやくマッカーサーはブレトンに会い、台湾爆撃を許可した。ブレトンは上空旋回中の全機に、着陸と、燃弾補給を命じた。爆撃機の搭乗員は大急ぎで食堂に走った。

だがすでに前線は台湾を通過し、霧は晴れていたのだ。昼の一二時二〇分、とうとうフィリピン空襲が始まる。

クラークフィールドのB－17は、ガソリン給油作業中であった。クルーはメシをかっこんでいた。彼らが空を見上げると、二七機ずつ、V字フォーメーションを組んだ編隊が二つ、南シナ海方面からやってくるのが見えた。爆弾が滑走路に落下しはじめたので、地上の米兵はただちにガスマスクを装着した。

つづいて日本の戦闘機が、機銃掃射を始めた。

ルソン島の西海岸にあった小さなアイバ飛行場にはP－40が所在したが、二機を除いて全滅した。日本軍はここにレーダーがあるので、最初に狙ったようだ。ただしレーダー情報は、ブレレトンには知らされていなかった。

もしブレレトンが意見具申したタイミングでB－17が攻撃に飛び立っていたなら、午前九時まで離陸ができないでいた台湾の日本軍機が、逆に地上で撃破されていた可能性もあったろう。

しかし、フィリピンの戦闘機が地上アラートになっていなかったのは、ブレレトンの誤判断というべきであろう。シベリアのソ連航空隊にはあった、最悪事態の想像力が、フィリピンの米軍には、まだなかったのだ。

開戦後一週間で、B－17を護衛する戦闘機はなくなった。

B－17の三五機のうち一七機だけが日本の空襲を逃れ、ミンダナオ島南部その他で以後二ヶ月間奮闘し、豪州に退避した。一九四二年一月一一日には、ボルネオの海岸の日本軍を爆撃している（E型が太平洋に供給されるのは一月からである）。

空襲の中休みがあって、一二月一〇日、こんどはカヴィテの海軍ヤードが空襲を受けた。なすすべなし。

そこを守っていた海兵隊の大隊は、残った工廠施設を敵に利用されないように破壊せよと命じられた。

一一日はモンスーンのため台湾の飛行場は休業した。明けて一二日から一三日にかけ、ルソンじゅうの目標が空爆された。米海軍の複数の長波の無線塔も破壊され、このため米軍の潜水艦は、夜間に浮上して電報を受信するしかなくなってしまった。

フィリピンには米海軍は二九隻もの潜水艦を配していた。それにマッカーサーは大いに期待していたが、けっきょく日本陸軍の上陸を、少しも妨害してくれなかった。これら潜水艦は一二月二一日をもって、近海から去った。

一二月一〇日に北ルソンに第一波の日本兵が上陸し、所在の飛行場を押さえた。二二日に日本軍の本隊がリンガエン湾に上陸した。マニラ市は二六日に「無防備都市」宣言を発して、日本軍の砲爆撃を回避しようとした。首都マニラは一月二日に制圧された。

あとで軍司令官の本間雅晴将軍は、首都の占領などあとまわしにして、敵野戦軍をバターン半島に逃げ込む前に捕捉すべきではなかったか、と批難された。しかし陸軍参謀本部のプロシア式戦争術では、敵首都を囲めば、敵国は降伏を考えるものとされていたのだ。

本間が参謀本部から与えられた命令は、四五日間でフィリピンの主要部を征服しろというものである。これは「七週間戦争」といわれた普墺戦争を意識していた。

本間の手勢が四万三〇〇〇人であるのに対し、米比軍は一四万人もいた。本間は、野戦軍との決戦を求めるよりも、安上がりで早い決着を望んだ。マニラ市には、糧食や需品や自動車など膨大な戦利品と、快適な高級住宅もあった。

泥沼のシナ戦線に、あきれるほど壮丁を動員してもなお、事変の決着をつけられないでいることと、統制経済で景気も惨憺たる有様に転落したことから、国民の反陸軍感情が高まっていることを、日本陸軍の首脳は、気に病んでいた。参謀本部は、あざやかなプロシア流の短期戦争勝利を、フィリピンを「敵国」と見立てて演出することにこだわっていた。

はじめマッカーサーは、「オレンジ計画」に従ってマニラを放棄することには抵抗があり、マーシャル参謀総長に大言壮語もした手前、日本軍を海岸で撃退しようと図った。

ところがマッカーサーは、唯一の使える手兵であった「フィリピン・スカウト師団」をルソン島の中心部に控置しておいて、最も訓練不良なフィリピン陸軍を海岸へ前進させた。かれらはたちまち壊乱した。

スカウト師団がすぐに上陸海岸にぶつけられていれば結果は違っただろうと、戦後に評されている。マッカーサーの勝機はすぐ失われた。日本軍の上陸後、ルソン島内の兵員輸送手段は麻痺し、増援などどこにも送れない状態になった。

一二月二三日の夕方、マッカーサーは無線で部下指揮官に、「オレンジ計画に従う」と伝えた。バターンに逃げ込むのだ。本間も包囲殲滅《せんめつ》を欲せず、米比軍が半島に立て籠もるに任せた。

北部では、ウェインライトが遅滞作戦の指揮をとった。海兵隊は前線ではなく、コレヒドール行きを命じられた。マッカーサーの最後の護衛兵にするつもりらしかった。この海兵隊員たちは、けっきょく小銃弾を一発も撃たないうちに降伏を命じられた。

マッカーサーは一九四一年初夏から一〇万人の労務者を投入してバターンの塹壕掘りや需品庫の準備ができたはずなのだが、何もしていなかった。

築城工事は道路と谷の周辺だけだったので、日本軍には簡単に浸透・迂回されてしまった。計画防衛戦の無効性にマッカーサーが気付く前に、八万三〇〇〇人の兵隊と二万六〇〇〇人の避難民が半島深部に押し込まれていた。食糧問題がすぐに深刻化した。

一九四二年二月二二日、バターン半島で防戦中に、マッカーサーは脱出命令を受けた。

マッカーサーは三月一二日夜、六隻あった魚雷艇を利用してコレヒドール島からミンダナオ島に逃れ、三月一七日にミンダナオの飛行場からB－17で豪州に逃れた。翌日から連合軍の指揮をとっている。

マニュエル・ケソン大統領とその家族は、三月二六日にB－17でオーストラリアに脱出した。

ローズヴェルト大統領は四月一日、マッカーサーに議会名誉勲章を与えた。理由として、〈比島防衛のリーダーシップ〉〈バターンでの英雄的指揮〉〈砲爆撃下で危険をかえりみなかったこと〉が添えられている。この時点で合衆国はヒーローを必要としており、マッカーサーがその適任者だったのだ。

四月九日にバターン半島ではエドワード・キング将軍が七万人の米比兵とともに降伏した。彼らは「バターン死の行進」を強いられ、ある人は七〇〇〇人が、ある人は二万五〇〇〇人が死んだとする。

本間には、日本陸軍はじまって以来の重砲兵の増強がなされていた。その弾薬を運ぶトラックも随伴しており、かつまた日本軍はマニラ市を占領して多数の自動車も鹵《ろ》獲《かく》していたので、戦後の戦犯裁判で、捕虜の死についての言い訳は立ちにくかった。

東京の参謀本部は、重砲兵の支援を受けている本間軍が、予定期間の三倍もかけてまだコレヒドール島を攻略しないことに腹を立て、督戦してきた。

無理攻めを覚悟した本間は、五月五日から、四〇〇〇人が守るコレヒドール島に上陸を始めた。この小島で、米兵は二〇〇〇人が戦死し、日本兵は四〇〇〇人が戦死した。

ローズヴェルトはウェインライトに降伏の権限を与えた。ウェインライトは、飲料水があと三日分しかなかったことからいずれは降伏するつもりであり、本間に放送で降伏条件を訊《き》いた。

本間は全フィリピンの米軍の降伏を要求した。ミンダナオ島でゲリラ戦に移る準備をしていたシャープ少将は、八日に降伏命令に従った。しかし少なからぬ米兵は、個人の意志でゲリラになった。

コレヒドール島でウェインライト将軍とともに降伏した将兵の中に、上海からやってきた一四八六人の第四海兵連隊が混ざっていた。彼らのうち四七四人は降伏後に死亡し、一〇一三人が終戦後に生きて還ることができた。米海兵隊は、「ナチの米軍捕虜は一％が死んだだけだが、フィリピンの米軍捕虜は四割が殺された」と日本人を非難している。

なお、グアム島の米軍守備隊は一二月一〇日に降伏していた。ウェーク島の守備隊は一二月二二日に降伏した。

豪州でマッカーサーは、すぐさま奪回作戦を、と絶叫したが、太平洋艦隊のニミッツと、キング海軍作戦部長は、数的優勢ができるまで待つべしと反対した。

一九四四年、ニミッツは、台湾攻略を真剣に希望し、検討していた。これはマッカーサーの志向とは合致しなかった。

米本土に帰りたがらないマッカーサーのため、ローズヴェルトはわざわざハワイまでやってきて、ニミッツとマッカーサーを目の前で対決させた。マックは冷静に友好的に論じた。

ルソンとミンダナオの中間にあるレイテ島が、米海軍と米陸軍の妥協点だった。マッカーサーが率いる一七万五〇〇〇人が、二日間の砲爆撃のあと、一九四四年一〇月二〇日にレイテ島に上陸した。日本の参謀本部は、敵がまずレイテに来ると予測することに、まるで失敗した。

重要港のオルモックが一二月一〇日に占領されるまで、米陸軍は三五〇〇人が、日本軍守備隊は五万五〇〇〇人が死んだ。

一九四五年一月九日に、マッカーサーはルソン島に上陸した。マニラが三月四日に奪回されるまでに、日本兵は一万六〇〇〇人が死んだ。

以後の日本兵は飢餓との戦いとなり、フィリピン群島のジャングルの中で四〇万人以上が餓死または栄養失調から病死している。

戻ってきたマッカーサーは、ルソン北部の残敵掃討よりも、ルソン島以外のフィリピン群島の完全再確保の方が優先されねばならないと信じていた。戦後の独立運動をおそれたのだろう。

アイケルバーガーの第八軍は一九四五年三月一〇日にミンダナオ島に上陸した。彼は続けて、パナイ、セブ、ネグロス、ボホール島も占領する。

クラーク基地は「B－24」爆撃機の大拠点になった。

第二次大戦後に、ケソン大統領が〈われわれはアメリカによって天国のように運営される政府よりも、フィリピン人自身によって地獄のように運営される政府をのぞむ〉と語った話は有名である。

シナを中共が支配すると、クラーク基地からは、黒いB－29が、シナ大陸奥地への偵察のために飛び立つようになった。

朝鮮戦争では、航空出撃は沖縄から実施されたので、クラーク基地は静かだった。

その後、インドシナのフランス軍を支援する輸送機が、クラークを拠点にするようになり、ベトナム戦争中に、極東最大の航空基地群が整備された。

Q フィリピンに早々と民政をもたらしたタフトとはどういう人でしたか。

A もともとフィリピンはスペインが平定していたところだが、アメリカが焚き付けた独立運動の結果、新たな所有者となった米国は、首都マニラの治安回復作戦から、やり直さねばならなくなった。

その時期は、日本の台湾占領と雁行していた。とうぜん日本をも意識しながら進められたに違いないフィリピンの民政を、明治時代の日本による台湾の統治と較べて見ることは、けだし有意義であろう。

ウィリアム・ハワード・タフトは、オハイオ州のシンシナティで、五人兄弟の三番目として一八五七年に生まれた。父は、グラント大統領の共和党政権のとき、国防長官と司法長官を務めたアルフォンソ。この名家を知らないオハイオ人はいなかった。

タフトは、かつて父も学んだ、コネチカット州のイェール大学に進学した。つけられた徒名は「Big Lub（なりの大きなグズ）」。ボート部やレスリング部で活躍しつつ、一二一人のクラスを二番で卒業した。

ちなみに大統領任期中の彼は、身長六フィートで、体重は三五〇ポンド（一五九kg）あったとされ、歴代で最も背の高い大統領ではなかったものの、間違いなく最も重かった。

卒後に、シンシナティのロースクール（法科大学院）へ行き、オハイオ州の弁護士資格を取った。

一八八二年に内国税の収税請負人をする。二五歳の若者としては破格の高年収が得られたが、育ちが良すぎる彼には、この仕事は面白くなかった。

一八八六年に、学生時代からつきあっていた妻と結婚した。前後して、オハイオ州のひとつの郡の検事補に就任した。

毛並みが良い上に能力もあることを認証された彼は、一八八七年から一八九〇年までは、オハイオ州の最高裁判所の判事の一人に任命された。

一八九〇年に、ベンジャミン・ハリソン大統領が、共和党支持者でオハイオ州の有力一家に属するタフトを、連邦政府の司法次官に抜擢した。

二年後、ハリソン大統領は、三四歳のタフトを新設の連邦巡回控訴裁判所の判事に任命。タフトは一九〇〇年までその職にあり、最後には首席判事になった。政府の文官コミッショナーをしていた若きセオドア・ローズヴェルトと知り合ったのはこの頃だ。

タフトは同時に、一八九六年から一九〇〇年まで、シンシナティ大学の学長および法学教授も兼業した。

タフトは、自分は行政官ではなくて、できれば共和党政権のときは司法官になって、民主党政権のときは大学で法学を教授するという、法曹エリートの生涯を歩みたかった。が、しかし妻は、彼をどうしても政治家として出世させたかった。

一九〇〇年に、マッキンリー大統領がタフトを、スペインから奪い取ったばかりの新領土・フィリピンへ、文官の総督（民政長官）として派遣しようと考えた。フィリピンは一八九八年の条約でスペインからアメリカへ譲られていた。

このとき、同じオハイオ人であるマッキンリーに対し、タフトははっきりと自分の野心を述べた。〈自分は、連邦の最高裁判所長官になりたいのです〉と。大統領は答えた。「この経験をしておけば、ずっと良い判事になれるよ」。

タフトは、フィリピンの領有そのものに反対だった。マッカーサー父子のような憲法知らずとは、近代法哲学の教養が根本から違っていたのだ。

すなわちアメリカ人は、人口の多いフィリピンから、ワシントンの連邦議会に、その人口に比例した議員を送り出すことを認めるつもりなどサラサラないことが、最初から明らかであった。領土はアメリカのものとしながら、ハワイのように「準州」→「州」と昇格させていく計画はなく、その住民は半永久にアメリカ市民だと認めないわけである。フィリピン人をインディアンのように世界の目から隠せないこともまた明らかであった。これほど目立って人口が多く、人種も宗教も教育もまるで異なり、本国からあまりにも遠く離れている群島を「アメリカ合衆国の領土」として保持し続けるのは、英帝国から独立した米国の建国精神に、まるで反する行為でしかなかった。

それでも、けっきょくこの公務を受諾したタフトは、足かけ四年、フィリピンに在勤する。タフトの信念は、この上は、一刻も早くフィリピン人を英語によって「アメリカ化」し、自治に参加させ、将来は、せめて「準州」にすることであったろう。

一九〇一年、米国大統領は、タフトの旧知であるセオドア・ローズヴェルトに代わった。

一九〇二年、フィリピンの中にあったカトリック教会領を買収するために、新教のユニタリアン派であるタフトはローマへ赴き、教皇レオ一三世と会談した。タフトは本国議会から数百万ドルを引き出して、その土地を買い取った。この経験はタフトを、史上最も外遊好きなアメリカ大統領にすることになった。行政官としてのオフィスを遠く離れて船や汽車に乗っている間だけ、タフトは、自分を取り戻すことができた。

一九〇三年、セオドア・ローズヴェルト大統領は、タフトを連邦最高裁の判事の一人に任命しようと申し出た。タフトはフィリピンを離任したものの、この陪席判事のポストは断わった。というのは、タフトの真の野望は、最高裁判所の長官になることなのだが、その地位は、大統領が随意に取り替えられるものではなく、現役の長官が自主的に退任するなどの機会を待たねばならない。ヒラの最高裁判事は、最高裁長官から指導をうけ、場合によっては退任を迫られかねぬような地位であった。それに一九〇四年の大統領選挙でセオドアが再選されるとも決まっていなかった。

セオドアにも、別な思惑があった。

大統領任期の二期目を決めた一九〇四年、セオドア・ローズヴェルトは、タフトを、エリウ・ルートの後釜の国防長官の地位に据えた。もちろん、国防国策は大統領が自分で決める。タフトには、国内をあちこち移動して、セオドアの政策の説明者となって一九〇四年の再選を有利にする役割が、期待された。

タフトはこの期待に応えた。セオドアは、タフトを側近の相談役とするうちに、自分が任期を終えた次の共和党の大統領は、タフトしかいないと信ずるようになった。

さっそく、タフトに政治家としての箔をつけさせるための、さまざまな仕事が命ぜられた。

一九〇六年に大統領は、キューバの反乱鎮圧のために軍隊を送った。すぐにタフトが臨時の民政長官としてキューバに派遣され、反乱首魁のカスティロ将軍をおとなしくさせた。

タフトは、一九〇七年には、運河の工事が開始されようとしていたパナマを視察し、ついでフィリピンに飛び、日本を経由してシナに飛び、米貨排斥運動をなだめ、米国に帰る前にはロシアにも寄った。このようにしてセオドアは、タフトが政権のナンバー2であることを、国内へ印象づけようとした。

パナマ運河の建設計画にともない、ニカラガ国内のアメリカ資本が転出しはじめたことから、ニカラガ大統領は、自国に運河をつくればよいと思い、日本やドイツに呼びかけるようになった。警戒したタフトは、ニカラガ国内の反政府グループにカネを渡すと同時に、一九〇七年、米海軍の軍艦と海兵隊にニカラガの港を占領させた。やがて、反米大統領をメキシコ亡命に追いやって、親米政権が擁立された。それでも一九一〇年と一九一二年には海兵隊の追加派兵が必要であった。彼らは一九二五年までニカラガの要所を占領し続けねばならなかった。

こんなことをしていながら、国際調停機関が地球から戦争を終わらせるとタフトは信じていたのだから、アーサー・マッカーサーにはお笑い草だったろう。

一九〇八年、とうとうタフトは、共和党の大統領候補として指名された。それから四ヶ月間の選挙キャンペーンは、彼の性分には合わず、疲労した。五一歳のタフトは、民主党から三度目の出馬であったブライアン候補に、三倍の得票差で圧勝する。

一九〇九年から始まるタフト政権の主な顔ぶれは、国務長官がノックス、国防長官がジェイコブ・ディキンソン(一九一一年まで)とスティムソン(一九一三年まで)。司法長官や郵政長官よりも格下のポストである海軍長官はジョージ・フォン・メイヤーだった。

党内権力闘争の経験が皆無なタフトは、セオドアとうって変わり、大統領権限の強化に意欲的ではなかった。政治目的を、豪腕によらず、もっと法律の秩序によって追求すべきだと信じていたのだ。

大統領タフトは、あらたに個人所得税を連邦がとることにつき、憲法に修正条項を加えてまで、これを実現させた。上院議員の直接選挙制と、郵便貯金は、タフト時代の創設である。

タフトは、大企業家が自由競争を嫌って市場を独占しようとする「トラスト」について、演説で批判したりはしなかった。が、これが社会にとって大きな不公正になりつつあると信じたから、司法長官に命じて、米国最大のトラストであったUSスチール社を含め、八〇件の反トラスト訴訟を起こさせた。けれども、育ちが根っからの保守ゆえに、国内の改革派の人気を得ることはなかった。つまり、右からも左からも悪口を言われたのである。

タフトをつまずかせたのは、関税の引き下げ問題だった。伝統的に消費者、商店、および米国東部の貿易業者は、低関税を望む。それに対して、農家と製造業者にとっては、高い関税で保護してもらうことが、より好ましかった。

タフトの理想主義（進歩主義）は、関税引き下げを志向した。そのため、多くの資本家がタフトを支持しなくなった。最悪なことに、一九〇九年に法律化された関税率は、けっこう高いものだったから、結局、誰も満足しなかった。

関税問題は外交問題でもあった。英国およびフランスとは、互恵関税の合意ができた。しかし、低関税主義のカナダとは、どうしても合意が結べなかった。

一九一一年、タフトは〈司法的進歩主義者〉の本領を発揮して、最高裁判所長官が国策に関与できる権限を強化した。タフトの思いによれば、法律は科学的な道具であり、判事がそれを社会問題の解決に使えるはずであった。

大統領になったタフトは、後援者であったセオドア・ローズヴェルトの意見を、ほとんど聞かなくなっていた。一九一一年末、とうとうセオドアは我慢ができなくなり、共和党内で明白にタフトの敵になる立場を表明し、〈党内党〉を結成した。日本では党内派閥は許されるが、米国では許されない。激しい政争の挙句、セオドア・ローズヴェルトとその同調者たちは、一九一二年に共和党から追放された。エリウ・ルートとスティムソンは、このときタフトの側についた。

共和党が分裂した一九一二年は、じつに大統領選挙の年であった。しかも、この回から「予備選挙」の制度が導入されていた。いままでは、各地の政治ボスたちが大統領候補を選んでいたのだが、この年からは、大衆がそれを決めることになったのだ。タフトは、民主党のウィルソン候補に、史上最悪のスコアで完敗した。なんと、第三党を立ち上げて立候補したセオドアの得票数よりも少なかった。このような現職大統領は、今日まで、タフトだけである。

育ちのよすぎるタフトは、親友セオドアが政敵になっていることに、最も遅く気付いた。またタフトは、大衆にどう接して良いか分かっておらず、自動車パレードをして沿道から顔を見てもらえばよいのだとばかり考えていた。

タフトは新聞嫌いであり、新聞を利用して自分が実現しようとしている法案に事前に大衆の理解と支持をとりつけておくことの大事さを悟らなかった。また、そのために却《かえ》って、「マックレイカー（厩舎掃除人《きゅうしゃ》）」と呼ばれたゴシップ雑誌の記者たちに、面白ネタを提供した。たとえば「ポーリーン」という名の雌牛は、おそらくかつてホワイトハウスの庭で放し飼いにされた唯一の牛であろうが、タフトとその家族は、その牛乳を飲んでいたことが伝えられている。

ちなみにオーバルオフィス（大統領執務室）は一九〇九年の竣工であるから、タフトがそこを使用した最初の大統領である。ゴルフを趣味としたのも、野球の始球式に登板したのも、大統領専用自動車を利用したのも、タフト大統領が初めてだった。

退任後のタフトは、イェール大の法学教授になった。

一九一七年、第一次大戦に米国が参戦すると、タフトは、国家戦争労働委員会の副委員長に就任し、労組がストライキをせずに国家を支援するように促した。

一九二一年、エドワード・ホワイト最高裁長官が死亡した。ハーディング大統領は、タフトを後任の連邦最高裁判所長官に指名した。上院は、反対しなかった。

かくしてタフトは、念願だった人生の最高目標を達成した。このあと、彼は書いている。「自分がかつて大統領だったことがあるのだとは、もう思い出せぬ」と。大統領と最高裁長官の両方を務めた男は、史上、タフト一人である。

　クーリッヂ政権、フーバー政権と変わっても、タフトの最高裁判所長官の地位は不動だった。彼はその職にあるとき、〈合衆国憲法の修正第一四項は、ミシシッピ州でアジア人の子供を白人の学校に通学させない差別を禁止してはいない〉との判例を残した。

　晩年に、イギリスでは多数の訴訟をどうやって遅滞なく処理しているのかを学ぶため、渡英もした。

　タフトは大統領時代、その肥満に起因する夜間の無呼吸症に苦しめられていたが、ホワイトハウスを去ってから一年で、八〇ポンド（三二kg）も体重が減った。おかげで彼は七二歳まで生きることができた。

　健康の悪化を自覚したタフトは、一九三〇年二月に、最高裁長官を辞任した。後任は、チャールズ・エバンズ・ヒューズになった。三月、タフトは療養中の自宅で心臓発作のため死亡し、国葬が執り行なわれた。そして、アーリントンに埋葬された最初の大統領になった（彼の他には、ケネディ大統領もアーリントンに埋葬されている）。

　一九三一年、満州事変をうけて米国政府は、フィリピンを殖民地のままにしておけば、日本を非難する声明にアジア地域で説得力が伴わないと懸念。日本がフィリピンに領土的野心を抱く場合にも備えるため、名目的な「独立」を一九三五年に与えることにし、ケソン大統領を就任させた。このときの「憲法」が、人民の自然権であって放棄できぬ国防の権利を無理やり放棄させるという、異常な対米奴隷志願契約書で、一九四六年の「マッカーサー偽憲法」のモデルになった。

タフト未亡人のヘレンは一九四三年に死去し、アーリントン墓地に葬られた最初のファーストレディになった。というのもアーリントンでは、夫の墓のすぐ隣を、妻が使う権利が与えられるのだ。

タフトは、口髭をたくわえた最後のアメリカ大統領でもある。彼の経歴は、アメリカ合衆国の人材プールの豊富さを象徴していよう。

Q　アメリカ合衆国が一九世紀に殖民地化したまま、いまだに独立させせようとしない、南太平洋の東サモア諸島について教えてください。

A　かつての大関の小錦と、横綱の武蔵丸は、サモアからやって来たのだが、この島の過去について知っている日本人は、日本相撲協会の一部の親方を除けば、ほとんどいないのではあるまいか。

現在、一八万人が住むサモア諸島は、東半分がアメリカ領、西半分が独立国である。アメリカが基地を手放そうとしないために、人口七万人が住む東半分は、いつまでも独立できそうにない。

最初にオランダ船がサモア諸島を発見したのは一七二二年のことだった。住民たちは遠洋航海がたくみであったため、同地は「航海者たちの群島」とも呼ばれた。最も古い記録で、西暦四五〇年頃にフィジーに人がいた証拠がある。最初の人間は、三五〇〇年前に来た可能性がある。

言語学的な研究により、今のサモア人の直接の祖先は、紀元前六〇〇〇年頃に、インドネシア方面からトンガ経由でやってきたのではないかとされている。これは、日本の皇室の文化的な祖先が台湾経由で日本列島に到着した頃と同じであろう。

一八三〇年に、タヒチ人の部下を伴って、一人の英国人宣教師が来島し、最初の欧州系の定住者になった。

一八四七年に英国がアピア湾に最初の領事館を置く。すると、翌年から内戦が始まった。これは、列強がそれぞれ住民グループをそそのかし、島の帰属先を左右しようと工作したためであった。内戦で不利になった「王」は、すぐに遠くの島へ逃亡して、そこから復帰を望むので、内戦の火種が尽きることはなかった。一八五三年、米国がアピア市に領事館を設けた。一八六一年、ドイツもアピアに領事館を開設。

この時期は、船舶の石炭動力化が普及しつつあって、そのため、石炭補給港を提供するサモアの地政学的な価値が急上昇した。サモアは広大なポリネシアの中にあり、ハワイとニュージーランドの中間に位置した。ハワイからは二三〇〇マイル、ニュージーランドからは一六〇〇マイルであった。

一八七三年、米国務省は、スタインバーガー大佐を島に派遣して実情を精査させた。

一八七七年に住民たちが英国に保護を求めると、米国領事はサモアの内政に干渉し、それを妨害した。

一八七九年一月、サモアはサルアファファタ湾に海軍基地を置く権利を認める条約をドイツと結ぶ。

一八八三年には、現地の王が、英国に併合してもらおうと請願した。

一向に行方の定まらない、このサモアの主権をどうするかを話し合うため、一八八七年にワシントンの国務省で、英国およびドイツの大臣と国務長官が会談した。

一八八九年、米艦『フィラデルフィア』が島の一派の根城を砲撃し、一派をたすけていた英国人の戦闘員も死傷した。同年一二月二日、三ヵ国間で「ベルリン条約」が締結された。

これによって、ドイツはアピア市のあるウポル島とサヴァイ島を占有することになった。英国人はサモア諸島から出て行き、トンガを含むソロモン諸島をとる（ドイツ人は代わりにフィジーとメラネシアから出て行く）。そしてアメリカは、天然の良港であるパゴパゴのあるトゥティラ島を確保した。

一九〇〇年四月、米領サモアの初代総督として、ティレイ海軍提督が到着。

第一次大戦が勃発した直後の一九一四年八月二五日、ドイツ海軍の任務を支援する通信施設が置かれていた独領サモアにニュージーランド兵が上陸してアピアに迫り、ドイツ人たちに降伏と土地の引渡しを求めた。ドイツ人たちは拒絶したが、四日後にニュージーランド軍は無血でドイツ総督以下を捕虜にし、ローガン大佐が終戦まで軍政を敷いた。戦後、国際連盟は独領サモアをニュージーランドに統治させることを決めた。

戦後、ニュージーランドが検疫をおろそかにしたために、悪性のインフルエンザが持ち込まれて、島民の五分の一が死亡した。

国際連盟と米国のウィルソン大統領が民族自決を唱えた一九二〇年代、西サモアに独立運動が発生した。しかし一九二九年一二月二八日、平和的デモ行進に対してニュージーランド警察がルイス機関銃を乱射し、一〇人以上が殺された。

一九三〇年代なかばの日本の勢力拡大で、この島はますます注目されるようになった。アメリカ領の東サモアでは、一九四〇年に、トゥティラ島のパゴパゴ港に、海兵隊の出撃準備拠点が設けられた。

そして対日戦争中には、東サモアの住民は海兵隊に徴兵されて、郷土防衛隊が組織された。海兵隊が同島から出て行ったのは、一九四五年である。

米領サモアの米海軍将官による軍政が、連邦議会の議決により、文官による民政に切り替えられたのは、一九五一年のことであった。今日、米領サモアは、米本土に併合されざる支配地として、米国の内務省が統治している。その住民はアメリカ国民の扱いを受ける。

西サモアは、一九六二年にやっとニュージーランドの委任統治が終わり、独立した。そして一九九七年七月に憲法が改正され、「西サモア」は「サモア独立国」と国名を変更した。国連はこれをうけいれたが、東サモアを領有し続けているアメリカは大反発した。

東サモアの住民は、ハワイやアメリカ本土へ移住することができる。彼らはアメフトや野球を楽しむ。

西サモアの住民は、ニュージーランドに移住することが多い。スポーツは、ラグビーとクリケットである。

第三部　地理と防衛の制約が分かる

37Q
37A

Q

一九四一年一二月の対米開戦前に、野村吉三郎大使がすでに二月からワシントンに赴任していたのに、一一月になって、あとからもう一人、来栖大使を二重にアメリカへ送り込んだのは、なぜなのですか？　来栖大使を送って野村大使を呼び戻すというのならばともかく、野村大使はそのまま残り続けて、駐米の特命全権大使が二人も居ることになってしまった。しかも、日米交渉の打ち切りの通告は、元から居た野村大使が、アメリカの外務大臣であるハル国務長官に手交していますよね。だったら来栖大使は、何をしに来ていたのか？　これを説明してくれる参考書がみつかりません。

A

二人の大使の帯びていた任務が一八〇度サカサマであったと考えれば、得心がしやすいだろう。簡単に言えば、野村大使の使命は、赴任の最初から、来たるべき対米開戦通告をできるだけ遅らせることにしかなかった。つまり米国海軍を奇襲することしか頭にない帝国海軍の利害の、暗黙の代理人だった。それに対して、外務省のプロ外交官である来栖大使は、〈昭和天皇の避戦の意向を、東条内閣としては大いに尊重し、このように動いておりますから〉という、いわば昭和天皇を騙すための芝居をさせられたのだ。

対米開戦プログラムはすでに九月から走り始めていて、一一月ではもう誰にも止めようがない。来栖大使の派遣は、東条の天皇に対するポーズに過ぎなかっただろう。

もちろん外務省は、子飼いの来栖の方を重く用いたかっただろう。しかし、帝国海軍（海軍省、軍令部、連合艦隊）は、野村を無理に使わせ続けた。

野村大使は元海軍大将だ。佐官時代に三年半も駐米武官をつとめ、フランクリン・ローズヴェルト大統領がポリオにかかる前に在籍していた米国東部の名門大学にも通学したという奇縁があった。野村はヨーロッパにも四年前後駐在したし、ワシントン海軍軍縮条約会議の随員にもなった。

一九三九年九月、つまり第二次欧州大戦の勃発直後に、二年前から予備役となっていた野村大将が、阿部内閣の外相に迎えられた。これは、日本の参戦が予期されるときには外務省は軍部と一体化するという国家意志があったためだ。ただし、国の最高幹部同士がどんな談合を成り立たせていようと、役所はしょせん縦割り文化だから、部下たちが喜んで協力をするとは限らない。いくら欧米通でも、プロパーの外交官でない野村が、いきなり在米大使館へ着任してきたところで、プライドの高い部下の外務省職員たちからは、親密なサポートなど受けられるはずもなかったのだ。

じっさい野村は、元外相だというのに大使館の中で干し上げられたような具合になり、日米間の電報のとりつぎに介入するくらいしか、なすべきこともなく、何度も〈もう辞めて帰国したい〉と本国政府に不満を伝えている。しかし日本海軍としては、どうしても対米開戦の瞬間には、海軍の身内である野村が駐米大使でいてくれなければ困ったのだ。

もちろん、一九四一年のむずかしい日米交渉に際して、特命全権大使（日本外交の完全な代理人として、場合によっては現地で独断で、外国に対して公式の約束ができる）らしい仕事など、野村には期待されてはいなかった。

野村にしかできぬと大いに期待された仕事とは、日本海軍の秘密の願望――つまり開戦通告を遅らせて、連合艦隊による奇襲第一撃を絶対に成功させること――を完全に腹の中に呑み込んでいて、いざというときに以心伝心で大使館業務のサボタージュ（もし開戦通告が実際の攻撃開始時刻よりも前すぎるなと思われた場合は、それを独断で攻撃開始直後まで遅らせてしまう）をやってのけることだったろう。

日本外務省としても、外交官出身ではない野村などを駐在大使に発令されるのは、初めから面白くはなかった。大いに不満だったのだが、明治いらい、日本外務省は、帝国陸海軍の奇襲開戦に奉仕するのが秘密の使命になっていたので、さいしょから米国に奇襲開戦する意欲に燃えていた海軍省からの露骨な人事要求を呑んでいたまでだ。

なお、野村の回顧録などにその辺の呼吸が正直に書かれていないことは、言うまでもないことだ。また、野村は自分の開戦時の任務を誰から言われずとも長年の海軍生活の中で自覚して黙っていたのだから、以上のプロットについて文書の証拠が出てくることは、将来、あり得そうにない。

Q **そんな重大な策略をアメリカは一九四一年のどの時点でも気付くことはなかったのですか。**

A もちろん初めからすべて気付いていた。気付くのは当然だった。近代世界史上、「国家として奇襲開戦を是とする」ことができたのは、ドイツと、それを後からマネした日本だけなのだ。

ソ連すら、ドイツ流の「動員奇襲」は、さぞ有利であろうなと、うらやましく思いながらも、現実にはなかなか実施できはしなかった。

というのは、そのような体制は、動員奇襲達成のインフラである〈強大で有能な官僚群〉を政治家（政党）が操縦するためのエネルギー負担が、大きすぎるのだ。そのため、けっきょくは官僚群に国家を乗っ取られてしまうか、政治リーダーがヒトラーのような個人的天才性に頼って官僚の鼻づらを引きずり回し続けるか、二つに一つになってしまうのだ。どちらの道も、国家をサバイバルではなく、自殺に導くだろう。

ドイツと日本では、国民大衆に、官僚に頼る気持ち、官僚に従おうとする気持ちが異例に強かった。それが、「全員が黙って奇襲開戦のための動員を推進する」という、集団としての離れわざを可能にしたのだ。

アメリカの東部の政治指導者層は、ドイツのことはよく知っており、そこから日本の底意の見当もついた。なかでもアメリカ海軍は、日本がやる気満々になっていると確信した。

海軍予備大将の豊田貞次郎が一九四一年七月一八日に外務大臣になっている。これはいつでも奇襲開戦をするためのシフトだと、ホワイトハウスでも常識で判断できた。日本は過去、常に、海軍が第一撃を放って、外国と開戦しているからだ。

ただ、米国人の彼らに予測不能でありかつまた理解不能だったのは、日本が、「対米開戦は自衛である」という演出を、一二月八日の前に、少しもしなかったことだ。

日米交渉中なのにある日とつぜん六隻の空母でハワイを空襲したら、誰もそれが「自衛反撃」だと認めてくれるわけがない。このような先制奇襲開戦は一九二八年以降、「侵略」だと日本政府は承認しているのである。

自衛反撃の演出なしでアメリカを先制攻撃したら、いくら青年の海外派兵に気が進まないアメリカの有権者も、激怒するにきまっていた。国力二〇倍の相手を激怒させたら、どういうことになるのか。そんな下策をわざとしてくるということが、アメリカ合衆国の政治指導部には、どうしても、想像ができなかったのであった。

ホワイトハウスは、〈フィリピンのマッカーサー軍が、いつ日本軍から先制攻撃を受けて大損害を受けるかどうか〉だけを注視し且つ期待しており、ハワイ空襲は、完全な不意打ちになったのである。

Q

南雲忠一中将ひきいる日本海軍の空母機動艦隊による一九四一年一二月の「真珠湾攻撃」は、当時の米国大統領のフランクリン・ローズヴェルトや、その政府の要人には、あらかじめ、知られていたのでしょうか？

A ワシントン市で日米交渉が続いているにもかかわらず、日本の有力な空母艦隊が択捉島《エトロフ》から東方に向けて出撃し、厳重な無線封止と本州近海からの偽電発信工作が同時になされつつあるということについて、アメリカ大統領は、ほぼリアルタイムで知らされていた。

が、その日本の空母艦隊がハワイ軍港を大規模に先制攻撃するつもりなのかどうかは、最後の最後まで断定ができず、実際よりもずっと小規模なハワイ空襲、もしくはハワイ諸島よりも西にある米領の島嶼《とうしょ》への上陸侵攻や、公海上の米国艦船に対する攻撃などの方があり得るだろうと予期していた。

南方のマレー半島（英領）に対しては、確実に本格的な侵攻攻撃が開始されるだろうと判断していたが、それがあっても、それのみでは米国が参戦する大義名分は生じないので、マレーと同時に米領のフィリピンに対して、果たしてどの程度の攻撃がなされ、何人のアメリカ人が殺されるかに、最大の関心を払っていた。

このため、パールハーバー空襲は、アメリカ政府にとって、真の奇襲となった。そして直前まで宥和的な外交交渉を引き延ばしていた日本政府には、詭計的背信行為の犯意があったものと、認証された。

ちなみに、ハワイ諸島のオアフ島の南岸にある「パールハーバー」を直訳すれば「真珠港」となるのであって、「真珠湾」はおかしい。これは、正確ではない訳語が、新聞発表によって歴史的に定着してしまった一例である。旧日本海軍将官の回想記の中には「真珠港」と正確に呼んだものも見られるのだが、歴史的呼称は、もう改めにくい。

日本が先にフィリピンもしくはマレーシアの基地や軍隊を攻撃するだろう——という観測は、米国政府には、できていた。

日本が、オランダ領のインドネシアや、英領のボルネオ北岸（サラワクともいう）の大油田を占領するためには、シンガポールの英海軍と英空軍の基地を放置しておくことはできなかった。

パレンバン大油田がある蘭領のスマトラ島は、英領のマレー半島によって北から覆い被せられているような地勢であった。また、スマトラ島で石油を積み出したタンカーは、シンガポールと英領ボルネオの間をすり抜け、フィリピン近海を延々と通航して日本に向かわなければならない。英国は航空機と軍艦を使ってその日本のタンカーを拿捕または焼却するにきまっているので、日本は先手を打って周辺の英軍を無力化し、マレー半島内の英軍飛行場を奪取し、その飛行場からのエアカバーで、スマトラ島を攻略するしかないのである。

ただし、日本軍にフィリピンを攻撃する必要があるのかどうかは、事前に誰にも断定はできなかった。日本陸軍には、フィリピンを攻略する価値は、必ずしもなかった。いや、フィリピンだけではない。日本陸軍には、アメリカと戦争する必要も、なかった。南方の英領と蘭領を征服すれば、石油は手にはいるからだ。フィリピンには石油は出ない。

アメリカと戦争する必要を是非とも感じ、したがって、フィリピン攻略をパスすることは許されない、と日本陸軍を説得したのは、日本海軍であった。

日本海軍は、一九四一年のうちに対米開戦しないと、アメリカ海軍が新造の大型高速空母である『ホーネット』を戦列化して、『翔鶴』『瑞鶴』による数的優越が半減してしまうことを恐れていた。さらに一九四三年になれば、すでに一九三九年にスタートしているアメリカ海軍の大増強計画（フランスを降伏させたドイツにユーラシア大陸を支配させないための遠征海軍をつくる計画）が現実となり、『エセックス』級の大型高速空母がベルトコンベアー式に量産されて太平洋にも投入されてくるはずであった。そうなれば、日本海軍には、アメリカ海軍に敵対するどんな攻勢作戦も不可能である。そのアメリカの空母増強に対抗する日本の建艦計画はなかった。それは二〇分の一の国力しかない日本には、逆立ちしても不可能だったのだ。

日本海軍がアメリカと戦争できないというのならば、明治このかたの予算慣行を守って、日本海軍のために日本の国防資源の半分を割いてやる価値は、もはやないということになろう。陸軍が本土防衛すれば十分だ。そうなれば、日本海軍という組織は、一流国の大海軍ではなくなって、イタリア海軍のような二流の軍事組織に落ちぶれる。日本海軍の将校団には、これは絶対に我慢ができなかった。彼らは所属組織の予算を防衛するために、アメリカと一戦して勝てるチャンスがあるうちに、アメリカと開戦する必要を感じた。アメリカと戦争すれば日本国は滅びるかもしれないが、それはどうでもよかった。予算こそ権力（飢餓と不慮死の可能性からの遠さ）なのだ。

アメリカ海軍は、同じ組織文化をもつ者同士の嗅覚で、日本海軍は、一戦もせずにアメリカに屈服することはないと確信をしていた。自滅覚悟でアメリカ海軍に対し、奇襲開戦をしかけるはずだ。とすれば、南方の英領と蘭領だけを日本が攻略するというパターンはあり得ない。フィリピンも同時に攻撃されるだろう。

海軍軍令部総長の永野修身《おさみ》が、山本連合艦隊司令長官の意見をいれ、オアフ島奇襲計画をまとめたのが、一九四一年一〇月であった。一一月五日の御前会議で、「帝国国策要領」が決まった。そこには、海軍の作戦計画として、「開戦劈頭、空母基幹部隊をもってハワイを奇襲し、米艦隊主力の西太平洋機動作戦を未然に防止し、かつその勢力の漸減《ぜんげん》を図って、主として南方作戦を間接的に支援する」と明言してあった。日本の指導者たちは、天皇の目の前で、詭計的な背信を謀議してしまったのだ。奇襲開戦は、パリ不戦条約違反である。これを天皇が裁可したと記録に残ってしまったのだから、永野が巣鴨の未決監獄中で恐懼《きょうく》し、東京裁判の先行きを心配したのは当然であった。永野は天皇へのせめてもの申し訳に、独房で故意に肺炎になり、自殺同然に病死したのではないか。

一九四一年一一月七日、佐伯湾の連合艦隊旗艦の『長門』から、司令長官の山本五十六が、連合艦隊命令作第二号を送信。開戦は日本時間の一二月八日であると予告された。

一一月の中旬から下旬にかけて、東京では、南方侵攻戦争が近いことは公然の噂になった。

南方攻略のために、陸軍は「南方総軍」をはじめとする複数の軍司令部を新設する。その司令官は大将たちであり、多数の高級参謀が幕僚につけられる。異動の挨拶廻りと、都内の高級料亭で行なわれる送別・親睦の宴会の急増が、新聞記者や外国公館員の目につかないはずはなかった。

連合艦隊は、日本の空母はすべて日本近海で演習を続けていると見せかけるため、空母の常用コールサインを他の艦艇に使わせ、それでアメリカの無線傍受班を騙せると思っていた。ところが、昔の無線機には、送信波形に個性があった。オシロスコープを使うと、どの艦から無線が出されているのかは、ある程度、識別できてしまうのである。また、通信士にも電鍵を打つ癖が、一人一人あり、ベテランの傍受係には、空母『赤城』の馴染みの無線手の打鍵であるかどうか、ちゃんと聴き分けられるのである。アメリカは、騙されなかった。

一一月二〇日、択捉島の郵便局に海軍中尉があらわれ、〈二一日午前零時から島の通信を一切止めろ〉と命じた。二一日未明、単冠湾《ヒトカップ》に三〇隻の大艦隊が入港。民間船の択捉周辺の通航も、海軍によって禁止されてしまった。越冬物資の搬入ができなくなった島民は、大騒ぎとなった。漁船の往来まではとめられないから、この騒ぎは、国後島や根室まで知れ渡ったはずである。

『寺島健伝』によれば、一一月末のある朝、札幌で逓信局長をしていた逓信省のキャリア官僚は、「大艦隊が単冠湾に集合し、一般の通信を一切遮断して防諜を厳にしているから多分北方攻略の準備をしているのだろう」と知らされたという。札幌の文官が知り得ることを、どうして米英軍の諜報組織が、知らないでいたはずがあったろう。

南雲艦隊は、吹雪の一一月二六日未明、潜水艦を先頭に、のろのろと出て行った（杉本健『海軍の昭和史』一九八二年刊）。

ハルノートは、日本時間で一九四一年一一月二七日の午前七時に手渡された。アメリカ時間では、一一月二六日午後五時である。

単冠湾から南雲艦隊が出港した直後に、ハルノートはローズヴェルト大統領の命令で極端に冷淡な調子に急遽《きゅうきょ》書き改められ、それが日本大使に示された。すべてはバレていたのだ。

Q 途中で気付いたという人もいますが……？

A 戦史家のジョン・トーランドは、南雲艦隊は、濃霧の中で、艦と艦の連絡を保つために、非常に弱い電波を出していたのではないか、と書いた。

これはありえそうなことであるが、その前に、アメリカ海軍もしくはイギリス海軍の潜水艦が、南雲艦隊を日本近海から追跡し、単冠湾の出口で定点偵察をしていたと考える方が、より自然だろう。

昭和一七年一一月一一日、長崎港から上海へ向かった客船『神戸丸』と貨物船『天山丸』が、米潜の雷撃によって東支那海で沈められている（山田清吉『武漢兵站』）。この潜水艦の長大な航続力をもってすれば、南千島の監視は可能なのだ。

富岡定俊は、戦前にイギリスの潜水艦が瀬戸内海に侵入して、連合艦隊の演習を覗き見していたらしいと書いている。日本海軍はその事実を、シンガポールを占領して英海軍の文書を押収した結果、初めて知ったという迂闊さであった。

Q **日本陸軍が対米戦を真剣に検討しはじめたのは、いつごろからなのですか？**

A 大正一二年に海軍から要求されたのが始まり。大正一一年二月六日のワシントン条約のあと、海軍は米国をいよいよ敵だと見た。

宿利重一著『兒玉源太郎』（昭和一八年刊）によれば、海軍は「マニラを四五日間で占領して欲しい」と要求したという。

理由は、四五日あれば、米海軍の大艦隊が比島救援にかけつける。だからそれ以前に占領してもらいたい。そうすれば日本海軍は、理想的な海域、すなわち小笠原沖まで全勢力で移動して、漸減《ぜんげん》作戦を実施するから——というのである。

日露戦争の折、海軍は、バルチック艦隊が極東に回航されてくる前に旅順港を占領してくれと陸軍に頼んだが、頼むタイミングがあまりにも遅かったために乃木第三軍に一万五〇〇〇名の戦死を強いてしまった。こんどはその反省が生きているようだった。

参謀本部は大正一三年に、対米戦研究委員会を組織。大正一四〜一五年度計画で、作戦計画が具体化した。昭和一年にはフィリピンの兵要地誌も整った。参本の第二部内に「米国課」はできなかったが、第一次大戦後に「アメリカ班」が新設された（黒沢文貴『大戦間期の日本陸軍』）。

大正末から昭和三年頃までの日本の軍用機は、航続力が一二〇〇km以上あることが求められた。これは台湾からフィリピンまで、片道六〇〇kmあったためである。昭和三年に陸軍がユンカース社設計の四発重爆撃機のライセンスを輸入し、「九二式重爆撃機」として極秘裡に昭和六年に製造したのも、フィリピン爆撃の用途にあてるためであった。

歩兵第一四連隊の大隊長だったことのある陸士二五期の柳勇によると、昭和八年に、久留米第一二師団長の杉山元中将が、福岡第一二旅団長で博学多識な筒井正雄少将に対し、師団の大隊長をあつめて「対米軍戦闘法」を研究して教育させるよう、命じたという（上法快男『軍務局長　武藤章回想録』昭和五六年刊）。杉山が第一二師団長だった期間は、昭和七年二月二九日から、昭和八年三月一七日までであった。

昭和五年のロンドン海軍軍縮条約と翌年の満州事変で日米関係はいよいよ険悪化してしまい、陸軍が具体的に対米戦を研究する段階に進んだと分かる。

佐藤賢了は、陸軍幼年学校ではなく、旧制中学校から陸士へ進み、兵科としては航空科をえらび、陸大に進み、満州事変当時に米軍の連隊付きを体験してきたという変わり者であった。この経歴で陸軍省のエリート幕僚になった佐藤は、海軍将校が比較的に話し易い相手であった。

佐藤は、支那事変の初期、近衛首相は宣戦布告をすべきだ、との立場であった。つまり昭和一二年にはまだ、佐藤賢了は海軍省の代弁人ではなかった。

が、昭和一五年以前のある時点で、佐藤は海軍内の対米必戦派の中堅幕僚と意気投合し、陸軍内の南進論の代弁者になった。ひとたび海軍の代理人になると、海軍省が佐藤を持ち上げるので、北部仏印進駐でいかに悪評が立とうと、冨永恭次（やはり東条の提灯持ち）のように冷や飯を食わされることなく、逆に昭和一六年三月に陸軍省軍務局の軍務課長という要職に推挙され、以後、東条内閣崩壊まで、東条陸相（兼首相）への影響力を揮い続けた。

昭和一五年六月にフランスはドイツに屈服し、ただちに米国のローズヴェルト政権と連邦議会は、陸上部隊の派兵以外の方法でドイツの英国征服ならびにユーラシア征服を阻止するための、海軍力大軍拡予算を成立させた。

在京の、ほとんど海軍の代弁人でもあった新聞記者が、〈自分は昭和一四年の秋から反米強硬論を唱え、昭和一五年七月には「此際断乎として米国と開戦せよ」なる稿を公にした〉と書いている（野依秀一『米本土空襲』昭和一八年九月刊）。

日本海軍の中堅幕僚は、米国の対独向けの海軍軍拡計画を聞いて、〈三年後には日本は「イタリア海軍」化する〉と確信した。そうなる前に、開戦するしか、組織が生き残る方法はないと腹を決めたのだ。

昭和一五年七月は、日本海軍が三国同盟に賛成し、米内内閣が近衛内閣に切り替わり、ただちに北部仏印進駐が画策されたときにあたっている。そこで野依はアドバルーン記事を書かされたのだ。

服部卓四郎は、昭和一六年六月六日に、軍務課長の佐藤賢了が、参謀本部のいろいろな課長に会って武力南進を吹きまくったと、記す。佐藤は海軍を代弁し、対ソ戦には反対する異色の論陣を張った。

昭和一六年七月二日の御前会議で「情勢ノ推移ニ伴フ帝国国策要綱」が決定された。この中の、海軍の主張する南方進出の説明の中に、「自存自衛」という英訳不能の（あえて意訳すれば「セキュリティ」となる）造語が初登場した。日本が南部仏印を占領すれば、それは侵略だといわれてしまうことがよく分かっていた海軍の対米必戦派のエリート幕僚が、おそらく京都学派の学者の頭脳を借りて、このような苦し紛れの造語を用意し、佐藤賢了にも入れ知恵したのだろう。「自存自衛」は後に東条が頻繁に唱える経文になる。

昭和一六年七月二八日、日本軍は七月二日の決定に基づき、南部仏印に進駐。米国はこの動きに事前に警告を与えており、進駐を阻止するために七月二五日に在米日本資産を凍結した。

昭和一六年九月ごろ、海軍省軍務局第二課長の石川信吾は、米国からの石油が来なくなってから、国内にある石油が逓減していくグラフを佐藤に見せて、あくまで陸軍をして開戦させようと仕向けた。

九月六日に御前会議があり、一〇月上旬になっても米国が対日姿勢をあらためないなら、対米英蘭戦争の準備を完了すると決定した。海軍は一〇月一五日にも開戦する肚だったが、天皇の最後の抵抗があって、東条内閣が成立した。それでも海軍は絶対に対米戦を諦めるとはいわず、逆に一一月に永野軍令部総長は陸軍に対し〈こうしている間にも油は一時間に四〇〇トンも減っていく。事は急を要す。結論を……〉と急かし立てた。とうとう一二月八日の一斉攻撃となった。

Q 大正一三年（一九二四年）五月に米国の連邦議会で成立し、クーリッヂ大統領も拒否権を行使しようとしなかった「排日移民法」には、理由があったんでしょうか？

A 外国の下層民の大集団が、自国の領土内に「村」をつくったら、どんな国民でも我慢はできないだろう。

日本人が集団でハワイに移民を開始したのは明治一八年で、たちまちそこに「日本村」ができた。当時のハワイはまだアメリカに併合されてはいなかった。が、明治三一年にハワイがアメリカ領になると、アメリカ人は、そこにある「日本村」に閉口したのである。

なにしろ、これらのハワイ移民は、ほとんど全員が、下層民の「男子」。おのずから、「日本村」の風儀は最低最悪だったのだ。

新たに行政官としてハワイに赴任した米国人たちは、〈この連中がアメリカ市民権をタテに、より賃金の高いカリフォルニア州など米本土に移動してきたら、大迷惑だ〉と考えた。それは、無理がないことだったのである。

労働移民のはじめは、明治二年にオランダ商人のスネルが四十余名を斡旋したこと。それが日清戦争後から激増する。とにかくハワイ経由で米本土に渡った日本人の質が悪すぎたようだ。教育がない上に、日米の悪いところを併せ持っていた。日本から直接に米本土に渡った日本人は、ずっとマシな連中だったとされる（鈴木半三郎『米国新研究』大正五年刊）。

第一次大戦直後の大正九年に世界旅行をした一日本人の印象によると、アメリカ西海岸では日本人は卑下されていたが、英国では対等の扱いだった。その後、仏→独→墺→バルカンと東行するにつれて、肩身が広くなる感じだった、という。

小磯國昭（戦争中の首相）は、大正一二年にロサンゼルスを見物したことがあり、「居住する日本人は概して教養の低い人が多かった」と回想している（自伝『葛山鴻爪』）。自国民から見ても顰蹙《ひんしゅく》したくなるような集団が、外国で歓迎されると思ってはいけないだろう。

排日移民法が制定されてしまった責任者として、当時の植原駐米大使が用いた〝grave consequence（重大な結果）〟の一句が、戦争を以って米国を脅かしたせいだ、と非難されるのだが、じつは、その文書には事前に米国国務省が賛同をしていたのであり、それを、あとになって、排日議員が利用したのである。すなわち植原が罠にかけられたかもしれない――という可能性が、昭和二年一二月に刊行されている那須皓著『人口食料問題』の中で、紹介されている。

アメリカの新聞記者が、シナ人と日本人を区別し始めたのは、日清戦争のときからであった。だが日清戦争から日露戦争までの間、ニューヨークでは日本人は少しも差別を感じなかった。

一九〇七年一〇月にアメリカに恐慌が起こった。これで、増え続けた在米邦人に対するアメリカ人の視線が冷たくなった。

日本人移民は一八八〇年代後半から、ハワイ、アメリカ、メキシコ、オーストラリア、カナダ、ブラジルなどへでかけ、その数は年々増えた。アメリカ本土の場合、その多くはカリフォルニア州に集まり、明治三七年（一九〇四年）以後、毎年一万人くらいの割合で増え続けた。日露戦争後の世界景気はよくなかったので、仕事を奪われるアメリカ人の間から自然に排斥運動が起こった。

日露戦争前後に日本領土を経由してアメリカに入国した韓国人労働者もカリフォルニア州に集まり、同じように排斥された。アメリカ人には韓国人と日本人の区別がつかず、一九一〇年の半島併合後は、ますます同類視された。

米国東部には工場地帯があるが、ユニオン（組合）が強かったため、新参移民の日本人は工員には雇用され難かった。そこで東部では日本人は、米国人があまり好まない、家庭労働に進出している。

東部まで進出した日本人は、個人組が多く、集団やスラム街をつくっていない。そのため、ボーイだとか、軍艦の調理人のような、紳士からみて社会的地位の低いサービス業に従事しても、人種的な不快感は抱かれなかった。というのは、個人でやってきて地域社会に適合して競争してうまくやっている人間を、アメリカ人は毛嫌いしないのである。

じつは日露戦争の少し後くらいまでの間、米国海軍の軍艦には、多数の日本人が雇用されていた。仕事は、司厨料理人（クッキー）や、将校付使丁（ボーイ）であった。最初の雇用は明治一三年で、アメリカ海軍の三隻の軍艦に、まず三二人の日本人が乗り組んだ。翌・明治一四年には、東洋艦隊所属の軍艦『オマハ』号がブルックリンに寄港した折に数十人の日本人を雇い入れた。こうして、明治二五年から二八年の間だけでも、五〇〇人近くが乗務したという。

彼らは肉体弱者ではなく、殺伐としていて、愛国的に過ぎた。日露戦争後の明治四〇年（一九〇七年）に米海軍は、合衆国市民権の無い者の雇用を禁じた。これは実質、仮想敵国となった日本人のスパイを警戒した措置である。

この一九〇七年に解雇された、千葉県出身の岩瀬徳次郎は、一八八四年から勤続したというので、米海軍省から恩給年金を下賜されている。

なお、最後の頃には、給与の手取りは、家庭労働よりも低くなっていた。というのは、もともと米国軍艦のクッキーは黒人がなるもので――ペリー艦隊にも乗り組んでいた――、日本人は彼らの職域に進出したからである。家庭労働も、もともとは欧州移民の職域であった。

幣原喜重郎に関する、有名な逸話がある。一九一二年に、外務官僚の幣原はアメリカにいた。そのとき、パナマ運河の通航で英国船を差別しないという旧条約に反した通航税法が成立してしまった。

英国のブライス駐米大使は、幣原にこう教えたという。〈英国はアメリカと戦争しないと決めているので、この問題は放置する。だが見ていなさい、米国は自分で修正しますよ〉。じっさい、二年で差別通行税は撤廃されたという。

また幣原は一九一九年にもブライスから、国家の生命は非常に長いのだから、一〇年で排日法が改まらぬからといってガタガタするなよ、と諭《さと》されたと回想する。

一九二〇年には、英国の海外貯油場が米艦船に対して給油を拒むというイヤガラセが表面化した。じつは英国は、これ以外にも米国に対するさまざまな切り札をもっていて、相手の出方に応じて、表立たぬようにそれをやんわりと使っているのだ。幣原はそこまでの想像ができていなかった。ただ、強い者にいじめられたら泣き寝入りすればよいのか、と自分を納得させたのだった。

Q

なぜ支那事変では、日本の参謀たちの「プロシア流」戦争術が通用しなかったのでしょうか？　国境から首都までのスケールは数百キロで、西ヨーロッパの広がりと大差はなかったように思いますが……。

A メッケル少佐が兒玉源太郎以下の明治日本陸軍の若いエリートたちに叩き込んだ「動員奇襲→奇襲開戦→速戦→即決戦→敵首都肉迫→敵首都包囲→降伏強制→媾和」の戦争術は、普墺戦争と普仏戦争の勝ちパターンに、ゆるぎなき論拠を有していた。

そのプロシア参謀本部流の戦争術は、かつてプロシア国軍じしんがしたたかに打ちのめされた、ナポレオンの作戦指導を、ナポレオンのような個人の天才に頼るのではなくて、教育された官僚組織の職業的スキルによって、いつでもどこでも再現できるようにできないか……と、考究されたものだった。

じっさい、普仏戦争では、かつてのナポレオンの首都パリを、プロシア軍が電撃的に包囲して降伏させた。まじめな官僚の集まりにすぎないドイツ参謀本部が天狗になって胸を張ったとしても、むりはない。明治初期の若い陸軍将校も、この普仏戦争を目のあたりに観戦して、「もうこれからはドイツの参謀教育を輸入すべし」と心に決めたのであった。

さて、そのナポレオンの勝ちパターンの分析に、最も早くからとりくんだプロシアの将校が、有名なクラウゼヴィッツである。ただしクラウゼヴィッツは、ドイツ国民にとってこの上もなく大事な警告を、後輩たちのために、遺していたのだ。

すなわち彼は、〈どれほど最良のナポレオン式の戦争術によっても、ロシアの全領土を占領することだけはできない〉と、摑んでいた。

ナポレオン戦争中にロシア軍の中で働いた経験もあるクラウゼヴィッツは、ロシアのように領土が広く、しかも兵員を無尽蔵に繰り出せる国家は、その内部から崩壊するのでない限りは、国家・国民として完全に敗北することはあり得ないのだ、と結論して、読者に注意を促していた。

ナポレオンがその全盛期に、オーストリーやプロシアなどを簡単に屈服させ得たのは、これらのヨーロッパの国々には、うしろに退がって戦う余裕や余地が、なかったからであった。また、ドイツ参謀本部が、ナポレオン三世を普仏戦争で降伏させ得たのは、フランスの国土もまた、地中海の海岸線で限られていて、パリが陥落して略奪されれば、もはや後退して持久しても無意味だと見られていたからであった。

（ちなみに第一次大戦ではフランス政府はパリを離れて南方の大西洋岸のボルドー市に引越ししている。が、もしパリを包囲されて救出できなくなってしまえば、第二次大戦のようにオリジナル政府は降伏し、亡命政府が継戦というパターンになった可能性もある）

ナポレオンの戦争術にしてもドイツ参謀本部の戦争術にしても、それが理想的に適用され得るのは、プロシアやオーストリーよりも西側にある欧州大陸部の、ごく狭い中にすぎなかった。

だから、もしいつかドイツが、ロシアやイギリスと戦争をする場合には、そこには「緒戦の野戦での大勝利→敵国首脳の一時的な戦意低下→一時的な媾和」という、引き分け、あるいは、限定的な勝利の可能性しか模索し得まい。そのようにクラウゼヴィッツには予見できていた。

だが、日本にたった四年間だけしか雇われなかったメッケルには、そこまで教えている余裕など、とても無かったのだ。

メッケルは、とにかく「緒戦での野戦で大勝利する」方法だけを、とりあえず伝授できたのである。

緒戦で敗北すると、町人や農民から構成された国軍の士気が崩壊するのではないかという懸念を、武士たちは払拭できなかったし、銃後に有力な反対派があらわれて国内の団結が崩れる心配もあった。局外の外国からの容喙《ようかい》も招き易くなるだろう。

そのゆえに、旅順要塞のような本格要塞の攻略法などは余計であるとして教えなかったし、現実の遼陽から奉天にいたる満州での野戦のように、何度やっても包囲殲滅《せんめつ》に失敗して決勝にならなかった場合の対策なども、考えさせなかった。

日本人は、メッケルの戦術と並行して、クラウゼヴィッツの遺訓を記憶すべきであった。しかし、分かり易く整理されていないクラウゼヴィッツの論文から肝腎なエッセンスを汲み取れる者は、僅かだった。

第一次世界大戦は、クラウゼヴィッツの指摘も、日露戦争の戦訓も、日本人に忘れさせるできごとだった。

というのは、あのロシアが、連戦連敗の末に、ドイツがつきつけたほとんど屈辱的な「ブレスト・リトヴスク媾和条約」を受け入れたからである。

ここから、第一次大戦後のドイツおよび日本の軍人たちは、〈野戦で連勝すれば、ロシアと戦争して勝つことは容易なのだ〉と思い込んでしまった。

はたして事実はどうだったか？　一九一八年三月のロシアの投了は、帝政が内部から崩壊し、革命政権が樹立された、その結果であった。つまり、クラウゼヴィッツの予言が当たっただけなのだ。

ロシア内部の革命の混乱がおさまらず、しかも国境の全周からの列強の干渉戦争を招こうとしていたために、一刻も早く国内を平定する必要から、革命政府は、もっと東へ後退して持久戦争をあくまで続けるという選択を、採用することができなかった。もっぱら国内的な理由のために、領土割譲を含む媾和条約が呑まれたのだ。

日本の陸軍大学校は、ますますメッケル流の「一撃主義」の参謀を、熱心かつ単純に、再生産することになった。とにかくソ連に勝てることが、日本陸軍に期待された任務だったので、これは無理もなかった。

一八八九年生まれの石原莞爾は、陸大三〇期恩賜、つまり大正七年（一九一八年）の優等卒業者だった。まさにロシアが近代戦争に敗れるドラマをリアルタイムで聞くなかで、未来の指導的将官になることが確約されたのである。

この圧倒的な感動から、石原は、強国として復活しつつあるソ連に内部分裂を起こさせる方法を研究するのではなくて、満州に「第二のドイツ」をつくって、第一次大戦の東部戦線方面でのドイツの動員奇襲や、連戦連勝をそっくり極東戦線で模倣すれば、ドイツと同じ勝利を再現し得るという妄想に、浸ってしまう。

人口の稀薄な満州に「第二のドイツ」をつくるためには、とうじ人口爆発中であったドイツに準ずる、数千万人の人的資源が不可欠である。それは、日本からの移民で間に合う規模ではない。そこで石原は、シナ人をそっくり使えば話は簡単になる、と夢想した。

その地理の枷《かせ》から、反近代的な文化を維持していくことでしかエリート層が安定を得られないシナ。そのシナが、近代国家を理想として明治維新を遂げた日本と、同盟してくれるだろうと思ったのだ。

石原には、反近代的な文化の統一シナ国家は、必然的に、すぐ隣に位置する近代的な日本を敵視するようになって、日本を滅ぼすか無力化しようと務めるという地理的な運命が、覚れなかった。

だから昭和一二年に蔣介石から堂々と対日戦争をしかけられると、石原は、もうどうして良いのか、分からなくなった。

ここで、武藤章が登場する。武藤は一八九二年生まれで、大正九年に陸大三二期を優等成績で卒業した。つまり石原より三歳若く、第一次大戦のすぐあとに参謀教育をうけているのだが、そこで習った内容は、あいもかわらぬメッケル戦術が中心だった。

武藤は宗教家の石原と違い、全シナ人と日本人が同盟できるなどとは錯覚しなかった。しかし、ソ連やシナのような奥が深くて人的資源にこと欠かない国家に対しても、メッケル式の速戦即決戦争術が適用できるのだと、単純に考えていた。その発想に特化した者だけが、陸大の優等卒業者になり、出世できるのであるから、陸大での成績が高ければ高いほど、彼は一九世紀のドイツ参謀のクローンとなり、したがって「対支」「対ソ」「対米」「対英」の合理的な戦争の方法など、考えようはなくなるのである。

武藤とその同調者たちは、日本軍が蔣介石軍に一撃を加えてやりさえすれば他の軍閥が元気づき、蔣の立場は弱くなるから、そこで見込みのあるライバル軍閥を日本が後援してやれば、シナは永久に不統一で弱いままとなり、好都合だと考えた。ライバル軍閥を盛りたててやるとすれば、蔣介石を交渉相手と考える必要もない。

そこで、プロシア流戦争術からは逸脱し、敵首都の包囲ではなく占領を目標に据えた。

たしかに蔣介石は、一九三七年八月九日の上海の侵略者である。しかし、南京の蔣政権をシナ人民は支持していたのだ。昔からシナ人民は常に強力な王朝による統治を願ってきた。さもないと、暴徒や匪賊や外国軍によっていつまでも住民の安寧《あんねい》がかき乱されてかなわない、と知っているからだ。外国軍が強力な王朝の代わりになってくれるならそれも良いのだ(元や清など)。しかし人徳といってもメッケルに与えられた教科書を暗記した試験エリートにすぎず、人望といっても役所の人事部の命令ですぐに転勤させられるサラリーマンにすぎない日本軍の将官は、地方盗賊の頭目ほども、シナ人民から頼られようはずがなかった。シナ人民は、シナに安寧がもたらされるとすれば、それは蔣介石その人に強力な近代独裁制を敷いてもらうしかないと、一九三七年時点で広範に合意していたのだ。他の軍閥将領には、蔣ほどの資質は完備していないと、シナ人民は正確に読み切っていた。だから共産党すらも、ひとまず蔣介石を立てることにしたのである。

このため、蔣介石が南京から重慶へ脱出しても、蔣の人気とシナ人の対日戦意は、すこしも衰えなかった。

ソ連は空軍部隊をシナに派遣し、物心両面から蔣介石を応援した。満州を南側から包囲して関東軍の対ソ奇襲をあり得なくすることが、ソ連の国益であった。

のちに漢口が日本軍に攻略されると、蔣は、さらに重慶へ行政組織を移転した。重慶もし陥落したら、成都に引っ越すつもりであった。

史上、シナぐらい、その首都の位置が転々と移動した地域はない。シナには、フランスのパリのような、国家活動の真の重心である「真の首都」はない。複数の地区で自給自立が可能なのだ。

参謀本部作戦課長だった武藤章は、一九三七年八月九日以降の相当早い段階で、南京急襲作戦に意欲を燃やし始めたと思われる。

東京裁判中に巣鴨拘置所内で綴った回想の中で武藤は、上海から南京まで四〇〇kmあったと書いている。これは実際より一〇〇kmも多い。陸大を恩賜（首席ではない）で卒業したエリート参謀が、こんな勘違いをするものだろうか。

じつは蔣介石は、手下の最精鋭部隊に八月九日から上海を包囲させる企図をマスクするため、南方から後詰めの部隊を動員し、あたかも山東半島を脅威するように機動させたのである。上海に目立たぬように押し寄せるシナ軍が数十万人、それに、この後詰めが数万人、さらに全土で数十万の動員が続いていた。

これは蔣介石がドイツ人の雇い幕僚から入れ知恵をうけた、レッキとした動員奇襲開戦だった。東京から見ていると、青島の七〇〇〇人の邦人が、通州のように大屠殺されるおそれが生じてきた。

そこで東京の参謀本部は、この孤立無援な青島に陸軍の救援部隊を派遣せねば……と考えたのだ。武藤としては、ただちに、青島救援後の、南京までの逆襲攻勢を構想したのであろう。その距離がちょうど四〇〇㎞であった。武藤はこの作戦計画に心血を注ぎ、そのため数字が忘れられず、上海から南京までの距離も四〇〇㎞だったと思い込んだのだろう。

ということは、史実の南京攻略戦の具体的な作戦は、武藤が一から煮詰めたものではない。まず上海に増援だと一決すると、山東作戦ばかり考えていた武藤は、もう具体案は部下のスタッフに分担させるほかになくなった。武藤は急に、せわしなくなった。彼は上司と喧嘩し、政府の尻を叩き、駒として動かされる各司令部を督励もせねばならなかったのである。

昭和一二年の参謀本部は、この年になんとなく予定をしていた対ソ開戦が、石原第一部長（作戦部長）の大方針として不可能になったので、はけぐちのない不満のガス圧が、高まっていた。元気満々の参謀たちは、対ソ戦の代わりになるような仕事を、してみたかったのだ。武藤は、南京を最短時間で陥落させることに情熱を燃やしたが、その詳細計画は、部下に任せた。

近衛声明が発せられる以前から、陸軍参謀本部は、蔣介石を相手にしていなかった。だから、敵首都の南京をあまりにも速やかに陥落させてしまうことについて、松井石《いわ》根《ね》をのぞいては、誰一人、疑念を抱かなかったのだ。メッケルの弟子筋なら、クラウゼヴィッツの読者なら、そこに疑問をもつべきであった。

プロシア軍が普墺戦争でウィーンを包囲しなかったように、また普仏戦争でパリに攻め入らなかったように、日本軍が南京に攻め込まず、蔣介石を相手にしていれば、歴史は変わっていたであろう。

Q 昭和一二年時点で陸軍次官だった梅津美治郎《よしじろう》も、シナに対する「一撃論」に賛成していたようですが……？

A 梅津は陸大二三期の首席卒業（明治四四年）である。永田鉄山よりも好成績だったのだ。ということは、日露戦争での勝利を日本陸軍にもたらしたメッケルの教えは、卒業までに梅津の血肉と化したであろう。いらい、戦略とか作戦に関しては、梅津はもはや、メッケルが教えたようにしか、考えることはできなかった。

昭和一九年（一九四四年）、崩壊しつつあった南方の防衛を立て直すため、陸軍は、それまで関東軍総司令官にしておいて対ソ開戦の暁に活躍させるつもりであった梅津を、日本の「ラスト・ホープ」として東京に呼び戻し、七月一八日に、帝国陸軍最後の参謀総長に据えた。

梅津はそこで、何をしようと言ったか？

一〇月下旬にフィリピンの防備手薄なレイテ島に米軍が上陸すると、そのレイテ島での「一撃」作戦を命じたのだ。

〈緒戦での会戦に決定的な勝利をおさめれば、敵の戦意は挫《くじ》け、媾和の気運がみなぎる〉というのが、メッケルの教えであった。

昭和一九年に、米軍相手に、それが可能だと発想したのである。というか、その発想しか、陸大首席のエリートの頭には、どうしても思い浮かばぬわけだった。

レイテ決戦が惨憺たる不首尾に終わると、梅津のイニシアティヴも終わる。

梅津でなくとも考えられる「本土決戦」が、昭和二〇年前半の陸軍のコンセンサスになった。この場合にも、上陸してきた米軍に、最初の第一会戦で痛撃を与えることだけが、考えられた。一撃のあとの組織的な第二撃は、さすがに不可能だろうと、徹底抗戦派にも、自覚されていたのだ。

最後の八月に、梅津は余計な妄動をせぬことによって、軍人の模範を示した。負けても自殺はしないというのは、やはりプロシア流であった。

Q

「側防《そくぼう》」とは何ですか？

A 陸上の戦術の用語で、味方が防御している陣地の前縁を、はるか離れた横の方から見通せるような位置に、敵には最初は分からないようにして、しばしば孤立的に、隠されて配置されている味方の機関銃のことだ。

巧妙に配置された、たった一梃の側防火器が、敵の突撃を、さんたんたる失敗に終わらせてしまうことは、よくある。

というのも、敵は、正面に見える我が陣地に注意が集中していて、まさか真横から不意に射撃されるだろうとは思っていないからだ。しかも、突撃をするときは、歩兵は横一線に並んで進むものだから、側防機関銃の火力によって、全員がいちどに串刺しにされてしまう。

これは防御陣地における奇襲の術とでもいうべきものである。

子供が、停まっている車のかげから急に飛び出して、横から走ってきた別な車とぶつかってしまう交通事故は、よく聞くだろう。これも、人間の注意力がふつう、正面に向けられていることから起きるのだ。子供は、側方からの危険がありうることを忘れてしまっているし、ドライバーは、横からの急な飛び出しがあり得ることを軽視しているのだ。

そのように、思いがけない方向からの急な危険には、人はとっさに対処ができないものである。頭の中が、一時的に、混乱してしまうのだ。

その混乱につけこみ、乱れた敵の心を二度と落ち着かせないように、敵が冷静な判断をしにくくなるような意外な手を、勝利の瞬間まで、次々と打ち続けることが、うまい戦争のしかたである。

どんな戦争でも、敵が予期できないことをして、敵の頭を混乱させることができれば、勝利は得やすい。

Q

旧日本海軍の飛行機の大活躍にくらべて、旧日本陸軍の戦車は、敵軍のものよりも性能がひどく劣ったようですね。しかも、その数も、敵軍にくらべてあまりにも少なかったようですね。もっと良い戦車をもっと多数そろえることが、なぜ日本には、できなかったのでしょうか？

A

戦中に、陸軍の戦車の開発と生産の指導にあたっていた村田皎三少将は、昭和一八年に市販した『機械化兵器』の中で、次のように国民に理解を求めている。

――第一次欧州大戦の一九一七年四月から一九一八年八月までの西部戦線での戦車戦を調べてみたところ、いずれも戦闘の第一日目に、投入された戦車の四分の一は失われてしまっている。そのような消耗戦は、貧乏な日本には不可能と思う人がいるかもしれない。しかし、さらに数値を比較してみて欲しい。

イギリス軍戦車についてみてみると、第一次大戦の西部戦線での戦闘に参加したのは、計九六日である。そしてトータルで、クルーの将校五九八人、同じくクルーの下士官と兵二五五七人が死傷した。

またこれをフランス軍戦車についてみれば、戦闘に投じられたのは計四五日であり、クルーの将校三〇〇人、下士兵二三〇〇人がトータルで死傷したのである。いずれも、歩兵の死傷数にくらべれば、とるに足りないだろう。

このように戦車は高額な兵器ではあるが、極端に少ない人的犠牲によって、膠着状態の前線を流動化させるという、他のどの兵科にも不可能な、戦術上の大きな成果を挙げることができるのだ。ドイツもまたそれを認めていたからこそ、英仏と同じように戦車を投入して対抗しようと競ったわけである。

ちなみに当時の英国では、戦車一両の価格は、砲弾一〇〇〇発と、ほぼ等価であった。されども、砲弾は、それを何万発、何十万発と用意して絶え間なく敵陣に撃ち込もうと、お互いの塹壕工事によってすっかり固定化した戦線を、流動化させる力がほとんどなかったのである。

第一次大戦のフランダース戦では、英軍は、味方の歩兵が突撃に飛び出す前の準備砲撃を三週間も続けた。その間に、なんと砲弾四二五万発が費消されている。一発五〇円として、一二億数千万円もが、煙と消えた次第である。しかし、歩兵がいよいよ突撃してみると、敵ドイツ軍の防禦線は、ほとんど崩壊していなかった。なんという無駄であったことか。

戦車だけが、敵の塹壕防禦帯を超越して、現代の野戦での決戦の機会を作為することができるのだ。こちらに有利な決戦ができなければ、戦争はいつまでも終わらない。だからつまり、戦車の単価が非常に高くとも、やはり日本陸軍も戦車を研究し、整備し、運用する必要があるのだ。

仮りの話、戦車の備砲を分解して、弾薬とともに多数の馬の背に駄載し、「山砲」として運用することを想像してみよう。おそらくそれには、五〇人の将兵と、一五頭の馬が必要になるだろう。秣《まぐさ》などを考えると、そのランニングコストは、戦車一両を確実に上回る――。

村田少将は、戦車を整備するメリットについて、このように納税者に説明した。

日本の工業は列強に比して出遅れており、砲弾の生産力では数十年前のフランスの能力にも及ばぬありさまであった。砲弾をマスプロするかわりに、優秀な戦車を一定数そろえることができれば、火力戦ではなく運動戦となって、生産力の劣った日本が速戦即決戦争できるようになるのではないか、という期待が、陸軍全体にもあったのだ。だからこそ、支那事変中も、航空機、砲弾に次ぐ額の予算が、戦車のために使われている。

日本の不幸は、この戦車のデザインを、陸軍士官学校を出た上で、さらに技術系の仕事を与えられたごく少数の将校にのみ指導させて、民間メーカー（筆頭は三菱重工）の意見には、決して耳を貸さなかったことであった。役人が最新の機械をデザインしても、役に立つものができるわけがない。人材の分母も、元からの適性も、まるで話にならぬのである。

たとえば、一般部隊の連隊長になるのと、巨大な工廠の長になるのと、どちらが面白いかといえば、圧倒的に、連隊長の方が愉快なのだ。優秀な将校は、技術の仕事には満足しなかった。ということは、民間の優秀な技術者を、逆に将校にすべきなのだが、そのような制度ぐらい、官僚組織が本心から嫌うものはなかった。

民間メーカーに自由に競争で試作品を提案させ、その提案のなかから一つを採用し、量産や改良もまた民間会社にほとんど任すという方式にしていたら、旧軍の戦車も、予算の無駄使いとはならずに済んだかもしれない。

ところで戦車も、飛行機や毒ガスや機関銃などと同じく、第一次世界大戦で急成長したニューフェイスだった。現代人ならば、こうした最新のテクノロジーや、まったく新しい武器システムが、大国同士の陸上戦闘の流れを変えてしまう話を、よく聞いているだろう。

だが、第一次大戦前までは、そうではなかった。陸戦に関する「新兵器」が急に発明されて大量装備されるようなことが、めったになかったからだ。各国の工業の段階は、まだそのていどであったのだ。

それに、明治はじめに建設された近代日本陸軍は、欧米で普及した最新装備を、適当に選別して国産化することで、第二次大戦前まで、大敗北することもなく、すべての戦争を乗り切っていた。

そのため、日本陸軍という組織そのものが、新兵器の技術研究については、海軍ほどには、真剣に考えないように、できあがっていた（昭和二〇年代より前の日本では、「デベロップメント」の訳語として「開発」という熟語は使われておらず、陸軍でも、すべて「技術研究」と言っている)。

海軍では、技術の優劣は常に死活問題だったが、陸軍では、技術の優劣を、兵力の集中や、地形の利用や、将兵の気力などでおぎなうことができた。

だから、陸軍では、新兵器を考えるために、大きな割合の予算をつけたり、技術研究に向いた優秀な人材をその研究のためだけに働かせるようなことはしなかった。多数の部下を懸命に働かせることのできるリーダーシップの力の方が、武器弾薬の力よりも頼りになったのだ。

陸軍が、優秀な将校を、技術方面ではなく、指揮や行政の方面で活かそうとしたのは、ここにも理由があった。

Q **日本陸軍はヒトラーの侵略政策に大いに期待していたのでしょうか。**

A ヒトラーのドイツ軍は、一九四〇年六月に陸続きのフランスを屈服させたが、英国は同年夏の大空襲を凌ぎ切った。ついに一〇月には、ドイツ空軍の方が息切れしてしまったことが明白になった。背後には、「中立国」アメリカの、隠密的な対英物資援助があった。

ドイツ空軍による対英空襲が下火になったということは、ドイツ陸軍の英本土上陸も、当分できなくなったことを意味した。

これは日本陸軍にとり、大きなもくろみの破綻《はたん》であった。ベルリンの駐在武官はもちろん、陸軍の幹部はこぞって、ドイツが英国をすぐに屈服させるだろうと信じていた。そうなるのは確実だと考え、英国が敗北したあとの極東の英国殖民地をドイツと分け取りにしたいと欲し、なおかつドイツに支那事変の調停を頼まんがために、三国同盟を熱心に働きかけ、一九四〇年九月にやっと締結させたのである。ところが、そのドイツは今後しばらく、英国を屈服させることはできないし、したがって、遠いアジアの戦争調停の余裕なども持てないことになる。大きな期待はずれだった。

その頃、陸軍省の軍務局長（これは陸軍大臣の筆頭スタッフといってよい重要なポストで、日本の国家予算の四分の一を胸先三寸で左右できた。この地位に就いた者は、帝国陸軍という組織の将来のために最も頼りになる、行政担当能力抜群の中堅幹部だと、陸軍の上下から認められたに等しい。したがって世間は、将来の首相候補の一人なのであると認識した）だった武藤章は、一九四〇年の末頃から、支那事変の解決斡旋を、アメリカに委ねる気になった。

そもそも大きな戦争の媾和調停は、局外中立的な立場の大国にしかできることではなかった。ドイツに頼めないとすれば、そのような大国としては、あとはアメリカしか残ってはいない。

「防共」を主張して大陸政策を展開していた日本にとり、ソ連に頼むなど、問題外だった。独・英は、目下、ヨーロッパで戦争中である。もう誰が考えても、支那事変の仲裁ができる大国は、アメリカしかあり得なかった。

かくして、一九四一年四月から日米会談が始まった。

が、その時点で、もうアメリカ政府は、独ソ開戦が必至だと、正確に推定していた。アメリカの政治家は、日本陸軍の幹部よりも、近代の大戦争の常識がよく分かっていた。ドイツは、単独では、おそらくソ連に勝つことはできない。アメリカがソ連を支援すれば、ソ連の敗北はあり得ない。

ただし、もし日本が極東から同時にソ連に攻め込むと、スターリンも持ちこたえられない可能性があった。

独ソ戦は、一九四一年六月に始まった。

日本陸軍はただちに極東での呼応を考えた。

だが、シーズンの制約があった。

南満州ならばともかく、北満やシベリアで、日本兵は冬季の野営はとてもできない。そもそも日本人は寒いところが苦手であるからこそ、北海道の開拓すら、あんなに遅れてしまったのだ。それに対してロシア人は、シベリアから逆に南下して沿海州を支配し、探検家や入植者を樺太やカムチャッカに送り込んでいる。冬になったら、勝負にならないのである。

このことは満州で一年以上を暮らした経験がある日本人なら、誰もが理屈抜きに了解し納得していた現実であった。

となると、掃討作戦は多少長引いてもかまわないが、敵主力の殲滅と要地の占領は、一〇月下旬までに完了させなければ、日本国の勝算は心もとない。

そこから逆算すると、シベリアにおける対ソ開戦は九月初旬でなければならない。

そこから逆算すると、日本政府の最終的な正式な方針決定が、八月初旬までになされなければ、末端までの事務手続きが間に合わない。

しかし、海軍も文官も、対ソ戦には反対で、とても八月九日まで対ソ戦の国策は定まりはしないと、見通された。その時点で、北進はあり得なくなった。やるとしたら、来年春以降だ。

しかし関東軍を、それ以前の三〇万人から、大動員（関特演）によって一挙に八〇万人に増やしてしまったことが、当然ながら、政府内の問題となる。半年以上もただ遊ばせておくには、あまりにも人数が大きいのだ。海軍と、南進派の陸軍幹部は、この動員済みの戦力を、南シナ方面で使えばよいと、そそのかした。これはあっさりと受け入れられ、北部仏印進駐が行なわれた。

Q マスコミも戦争の武器だったのでしょうか。

A 大衆向け情報メディアは、そのまま宣伝のメディアでもある。自国民を束ねるために、大衆メディアを積極利用しようとしない政治指導者は、民主主義に対する理解が浅いと言える。ムソリーニは新聞記者の出身だった。内務官僚出身だった正力松太郎は、戦後、自分が総理大臣になるために、読売新聞を使った。政治部で中曽根康弘の担当記者になった元左翼学生は、新聞社の社長になって中曽根を総理大臣に押し上げた。政治には味方と敵がつきものである。よって、中立の新聞など、あり得ない。自分の住んでいる国を亡ぼして敵国を勝たせたいと願う政党や政治家が存在するところでは、その政党や政治家のために一肌脱ぐ新聞記者に、ことかかないだろう。

一九世紀の新聞の発達は、「大衆向け情報伝達のコスト革命」だった。第二次大戦前のラジオと、戦後のテレビがそれに続く。現在はインターネットが新たなメディアとして確立している。

レーニンのソビエト革命は、新聞やパンフレットなどの地下印刷物が成功させたと言っても過言ではなかった。そのため旧ソ連軍も紙媒体を武器として考え、最前線に必ず移動印刷所を設置し、敵の軍隊に対する宣伝ビラを即日に印刷して爆弾や砲弾の中に詰めて散布できるようにしていた。そしてなんと一九八〇年代のグラスノスチ以前は、ゼロックスのようなコピー機をソ連の一般市民は誰も利用することが許されなかった。反政府運動の地下新聞の印刷に使われることを共産党が恐れたためである。

ヒトラーはラジオ演説で大衆を束ねた。蔣介石の国内政治のためのラジオ宣伝戦が、対日戦争を不可避にした。スペイン内乱ではラジオ放送局が両陣営の優先的な奪取目標になった。

日本共産党の街頭演説は、冒頭および要所の切り替わりで「皆さん」と呼びかける。

このテクニックは、戦時中の昭和一九年以降にサイパン島から中波で日本向けに放送された戦時プロパガンダ局の日系米人アナウンサーが読み上げたラジオ原稿とそっくりだ。つまり戦前から確立されているノウハウなのだ。

「メディア・リテラシー」のことは、大正八年頃には「読者眼」と言った。つまり第一次大戦で日本人のマスコミ人は宣伝についてよく理解した。テレビ報道は米軍をベトナムから撤退させた。この教訓から、湾岸戦争以降は戦争のテレビ取材は完全に統制されることになった。

現代の大衆は、周囲の人と自分だけが違っているという恐怖に堪えられない存在である。この大衆の恐怖をもっともよく鎮めてくれるメディアが、誰もが同じ時刻に同じものを視るという体験が可能な、テレビである。

テレビの登場により、かつては煽動の道具であったAM中波ラジオは、かえって落ち着いた教養メディアになりつつあるようだ（だから、警視庁もラジオ番組をもっと良いだろう）。

たとえば、戦後の高度成長期に平壌から届く口汚い日本語の短波放送を聴いて、向こうの体制は素晴らしく、日本はどうしようもない、などと信じた日本人がいただろうか？　在日朝鮮人以外には、煽動の効果はゼロだったと思われる。

ヒトラーは「わが闘争」のなかで宣伝の対象について、次のように述べている。

「宣伝は、学識のあるインテリゲンツィアに対してではなく、永久に教養の低い大衆に向けてあるべきである」

つまり、宣伝の対象は知的な専門家ではなく、「国民」だ。そのため、宣伝文が難解なものや退屈なものは、国民に理解されることは難しく、効果的な宣伝を行なうことができない。地上波テレビこそは、この理想メディアであろう。

参入自由型のメディアであるインターネットが、情報寡占型のメディアである地上波テレビに対抗するには、インターネットをモニターするハードウェアが、今の携帯電話と同じくらいに購入と設定が簡便、且つ低価格にならねばならない。この実現が一日遠ければ、日本の政治の不自由も一日、長くなるであろう。

Q　ロシア人にも、近代的に「約束」を守れる人が、いるのではないでしょうか。

A

ナポレオンと同時代に生きた、カントという哲学者は、東部ドイツの都市の人で、法律を無条件に尊重しようとし、一九世紀において、世界平和は可能だと信じた。そのカントが直接に知っていた外国人には、多数のロシア人貴族たちがいた。

一八世紀のロシア貴族は、西欧の価値観に同化しようとする志向が強かった。一七二五年に死んだピョートル大帝が、西欧から遠くて韃靼《だったん》に近い内陸のモスクワに首都があってはいかんと、バルト海に面した砂浜に新首都ペテルブルグを建設した、そんな世紀である。

だが一六世紀から東方征服を開始したロシア人は、その広すぎる地理、国境の固定されない地理から、その秩序意識を規定されざるをえなかった。ベーリング海峡が発見されたのが一七二八年で、ちょうど清国も、勢力を拡大中だった。

辺境では、法律遵守の精神は、人々に定着しない。そこでは、母国の首都では守られるような法的責任からの逃亡が、しばしばあまりにも容易であり、逆に国家による法的責任の強制は、困難だからだ。特に、何十年かごとに国境線が移動してしまうような辺境では、文明人が基本的人権とみなす所有権もあいまいになるのは自然である。シナ人やイスラム教徒についての見聞が極端に足らなかったカントは、辺境のロシア人についても、ほとんど理解してはいなかった。それにもかかわらず、否、それゆえにこそ、彼は全世界に高度な理性の共有を要求できると主張した。

西欧文明圏外の外国人を実際に知らないどころか、カントは、生涯独身だった。これは、当時の若い思想家たちにとってヒーローであったルソーの遺著『告白』の中に書かれていた、ルソーの妻の扱われ方が、あまりにみじめすぎるではないかと同情を禁じえなかったからだ。カントは、〈人は他人を「手段」として扱ってはいけない。「目的」として扱え〉と叫んだ。

だが、人間を目的とするなら、数学的な啓蒙主義は、かなりの程度、捨てなければならないはずだ。なぜなら、人は、他者から見たら非合理的なこと、あるいは非理性的なこともする生き物に違いないからだ。

非合理なこともする雑多な人々の間での自由な併存は、お互いに「公的な嘘」をつかないようにすることでのみ、可能になるだろう。

互いに公的な嘘をつかない空間では、すなわち、法律や契約、条約が守られる。法律の平等な適用が確保されれば、そこに初めて、王者の自由ではなく、市民の自由があり得ることになろう。

公的な嘘がまかりとおると、三段論法があやしくなり、高度な自我としての理性も獲得しにくい。言葉の破壊や、約束の破壊を許しては、人は自由ではなくなるのだ。

特定地域を超えた、全世界的ルールを考えるとしたら、その最大にして最小の公約数は「公的な嘘をつかぬこと」しかあるまい。

カントは、嘘について、〈他人に対していつわりの約束をすることは、自分が他人を単に手段として使おうとすることだから、許されない〉と説く。理念が現実に負けてはいかんというわけだ。しかし現実には人々は理念をあまり尊重しないのだ。

イギリス人なら、普遍妥当な定義の提唱だけで、満足することはしないだろう。ほぼ同時代人のアダム・スミスは、対人道義は感情や経験、洗練された自己愛から導かれてもよいのだと説いている。これなら、何国人に対しても、妄想の押し付けにはならない。

一九五〇年にマッカーサーは、〈第二次大戦中のドイツ人は、いわば四五歳のワルであった。日本人は一二歳のガキだった〉と論評した。

ドイツ人は、パリ不戦条約その他の国際法の意味がわかっていて、その違反の咎《とが》をバイパスするため、策を弄《ろう》している。つまりドイツ人は、国際法を堂々と破ったら、〈彼らはいつわりの約束をした〉と非難されることを予期し、それを苦痛だと考えていたのだ。ところが日本人ときたら、パリ不戦条約や九ヵ国条約を堂々と破り、自分から宣戦布告した。よく計画・準備された奇襲的な開戦が、パリ不戦条約を批准したことと矛盾しないのだと世界を騙すための演出も、少しも試みた痕跡がない。公然と嘘をつく行為は、西洋人からは非難されるだろうという予期が、外務省にすら欠落していた。つまり日本人は、近代人としての道徳の存在そのものを、まだ理解していないのだ。成人の自我を獲得しておらず、法律の意味が分からないで、少年犯罪を犯したようなものなのだ——と、マッカーサーは分析したのだ。

Q　英国の軍事評論家のリデル・ハートは生前、クラウゼヴィッツが第一次大戦の惨害の責任者だとなじりましたが、これは正しい批判ですか？

A　英国人にも、尊敬すべき古典解読者と、尊敬できない古典解読者がいるのはもちろんだ。リデル・ハートは、ドイツ語で『戦争論』を読んだことがないだけでなく、英語の全訳版も、とおりいっぺん、目を通しただけだったろうと言われている。彼のクラウゼヴィッツ理解とは、別な英軍将校が、強敵ドイツを知るための国民向けの参考資料として公刊した、クラウゼヴィッツ理論の入門書を、勝手に曲解したものであった。

じつは、「何物も根底に於いて政治と交渉を持たないものはない」と断言したのは、スイスの水土とフランス語の文化が生んだ天才、ルソーだった（石川戯庵訳『懺悔録』大正七年版、五七八頁）。現代のクラウゼヴィッツ研究者は、クラウゼヴィッツが著作の中で一度もルソーに言及していないことから、当時のあたりまえな知識環境を想像し損なうのであろう。クラウゼヴィッツ世代のインテリのドイツ人で、ルソーを全部読んでいない者の方が、稀だったのだ。読んでいるのが当然であると同時にまた、フランス革命の予言者として間違った声価を付与されている有名なルソーの名前は、絶対に口にはしないのが、プロシア宮廷に仕える臣下のエチケットでもあった。反体制思想の代名詞のルソーのファンが、国王や後輩将校から、どうして嫌悪や不審の目で見られないことがあろうか。

クラウゼヴィッツは、ルソーの本はおそらく、手に入る限りのすべてを、むさぼり読んでいた。クラウゼヴィッツを突き動かしていたのは、プロシア軍将校としてのナショナリズムだが、そのナショナリズムは、そもそもフランス革命から全欧に波及したのだ。

ヘーゲルとクラウゼヴィッツは、同じ一八三一年の悪疫流行にやられて死んでいる。

誰が書いたものであれ、哲学の本を読むのは好きではなかったと想像できるリデル・ハートは、この二人の没年の年表上の一致から、クラウゼヴィッツが戦争について語る「絶対戦争」(adsolute Krieg) は、ヘーゲルが国家について言ったと聞くabsoluteと同じ、意味の分かりにくい観念遊戯ではないかと速断した。

absolutismは一八世紀のプロテスタントの「神」の捉え方である。プラトンの「イデア」(万物の内部にあって、この世で最も善いもの)の言い換えだったろう。ナポレオン死後の王政復古時代、すなわち一八二〇年代なかばから、この英語・仏語・独語のabsolutismは、政治系の流行語になった。クラウゼヴィッツが『戦争論』を執稿した一八一九年~一八三〇年は、このabsoluteなる言葉をいろいろな著述家がそれぞれ勝手な意味で用いていたのだ。

ヘーゲルは、「絶対なるもの」(absolute substance =すなわち神)が顕現したのが「国家」であり、したがって国家はこの世で最も善いものなんだと主張した。要はこれもイデア論である。

ちなみに、ヘーゲルより早く、「一つの社会ができればそれは必ず別な社会を生む」「社会同士は争う」「ついにはただ一つの社会が他のすべての社会を併合することもあり得る」と論じていたのもルソーである(白水社『ルソー全集』第四巻を見よ。フランスでルソー全集が刊行されたのは一七八〇年代)。

クラウゼヴィッツも多くのヒントをルソーから得た。

ルソーは、現実の悪い社会の改善方法について考える作業の前段として、まず「善い社会のイデア」を考える。それが、原始自然状態の相互不干渉の個人、というファンタジーだ。まさしくこれに対応し、クラウゼヴィッツも「戦争のイデア」を考えてみようとした。ところがクラウゼヴィッツは、イデアの世界には、浸りきれなかった。ルソーは究極の戦争について「同胞絶滅戦争」を挙げた上で、しかし現実には皆殺しには至らず、他者の奴隷化で以て止むだろう、と説明してくれていた(「戦争状態は社会状態から生れるということ」)。

クラウゼヴィッツは有り難くこれを採用し、そこから自分の議論を発進させるべきであった。だが彼は、一八〇六年からの戦場体験に理性を圧倒されていた。ナポレオンの事蹟そのものが「戦争のイデア」、すなわちクラウゼヴィッツの選んだ言葉では「絶対戦争」の見本であると、断定してしまったのである。

クラウゼヴィッツは、大著の出発点において、生々しく、「戦争のイデア」とは実は呼べぬ、近過去の歴史そのものを、「戦争のイデア」視してしまった。

世界の特定の地域の住民や、クラウゼヴィッツ没後の共産主義者には、戦争のイデアとは、同胞絶滅戦争であることが、よく分かっている。ナポレオンは、敵国民に対して甘かったので、敗滅した。とうてい、戦争すなわち政治のイデアたり得ぬであろう。

おそらく一八二七年前後にクラウゼヴィッツは、ナポレオンの戦争指導は「戦争のイデア」とは別な、啓蒙的なリアリズムであったことに気が付いた。しかし自分の議論の出発点からすっかり改めるとすれば、彼の一〇〇〇枚以上の原稿をことごとく書き直さねばならぬ。「体系記述」「永遠の参照性」にこだわった彼には、その時間と体力は無かった。

『戦争論』がリデル・ハートから毛嫌いされた理由の一つが、その文章スタイルだ。たとえばもし近代の英国の新聞特派員だったら、「小官は一八〇六年のアウエルシュタット戦で、アウグスト親王とともに泥濘《でいねい》地を逃げ回ったが、とうとうフランス騎兵に追いつかれ、捕虜にされてしまった。戦争の実施は、湿地中を走ろうとするのに似たものだ」と書いたかもしれない。そこをクラウゼヴィッツは、「戦争における行動は、あたかも抵抗多き物質中の運動に似ている」（清水多吉訳『戦争論』中公文庫・上巻）と書かずにはいられなかった。

同じように、クラウゼヴィッツの一八一一年の陸軍大学校の最終講義原稿の中に

「それらは巨大な機械のそちこちに起こる摩擦《フリクション》とでも呼んだらいいでしょうか」（白須英子氏訳）とある部分だって、サービス精神がなさすぎる。どうして、「小官はフランスで蒸気自動車というものを見物したが、なかなか設計者の思ったようには走らなかった」と、目に浮かぶように書いてはいけないのか。

ちなみにルソーは、「政治体という集合のなかで…《中略》…機構全体が活動した場合に、いわばどれだけ摩擦が生じるかを考察していただきたい」（白水社の全集、Vol.4、三七七頁、宮治弘之氏訳）と書き遺していた。

英雄の意志力についてルソーが書いている「英雄の徳とはなにか」は、クラウゼヴィッツがプロシア軍または国民に希求したものにそのまま重なる。魂が諸障碍《しょうがい》を克服するのである。

『戦争論』の中で「決闘」と和訳されている箇所は、「喧嘩／格闘」とするのが良いのかもしれない。おそらく、ルソーが譬《たと》えた原始人同士の、進化した刃物などを用いない争いを、クラウゼヴィッツも念頭している。

Q 戦後の日本人の奴隷志願根性は、どこから来ているのでしょうか。

A 福沢諭吉は、それはシナ儒教だと断定した。

明の太祖・朱元璋は、日本の「教育勅語」の元になった「六諭《りくゆ》」を考え、シナじゅうに広めた。

元朝を大規模な叛乱《はんらん》によって倒したのが明朝だが、その明朝がまたいつか叛乱で倒されないようにするために、〈庶民は政府に逆らうなよ〉と教えたものだ。

それでもけっきょく明朝は、満州からやってきた清軍と、それに呼応した国内叛乱勢力によって、亡ぼされた。

清帝に媚《こ》びるシナ人のインテリ役人が、この「六諭」の再利用を提案した。かくして、条文をいっそう噛み砕いて注釈した『六諭衍義《えんぎ》』が書かれ、清朝はそれを普及させて、民心をおちつかせようとした。

徳川八代将軍の吉宗は、巨大消費都市化した江戸市中の治安には、昔ながらの単純素朴な刑法では、末端の役人の指針になり難いと感じていた。清国の刑律は、かなり精緻《せいち》なテキストだという噂が高かった。吉宗は、それを参考にしなければならぬと思い、薩摩の島津に話すと、島津は、沖縄経由で清朝の行政用のさまざまなテキストを調達した。その中に、『六諭衍義』が含まれていた。

『六諭衍義』を一読してその庶民向けの配慮に感心した吉宗は、湯島聖堂で教科書として使わせるとともに、優秀な儒学者にテキストを和訳させた。その『六諭大意』は全国の寺子屋で読まれた。

幕末から明治のはじめにかけ、九州の私塾ではことのほかに『六諭衍義』が尊重されていたようだ。その風土からか、福沢諭吉の『学問ノス丶メ』に対抗した「教育勅語」は、熊本の儒者、元田永孚《ながさね》によって考え出される。

福沢諭吉は忙しかったので、民撰議会がスタートし、大日本帝国憲法が施行された明治二三年までに、反近代的な「教育勅語」を圧倒できるような「あたらしい武士道」の創製ができなかった。

日本のイギリス化を宣言していた慶応四年の「五箇条の御誓文」と、その最良の解説であった明治五〜九年の『学問ノス丶メ』の路線は、「教育勅語」を好んだ藩閥政府のために、意図的にスルーされるようになった。

「教育勅語」が人々を洗脳した結果、日本人は、なぜ「脱亜」しなければならぬのか、なぜ国と国とは対等であるべきかが、分からなくなった。

国と国とが上下関係で規定される「シナ＝朝鮮」風の価値観が「教育勅語」で肯定されてしまっているために、日本人は国家の独立について一から考えることが妨げられている。強い外国の奴隷でも構わないと考える日本人が、あまりにも多いわけである。

マッカーサー偽憲法は、アメリカ合衆国に対する奴隷宣言契約書のようなものであるから、いつまでも有効な扱いをしていてはいけない。

さいわいなことに、昭和天皇は一九四六年の元旦に、近代日本の最初の憲法典であった「五箇条の御誓文」の全文をあらためて国民に与えた。

「五箇条の御誓文」には、日本が近代国際法を遵奉《じゅんぼう》する旨がうたわれている。昭和天皇は、米兵の銃剣下におかれている日本国民が厭でも呑んだふりをしなければならぬ、国際法違反のマッカーサー偽憲法の有効性を、予め否定しておいて下さったのである。

しかもまた、教育勅語（明治二三年）や大日本帝国憲法（明治二二年憲法）は、「五箇条の御誓文」よりも後からつくられた憲法典であるから、一九四六年元旦の勅定をもって、それらは廃止されたのである。

現在の日本には、成文憲法は、「五箇条の御誓文」以外ない。イギリス流の不文憲法の体制に近いものが、半ば、行なわれているのである。あとは、最高裁判所がこのことの確認を、なにかのついでに、すれば良い。

ジョン・ロックは、主権とは憲法制定権であると言った。憲法が主権を生み出すものではない。マッカーサー偽憲法をあがめたてまつるということは、主権が米国にあることを意味する。偽憲法の無効が、堂々と内閣総理大臣によって宣言されたとき、日本は独立できるのである。

Q

真珠湾攻撃後の米国連邦議会でローズヴェルト大統領は、日本の開戦を、公民的でない破廉恥な醜行をともなう汚名である「インファミー(infamy)」と形容しました。また、その非難演説の中でローズヴェルトは、野村大使がハル国務長官に手渡した文書の内容がまったく宣戦布告になっていないことも指摘しています。真相はどうだったのでしょうか。

A

外務省が、最後通牒だったと主張している「対米最終覚書」は、ハル長官に現地時間の午後一時に手渡すよう、野村大使に訓令された。野村は一時にハルのアポイントメントをとった。が、日本大使館内でのタイピング作業に手間取ったことから、野村はあらためて面会時間を午後二時に延ばしてくれるようにハルに伝えている。

戦後の東京裁判で、陸軍省の軍務局長だった武藤章は、日本の対米最後通牒ができるだけ遅くなるようにすべきであると、開戦前の会議で、海軍軍令部の伊藤整一次長（『大和』特攻で戦死）が述べたと証言している。昭和一六年一二月四日の時点では、交付は零時半にすることになっていた。それが一～二日後の伊藤と東郷外相の話では、午後一時になったという。東郷茂徳は、自分が明治三六年の小村寿太郎の役割を果たさねばならぬことについて、海軍と完全に意思を疎通させていた。

「対米覚書」は東京の外務省が作ったものだが、原案では、末尾に宣戦通告と解釈し得る文言をきちんと添えておいたところ、海軍の事前チェックで削られたようだ（米国を先に奇襲しようとしている日本が同時に宣戦布告をすることは、それだけでパリ不戦条約違反である。外務省はいったいどんな原文を用意したのか、公開すべきであろう）。

大日本帝国海軍の願望は、ハワイ軍港における開戦劈頭猛爆の確実な成功以外には、何もなかった。

元海軍大将の野村吉三郎が、なぜこのときに駐米大使であったか？　彼には、日本海軍の奇襲開始時刻を真珠湾攻撃の着手前には絶対にアメリカに知らせないという密命が、海軍から与えられていたのだろう。野村が受けているらしい密命がどうにも心配なので、外務省では念のために来栖をダブルで大使に任命したりしているのだ。そもそも予備役大将だった野村は、昭和一四年の阿部信行内閣で初めて外相に就任したのだが、それは組閣（八月三〇日）と同時ではなかった。欧州で第二次世界大戦が勃発（九月三日）した後の、九月二五日なのだ。

この意味は、読者にはもう分かるだろう。日本海軍は、欧州大戦のなりゆき如何で、英国もしくはフランスもしくはオランダもしくは米国に対して南洋で奇襲的な軍事行動をとる場合があり得ると判断し、その場合に、かつて（明治三六年）の小村寿太郎の役割を海軍のために果たしてくれそうな、気脈の通じた外務大臣候補が他にいなかったので、身内から野村を送り込むことにしたのだ。野村は欧米通として誰にも認められていたから、外務省でも断わる理由を探せなかった。

なお、このとき日本陸軍は、ドイツと軍事同盟を締結したあとから、おもむろに行動することを目論んだのみなので、「小村寿太郎」を外相として必要だとは思わず、白鳥敏夫に活躍させることだけを望んだ。さすがに白鳥をいきなり大臣にはできないけれども、野村の下なら勝手なことをしやすいだろうと、陸軍も同調した（ちなみに白鳥は、海軍の及川古志郎の姻戚だったという）。

野村は陸軍の意をうけて、外務省の権限を横取りする貿易省を新設しようとしたので、外務省プロパーの下僚の抵抗に遭い、まもなく大臣の椅子から放り出された。しかし海軍は昭和一五年、野村を駐米大使に押し込んだ。その時点では海軍の総意は、〈一刻も早い対米奇襲開戦〉でほぼ固まっていたのだ。

海軍は、無通告開戦ではなくて、形式的な事前通告努力をしたフリをした上での実際上の無通告奇襲を狙った。野村は、真珠湾攻撃開始前には、絶対にハルに会わないと、一人で決意していたろう。その決意を知る者は、及川軍事参議官（野村を送り出した時点での海相）と永野軍令部総長の二人だけだったかもしれない。他の海軍幹部やOBは、うすうす、それを予感していたろう。兵学校の優秀卒業者でなければ、この「海軍の総意」は分からない。

下村宏は、「東条内閣の時にも宣戦の場合に現に閣僚の多くは不意に呼び出され、宣戦の詔勅に副署した。その時はすでに真珠湾攻撃の後であったのである」と、戦後に回想した。

Q

南部仏印進駐に反対した海軍将校もいたのではありませんか？　井上成美（航空本部長）と、豊田副武（艦政本部長）と、古賀峯一（第二艦隊長官）は、事前相談を受けず、あとで苦情を言ったそうですが……。

A

井上の反対理由は、航空魚雷も徹甲爆弾も完成していないから、まだ対米開戦は早いと思ったのである。彼の期待は、ドイツの「Ju-88」双発急降下爆撃機の日本版である「銀河」を完成して艦隊決戦に投ずることであったと思われる。航空技術廠長の和田操《みさお》はその意をうけ、「誉」エンジンの完成を急ぎに急がせているところだった。仏印作戦で工員の召集が増えれば、こうした最新装備の充実も遅れてしまうはずであった。

豊田は、新鋭空母『瑞鶴』の竣工スケジュールよりも早く対米開戦されるのが困る、と考えたのであろう。

艦隊をあずかる古賀は、開戦のタイミングを、じゅうぶんに前から承知していないと、泡を食ってせっかくの実戦でヘマなところを記録されることになり、やはり大いに困るわけである。

Q

一九四二年一月における日本の弾薬貯蔵量は、一九四二年の生産率で五ヵ年分もあったそうです。ではなぜ日本海軍は、石油も四～五年分の貯蔵をしてからアメリカとの戦争をしようと考えなかったのですか？

A

砲弾や爆弾を五年くらい倉庫に保管しておいても性能が劣化することはまずないが、石油製品は、二年以上もタンクに貯蔵しておくと、変質する場合があり、できれば二年以内で消費して行くようにするのが望ましかった。これが艦艇用重油と航空燃料の長期貯蔵を考えなかった理由の一つだろうが、しかし、決定的な理由ではない。一部を原油の形で貯蔵するとか、他の方法はいろいろ考えられたはずだからだ。

要するに近代日本海軍の歴史が浅すぎ、海軍将校の物の考え方がいつしか幼児的になっており、人や補給品や支援設備ではなく、高性能な軍艦や飛行機をたくさんならべることに一番の価値があると、昭和前期になっても思い込んでいたからだ。

一八五三年に、日本には蒸気船や大型帆走軍艦が無かったために、ペリー提督の四隻の軍艦を前にして、なす術がなかった。

このくやしさが帝国海軍の建軍の動機であったから、裏方で目立たぬ、また、外国の最新知識がなくともどうとでもなるだろうと考えられた燃料貯蔵施設などには、予算を注いでこなかったのだ。

ところがそうした陸上施設は、大型軍艦と同じくらい建造に年月を要するものだ。米国との関係が急速に緊張すると、ますます日本海軍は、二年以内の短期戦争で米国に勝負を挑むしか、活路はあり得なくなってしまった。

だから、二年以上かかりそうな計画は、全部、凍結だ。『大和』型戦艦の三番艦は空母に計画変更されたし、四番艦は中止された。一つの乾ドック（船台）を三年間も占領してしまう大艦が仕上がるのを待っていたら、海上決戦のチャンスは過ぎ去ってしまうのだ。

一九四一年に海軍は、南方資源地帯を攻略して長期不敗の態勢をつくると唱えている。が、これは方便で、艦艇と航空機のバランスがかろうじて有利な今のうちにアメリカと戦争するためには、あらゆる妄想がもっともらしい表現で理屈化されて、国内向けに宣伝されたのだ。海軍は明治時代から一貫して、一度か二度の海上決戦に勝つことが海軍の仕事のすべてであって、あとはなんとかなるものだという発想より外に、何も無かった。

アメリカ合衆国戦略爆撃調査団（USSBS）は一九四六年に次のように批評している。

米国は瞬時に最大限の動員体制に転じているのに、日本は、南方から石油とボーキサイトをもってくるという限定的な目標を追ったのみで、一九四二年まで、生産量に大変化がない。むしろ一九四〇年以前、一九四三年以降の方が大軍拡であった。

東条内閣の書記官長で、統制経済の専門家だった星野直樹も、日本の戦時経済はガダルカナル戦以後に始まったと証言している。

なんと一九四〇年から四一年にかけ、大型タンカーの建造がゼロである。一九四三年から最優先にしているが、とりかえしはつかなかった。いかに日本の指導部が、短期戦しか頭になかったかは、自明である。

つまり、大東亜共栄圏構想とはお題目にすぎなかった。日本の指導部は、対米戦争は二年以上は続かぬと、何の根拠もなく考え、二年以上かかりそうな計画はすべて、棚上げにして開戦したのだ。そのため一九四四年には、内地のコメすら尽きてしまった。

Q

一九四一年に米国が主導した、在米日本資産の凍結や、対日石油禁輸は、対日宣戦布告にも等しかったでしょうか？

A

第一次世界大戦後につくられた国際連盟規約は、連盟が侵略国と認定した国に対して、加盟国が、経済制裁を加えることを誓い合っている。この連盟規約に、日本は当初からの常任理事国として賛成し、その後の数度の改定でも、何らの反問すらすることなく、賛成し続けている。

一九二四年の改正規約では、侵略国に対し、すべての連盟国は、通商と金融の関係を断絶し、自国民をその侵略国に旅行させたりせず、あるいはその侵略国から自国に人物を入国させることもしない、と誓って、さらにそれに加えて、加盟国ではないアメリカ合衆国を念頭して、上記の措置をとることを、連盟が非加盟国（アメリカ）にも要請する、とした。これに、日本は賛成したのだ。

なお国際連盟は、侵略国に対して、加盟国が軍事制裁を加えることは誓っていない。一九二九年に日本が批准したパリ不戦条約も、署名各国が、侵略国に対する軍事制裁を加えねばならぬとは、要求していない。

ところが、第二次大戦後の「国際連合」すなわち連合国は、侵略国に対する合同軍事制裁を誓い合っているのだ。

よってソ連の一九四五年の対日参戦は、ソ連が国際連合の一員である限りは事後的に正当化されていることになる。またもちろん、仮りに一九四一年に米英の方から日本に先に宣戦布告したとしても、それは日本の南部仏印進駐という「侵略」に対するリアクションなのだから、事後的に正当というわけである。日本人が国際連合を肯定するということは、南部仏印進駐が侵略だったと認めることと同義であろう。

（フランス植民地だった南部インドシナに武力進駐した日本の行為は侵略ではなかったと思う人は、この続きは読んでも無駄である）

一九四一年七月二三日、米国のウェルズ国務次官は野村駐米大使に、日本の南部仏印進駐によって、日米間の話し合いの基盤はなくなったと告げた。

七月二四日、米国政府は、日本の南部仏印進駐により、近隣のフィリピンその他の地域が危険にさらされるので、日本に対して石油と屑鉄を禁輸するつもりである旨、新聞発表した。

七月二五日、アメリカ政府は在米日本資産の凍結を声明した。これは日本の商社がアメリカの銀行に開設した当座預金を凍結し、銀行決済を不可能にすることで、あらたな石油輸入契約を不可能にする措置である。

二六日、英国も米国に倣《なら》い、日英通商条約を破棄した。

二七日、英国に亡命政権を維持しつつ殖民地インドネシアにしがみついているオランダが、米英に倣った。

一九四一年八月一日、米国大統領は、あらゆる種類の石油を日本に向けて輸出してはいけないという命令を国内に布告した。

オランダは、本国が、ドイツに侵略されて占領されてしまっていた。敵国ドイツと同盟し、ドイツに敗れたフランスの殖民地を火事泥的に奪いつつある日本に、戦争物資の石油を売る理由はないであろう。

イギリスもドイツと戦争中だった。自国用の石油すら足りていないときに、敵国ドイツの同盟国に石油を売らねばならぬ理由はないであろう。

アメリカはドイツと戦争中ではなく、国際連盟加盟国でもなかったが、国際連盟規約の精神に則《のっと》り、日本の南部仏印進駐を侵略行為とみなして、日本に経済制裁を加えたものである。

禁輪（エンバーゴ）と、陸海空軍を使った国境封鎖（ブロケイド）の違いが分かっていない日本人がいまどきの文筆業界にも多いように見受けられるが、禁輪はそもそも通商条約を結び得ないほど危険な外国に対する各国固有の非軍事的な権利であり、国際連盟は軍隊を使った制裁など要請してはいなかった。

海上封鎖ではない、ただの禁輸すら戦争行為だという屁理屈がまかり通るならば、江戸時代の日本は、アメリカに対して立派に戦争行為をしていたことになる。ペリー艦隊の脅迫も、アメリカの「自衛」だったことになってしまうだろう。

東京裁判に陪席したパル判事は、〈米国は真珠湾攻撃の前から中立をやめ、武力紛争の一方の当事国（シナ）に武器・軍需品を積み出し、一方（日本）には禁じていた。だから戦争の当事国だったのだ〉と言う。これは国際連盟を否定した理論である。パル氏は、英国を頂点とした国際秩序を破壊しない限り、インドの独立はないと信じていたので、国際連盟も九ヵ国条約も尊重するには価しないとの帰結に辿り着いたのだ。

Q

支那事変中に米国が発動した「モラル・エンバーゴ」（道義的禁輸）は、日本に対する悪意ある挑発ではないのですか？

A

日本政府は、昭和一二年八月の蔣介石軍の上海総攻撃を受け、ただちに自衛戦争の発動を内外に宣言すべきであった。

そうすれば、現地の事情に無知な米国有権者も、日本人が怒りに燃えて反撃中であることが推測できたはずである。じっさい八月から一〇月にかけての支那事変は、「九・一二」後のアメリカの対イラク作戦のようなものだった。

ところが、日本海軍が邪魔をした。海軍は、公式の戦争状態が声明されれば、米国の中立法が適用され、日本がアメリカから石油を買えなくなるから困る、と言い出した。そのため、近衛総理は、自衛戦争宣言をすることができなかったのである。

結果、アメリカの中立法は、侵略者のシナに対しても、適用されぬことになってしまった。公式には戦争ではないのだから、アメリカ企業がシナ政府に武器を売り続けるのもまったく自由である。そう仕向けたのは、日本政府の信じられない不作為のせいなのだ。

日露戦争中に、ドイツは、ロシアにも日本にも武器弾薬を輸出している。これを日本人は「ドイツの戦争行為」と呼んだことはないし、「ドイツを許せないから奇襲攻撃しなくては」などとも思わなかった。

支那事変の初期には、日米通商航海条約が生きていた。最恵国待遇の必要があるから、アメリカ大統領は、輸出業者に禁輸の命令をすることはできない。ただ「自粛」を呼びかけることができるだけであった。呼びかけの内容に説得力がなければ、業者はロビー活動をして反論し、自粛などしない。ところが南京占領以後の日本政府のやることなすこと、アメリカ大統領のシナ贔屓を正当化する材料ならざるはなかったのだ。

こうなると、アメリカ国民は、想像力を遡及して働かせ、それでは昭和一二年八月の騒ぎも、じつは日本側の陰謀だったのだと思ってしまった。「悪者日本」の歴史が定着することになったのも、自業自得なのだ。

昭和一二年のシナの都市に対する日本海軍機の戦略爆撃は、米国民にショックを与えた。

九月二九日、米国務省は、一般市民が住む地域を広範囲に爆撃するのは、法と人道の原則に反し、許し難いと非難した。確かにそれは一九〇四年のハーグ条約の精神に抵触するのだが、一九三七年のシナでは軍人と人民は分離しておらず、しかもパリ不戦条約に違反して侵略を発動したのは蔣介石なのだ。こういう正しい宣伝も、日本海軍のおかげで、できなくなってしまった。

日本陸軍の重爆撃機は、日本海軍の中型陸上攻撃機よりも、爆弾携行量と航続力で劣っていた。そのため、シナ奥地に対する戦略爆撃任務の過半を、日本海軍の基地航空隊が担任していた。双発の中型陸上攻撃機の編隊を、日本海軍の単発の艦上戦闘機が護衛していくのだが、小型機の燃料タンクは大きくないから、長距離のエスコート任務のためには、戦闘機は特別に高性能のガソリンを給油して離陸する必要があった。今でいう「ハイオク」ガソリンだが、これを戦前の日本の化学工業界は満足に製造することができずに、事実上、すべて米国からの製品輸入に頼っていたのである。米国企業は、日本がシナ奥地の都市を爆撃している最中も、このハイオクタン燃料を、大得意先である日本海軍のために、よろこんで売り続けた。

フランクリン・デラノ・ローズヴェルト大統領は、昭和一二年一〇月五日に、露骨に反日的な「隔離演説」をラジオ放送して、爆撃の非道性を強調した。シナ贔屓の職員が多かった国務省も、昭和一三年三月二一日に日本軍の都市爆撃を非難し、さらに六月三日には、スペイン内乱に介入中のドイツ空軍とならべて日本軍を非難した。

しかし米国の石油産業は、シナよりも大量に石油を買ってくれる日本の味方であった。石油はひきつづき、日本へもシナへも、輸出され続けていた。米国石油業界のロビイストは有力であった。

米国が支那事変中の日本に売ったのは、戦略物資たる油脂類だけではない。武器そのものも売っていた。

南京が陥落した昭和一二年一一月、日本陸軍用の輸送機を製造するため、立川飛行機が米国ロッキード社と技術導入契約を結び、終戦までに数十機が納入された。米国の技術者は、日米開戦前まで、提携先の日本国内の飛行機工場に顔を出していたという。

一二月、三井物産がダグラス「ＤＣ－３」旅客機の製造ライセンスを購入し、これが海軍の「零式輸送機」となって対米戦で活躍することになる。

昭和一三年には、日本海軍は米国のダグラス社から、最先端の急降下爆撃機を、研究参考用に購入した。一四年一〇月には、四発大型陸上攻撃機「深山」の参考にするために、ダグラス社から「ＤＣ－４」大型旅客機も輸入した。

また大倉商事は昭和一三年九月に、フェアチャイルド軽輸送機一機を輸入し、陸軍が参考用に買い取っている。

出征する日本陸軍の将校は、拳銃は私弁（じぶんの給料で買う）であり、しかも正装では軍刀を吊ることが義務付けられていたから、嵩張らず安価な外国製自動拳銃（たとえばコルト32オートマチック）を町の銃砲店にて購入した。米国製拳銃の輸入は、在米日本資産が凍結されるまで続いていたと考えられる。

昭和一四年二月に日本海軍の主唱で実施された海南島占領は、誰が見ても日本の領土的野心の露骨な傍証でしかないと映った。この作戦は、そもそも前年八月に上海の日本人を皆殺しにしようと奇襲開戦した「暴戻支那」に対する「膺懲」のはずであった戦争の性質を、一変させた。

七月、米国は、日米通商航海条約の破棄を予告した。これは半年前に通告する必要があったもので、翌年の一月から、大統領が対日禁輸を随意に命ずることができるようになったのだ。

昭和一四年九月、ドイツとソ連はポーランドを挟撃し、その領土を分割占領した。同年の一一月三〇日、ソ連は宣戦布告せずにヘルシンキ市を空襲し、ついで地上軍がフィンランド領内に侵攻した。

これをうけて米国は一二月、「モラル・エンバーゴ」（道義的禁輸）を発動した。ソ連と日本はアメリカから、ハイオク・ガソリンを製造するための装置、物資、製造ノウハウを導入しつつあったが、この輸出を自発的にやめるように、大統領が業界に要請し、業界が応じたものである。

英仏と正式に戦争中のドイツには「中立法」が適用されるので、モラル・エンバーゴなどは無用であった。

モラル・エンバーゴが実施されても、オクタン価の低いガソリン（自動車や民航機用）や船舶用の重油は、前と変わりなく、日本は必要なだけ、アメリカ企業から輸入することができた。

昭和一五年一月二六日をもって、日米通商航海条約が失効した。これで米国大統領は、モラル・エンバーゴの呼びかけではなく、直後に禁輸を命令することもできるようになった。しかしローズヴェルトは、すぐには禁輸を命じていない。

六月にフランスがドイツに降伏すると、日本陸軍は仏領インドシナに野心を示し始めた。アメリカは七月、石油と屑鉄を大統領の許可なく輸出できないようにし、日本に警告した。

しかし八月から九月二三日にかけ、日本陸軍は北部仏印に進駐した。アメリカは九月二六日に屑鉄の対日輸出を禁止した。が、この時点でも船舶や車両や民間航空機用の石油の輸出を禁止してはいないのだ。

米国政府の石油の対日全面禁輸は、昭和一六年の南部仏印進駐という侵略行為に対する経済制裁であった。この南部仏印進駐は、日本海軍が陸軍の佐藤賢了を盛りたてて推進しており、誰が見ても、シンガポール攻撃のための航空基地確保が目的であった。

タイミング的には、日本がアメリカにお願いして始まった日米交渉中の暴挙で、しかもアメリカの警告を無視して実行されている。これにアメリカが怒るのは当然で、見逃しにすることは有害であった。経済制裁は国際連盟も平和的手段だと認めていたものだ。

この全面禁輸をうけたとき、日本の内閣総理大臣が非常に怒って、直ちに相手国を政府声明によってガンガン攻撃すれば、理屈の上ではいかに弱くとも、抗議をしている側にも何か同情すべき理由があるのではないかと、諸外国の庶民は思ったかもしれない。ところが日本政府は、大使館がワシントン市内の密室で抗議や懇願をしただけで、外国メディアを使った「怒りの表明」をしなかった。黙っていて、いきなり奇襲攻撃を加えたのだから、もう道理もなにもない。相手国民が怒るのはあたりまえである。日本政府には、怒るべき理由がなかったから、怒りようもなかったのだ。

Q 日本海軍に頼まれて、海南島の地下資源開発をした、石原広一郎という民間人がいたようですが、後藤新平の亜流のような人だったでしょうか？

A 後藤が辣腕《らつわん》官僚から閣僚へ成り上がった明治男とすれば、大正時代から自己を実現した石原広一郎は対極的に官僚嫌いな実業家であった。むしろアメリカン・ドリームの体現に近い男だった。

彼は戦前の日本の雑多な政治的運動家たちに多額の資金を惜しみなく援助して、自分の影響力を愉《たの》しんだ、華やかな冒険政商だった。なにしろ、彼の提供した政治資金は、すべて、彼が身体を張り、「ヤマ」を当てて儲けた代価だったのだから。

一八九〇年に京都の農家に生まれた石原広一郎は、京都府庁で農業技手として働くうちに、高等文官になりたくなり、夜間大学の法科に入学した。が、南洋で先に事業を開始していた弟の生き方に刺激され、妻子とともに一九一六年に日本を飛び出す。はじめは英領のマレーシアでゴム園経営を考えたが、失敗。しかし、ふとしたことから、マレー半島には未発見の有望な鉄鉱石資源があると推察し、野生の象に測量機材を破壊されたり八mの大蛇に驚かされながらジャングルを踏査した結果、とうとう一九一九年に、鉄鉱山をぶちあてた。それからイギリス人たちと交渉し、資源を河口から日本（八幡製鉄所）まで積み出すための港湾施設が一九二一年に建設された。石原の事業は軌道に乗り、一九三一年にはジャワ定期航路をもち、「石原コンツェルン」が誕生した。

一九三五年にはマレーでボーキサイトを開発し、前後して着手した紀州の銅山は一九三七年に大当たりとなった。

こうして稼いだ財産の一部を、石原は一九三一年以降、日本国内で政治的軍人たちに分け与えるようになった。マレーで知り合った徳川義親（侯爵）に紹介された大川周明も、その援助先だった。一九三六年の「二・二六」事件では、蹶起《けっき》将校にカネを渡していたとして、石原は陸軍衛戍《えいじゅ》刑務所に翌年二月まで禁獄されてしまう。その釈放後も、国家主義運動のための熱心な資金提供者の役割を続けた。

海軍は南進主義の石原をたのもしく思い、一九三九年に、占領したばかりの海南島の鉄鉱山開発を、石原に任せたわけだ。

こうして石原が経営した各地の鉄山は、戦時中の日本が入手できた鉄原料の半分ちかくをもたらしたといわれる。陸軍としては利用価値の高い人物のはずだった。しかし一九三八年五月の近衛内閣の改造で、近衛と懇意のつもりであった石原は、入閣することができなかった。逆に、親英的銀行マンの池田茂彬《しげあき》が入閣した。

石原は、〈南方の質の良い資源さえあれば、シナや満州の質の悪い資源は日本には不要なのだ〉との持論から、〈支那事変の解決は容易であって、それは自主的に戦線縮小すれば実現できる〉〈汪兆銘政権などつくらず、蔣介石と交渉しろ〉と、人に説いていた。支那事変拡大派、そして北進派の軍人には、これは気に入らなかった。他方、松井石根は、〈シナとは戦うべからず〉の立場から、石原のこの説に大いに共鳴していたようである。

東条政権ができると、石原広一郎は即座に「東久邇宮内閣」の成立運動を始めている。ただし木戸幸一が大反対であった。

石原の「反英」は根深いものらしく、オーストラリアやニュージーランドから白人は追い出すべきだ、と著作のなかで公言してはばからなかった。

石原は、自分のような「開発ボス」が南方原住民を支配すれば成功するだろうが、内地の試験エリートの官僚ごときが海外の指導に乗り出せば、必ず失敗すると予言していた。

もちろん「統制経済」には大反対であった。

陸軍エリートの考える統制は、製造業を優遇するために、原料を安く押さえようという、安直な魂胆だった。ところが日本はソ連やアメリカと違って地下資源小国であり、国内工業のための必要不可欠な地下資源をいかにして海外で確保して輸送してくるかが、国家生存上の大問題なのである。石原の事業はまさにそこをカバーしようとしていたのであるが、アカかぶれの陸軍の統制屋の軍人や新官僚は、地下資源開発や輸送の苦労を想像できず、その利潤を制限すれば、企業人のリスクを冒すモチベーションもまた失われるということが、読めないのだ。

またそもそも東南アジアが厖大な原料を輸出するのも、欧米に巨大な民需生産があるからに他ならない。この欧米に日本がとって代わろうとする以上は、日本は国内の民需生産を何倍にも拡大して、東南アジアに欧米以上に見返りの消費財を供給しなければならないのであって、その逆に日本が統制経済で民需生産をシュリンクさせていくならば、けっきょく東南アジアの巨大な資源を日本は活用し切れはしないし、また、東南アジア人も日本から物質的見返りが得られず、まさしく「共栄」とは反対の事態が起こる、と、石原は主張した。

そして東南アジアでひと稼ぎしようという志の低い同胞に対しては、総体では日本市場が求める現地の物産はすでに過剰であり、零細資本がいまさら行って開発がペイする余地もないので、けっきょく掠奪のようなことを働いて恨みを買うだけであると警告もした。

東条首相は石原の苦言にまったく耳を貸さなかった。小磯國昭も、鈴木貫太郎も、石原の相手をしなかった。

GHQの石原広一郎に対するA級容疑の逮捕令は、一九四五年一二月三日に本人に伝えられ、石原は一〇日に巣鴨に入所した。日本の降伏前の七月三〇日に、サイパンのラジオ放送が石原を戦争犯罪人に擬していたので、覚悟はしていた。

その巣鴨には、かつて南洋航路の統制か自由競争かで、激しく対立した村田省蔵（第二次近衛内閣の逓相・鉄相で、戦後の追放解除後、周恩来や毛沢東と会談した）も入ってきた。

獄舎の西側三階は、夏になると、赤道直下のマレーに十数年を暮らした石原にすら、堪え難い暑さになった。

反英の大川周明を後援し、戦争中に自分の鉱山で英国軍捕虜を働かせ、そこで死者も出している石原の立場は、実は危うかった。が、財閥容疑者の取調べの担当責任者がたった二人しかいなかったことが幸いし、起訴をまぬがれ、一九四八年一二月二四日、岸信介、安倍源基、笹川良一、児玉誉士夫らとともに巣鴨を釈放された。

一九五一年に公職追放を解かれると、元の社長業に復帰し、石原は政治活動からはいっさい手を引いている。

Q

なぜ戦前の日本政府は、海軍の意見をもっと尊重しなかったのでしょうか？　海軍は外国のことをよくしっている国際派だったし、陸軍よりも合理主義的でもあったのだから、海軍に一切を任せていたら、島国の政治外交は最も安全で、進路を間違うこともなかったのではありませんか?

A

およそどこの国でも、海軍ぐらい無責任な戦争屋はない。海軍に政治を任せた場合、世界最強の国家でないすべての国は、自滅してしまうだろう。

海軍に一生を捧げる将校には、自国と敵国の海軍のことしか興味がなくなる。人生最大の目標は、他国海軍との海戦に参加し、自分が世界の海軍史に名前を残すことである。このような海軍将校が国策を仕切れば、海軍がその国家を戦争に突入させずにおかない。

イギリスは第一次大戦のあと、世界一の強国の座をアメリカに譲らなければならなくなった。だがさいわいにも、イギリス政府は、海軍将校を統制することができた。

同業者として、アメリカ海軍の幹部は、日本海軍の幹部の敵愾心《てきがいしん》が、鏡に映して見るように、よく分かった。F・D・ローズヴェルト大統領は、日本に関しては米海軍から上がってくる情報を頼りにした。大統領の首席補佐官を務めたウィリアム・レーヒ提督は、昭和一七年の九月に、日本を「われわれのカルタゴ」と呼んだ。

ワシントン軍縮会議とロンドン軍縮会議で日本海軍の総トン数に規制がかかることになると、日本海軍はアメリカを激しく憎んだ。その感情を、アメリカ海軍の将校も、すぐに感じた。二つの軍縮会議は、平和のためには少しも役に立たなかったが、政治家が海軍を統制しやすい英国は、大きな利益を受けたといえる。

Q

シカゴ大学のジョン・ミアシャイマー教授は、著書の『大国政治の悲劇』（奥山真司氏邦訳）の中で、ドイツは一九一四年よりも、一九〇五年に戦争を起こしておいたほうがはるかに有利であったと言い、ドイツがそれをしなかった理由は、ミアシャイマー理論（列強は攻撃的な現実主義に基づいて和戦を選ぶ）では説明できないと認めています。真相はどうだったのでしょうか。

A

対仏戦を常に最大の課題と考えていたドイツは、日清戦争中にはロシアの機嫌を取りまくっていた。しかし日露戦争中はそうではない。

一九〇五年三月の奉天会戦のために日本陸軍が発射した砲弾の多くが、ドイツから緊急輸入されたものだった。また日本はこの砲弾と並行して、クルップ社の大砲もかなり大量に発注していた（のちの三八式野砲で、一九〇五年中に戦力化）。

ドイツ参謀本部は、日本がロシアを弱体化させられることに半信半疑だったのであるが、一九〇五年後半には、新事態が生じたことを悟った。となると、「日本を援助することで弱くなるロシア」を新たな代入条件とする、これまでとは違う「対仏短期戦争」の計画が、可能になるはずである。

しかし対仏戦争は大仕事であるから、半年やそこらでは、膨大で且つ精緻な「プログラム」は、まとまるものではない。参謀本部作戦課の「マン×アワー」が必要なのだ。

ところがドイツ参謀本部は、落ち着いて精力的に仕事をすることはできなかった。モルトケの衣鉢を継いだシュリーフェン参謀総長が、翌年（一九〇六年）に退役することになっていたためだ。

ロシアの内部も、騒動続きであった。ロシアの外交は、極東に伸長できなくなった反動で、バルカンに向かいそうであった。

ドイツ参謀本部は、ロシアという外部条件が固定しないうちは、フランスという答案用紙に向かうことができなかった。そして、緻密で網羅的な「プログラム」が事前に揃っていないうちは、その発動も不可能なのである。

いわゆる「シュリーフェン・プラン」の眼目は、三週間以内の対仏戦勝利を企図していることだった。なぜ三週間以内でなければならないか？　それ以上ながびくと、戦争目的のため、国内経済のすべてを再組織する必要が生ずるだろう。つまり国家総力戦である。ドイツ参謀本部は、そのような「長期戦」になると、ドイツ国民には大きな迷惑をかけてしまうので、してはならないと信じていたのだ。

ヒトラーも、国民思いであったことでは、シュリーフェンに譲らない。ロシアの国家重心は、モスクワとレニングラードにあり、南部にはなかった。ドイツ軍がその二都市を集中的に半年ばかり攻めれば、ソ連は屈服しただろう。ロシア革命だって、この二市を掌握したことで成就したのであり、他の土地はどうでもよかったのだ（河村只雄『私有財産制度の研究』昭和一三年刊）。

しかしヒトラーは、人口が多くて食糧自給ができないドイツ国民の台所を、わずか数ヶ月でも困らせないために、ウクライナの穀倉地帯もまた早期に占領しなければいけないと命令した。ドイツ参謀本部は、それに反対しなかった（反対したと戦後に語る軍人で文書の証拠を示せる者はいない）。それはシュリーフェンの道でもあったからである。

ミアシャイマー教授には分からぬようだが、一九世紀から二〇世紀にかけ、「プログラム」という理性が国防国策を支配していた国家が、確かにあったのだ。また二〇世紀の前半には、海軍省という一官衙《かんが》が、組織の生き残りのため、国家の生存を危険にさらすことのできた国家も、確かにあったのだ。

一九四一年に日本がドイツに呼応して対ソ戦を始めていればソ連は亡んだであろう。しかし、それを開始すれば、陸軍省がすべての予算をとり、陸軍参謀本部が日本の支配者になってしまうはずだった。海軍省も文官も政党も、そんな事態を好まなかった。反陸軍勢力は結束し、硬性で不磨であった明治憲法の欠陥を利用して、海軍軍令部にも統帥権独立を与えることで、陸軍という暴れ馬を制御しようと謀った。結果として、日本という車を曳く暴れ馬が、二頭に増えたのだった。

Q なぜ日本の戦争指導部は、大東亜戦争の末期に、ソ連のスターリンに対して、連合国との媾和の斡旋《あっせん》を頼もうとしたのでしょうか？　ドイツの降伏後に、ソ連が日本に対してあからさまに敵対的な動きをするであろうことは、じゅうぶんに予測ができたろうと思うのですが。

A

帝国陸軍の統制派は、大東亜戦争の最後の段階で、ソ連に対して日米媾和の斡旋を求めた。戦争の仲裁は、当時二国と同格以上の軍事強国でなくば、交戦中の両者から信用されず、話をまとめられない。そのような中立国はソ連だけだった。

しかし帝国陸軍の統制派には、スターリンがドイツ降伏後に満州に攻め込んでくるつもりだということも分かっていた。

スターリンは一九四四年一一月六日の演説で、真珠湾の日いらい初めて日本を「侵略国」ときめつけた。これにより、以後、ソ連が連合国の一員として、ナチスの同盟者を攻撃しても、それは「自衛である」と強弁できることになったのである。つまり、心の中でやろうとしていることは切り取り強盗と同じだという自覚があっても、その行為を、あくまで言論で自己弁護し、パリ不戦条約を、内外に向けての法的な正当化の根拠に使おうとしているのだ。これが、公的な約束を破ることを恥じるという、近代精神である。一九四一年の日本の自己説明には、この近代精神があっけらかんと皆無だった。

参本（正確には大本営陸軍部だが）は、一九四五年四月に、内外の各高等司令部に極秘文書を配り、その中で、極東ソ連の現在の兵站準備状況を説明し、ソ連の対日作戦使用可能兵力量を予測した。この資料を各自で読んで、門前に迫りつつあるソ連参戦の後の戦況を、各司令部で今から予期して肚を括っておけ、と促しているのだ。大本営では、満州をすてて朝鮮だけ守るという企図をひそかに固めていた。

日本政府がソ連に休戦交渉の仲介を依頼しようとしたのは、あくまで論理的・必然的な帰結であって、他に選択の余地などはなかった。旧軍内の誰や彼やが、ソ連やスターリンの悪徳に満ちたキャラクターを誤解していたからでは、もちろんない。

まず、およそ戦争の調停に乗り出す国は、戦争当事者の双方の陣営より以上の強国でなかったならば、その責任をさいごまで果たすことなどできず、したがって、最初から調停を頼まれることがないのである。考えてみよ。負けそうになっている陣営がいくら休戦や調停に同意しようと、勝っていると思っている陣営が、簡単にそれに付き合うわけがなかろう。調停国には、交戦中の両陣営の不満を、腕ずくでも黙らせる実力が、まず求められる。庶民の喧嘩の仲裁と、それはさほど異ならない。

もしも、敵対する両国が、兵力の引き離しの約束を実行しないような場合、休戦調停国は、有力な軍隊を派遣して、兵力の引き離しをマネージしなければならない。そのぐらいの強制力の担保を有すると目される大国や強国のみが、敵対中の両陣営から、調停者として頼まれるわけだ。

だから、日露戦争のときはアメリカという中立の強国が調停者として頼まれたけれども、第一次世界大戦では、中立の強国が地球上に一国も存在せず、ドイツは連合国に直接に媾和を申し入れるしかなかったのである。

ちなみに、支那事変のときは、日本政府が一九三七年の八月中旬に、侵略者である蔣介石政府に対してすぐに「自衛戦争」の宣戦布告をしていたら、アメリカを中立国として調停を依頼することが可能になったのである。近衛首相は宣戦布告を望んだのだが、「中立法」をもっているアメリカから航空用ハイオクガソリンが輸入できなくなる事態を恐れた日本海軍が、政府の宣戦をおしとどめさせてしまった。その結果、アメリカ政府が蔣介石政府に水面下で肩入れを続け、時間とともにその中立性は期待できなくなってしまった。

日本政府が対米戦争を決意するとき、この戦争では、休戦交渉の斡旋国として頼むべき中立強国はどこにも見当たらないという先の心配を、いちおうはしていたのである。ソ連はすでにドイツと死闘中であり、日本政府はドイツがソ連を打倒すると考えていた。打倒されなかったとしても、ドイツの同盟者である日本は、ソ連から見て明白な敵性国家であった。スイスやスウェーデンは第二次大戦の中立国であるが、いずれもイタリア以下の小国であって、日本とアメリカの間に割って入る実力はない。

なぜ、日本は米国に、直接に降伏の意図を伝えようとしなかったか。それは、直接交渉に臨むとすれば、ただいまの力関係から、かつて山下奉文大将がシンガポールの英軍司令官に「イエスかノーか」と迫ったように、こんどは米英から降参をキリキリと迫られ、のらくらと回答を引き延ばしたり条件闘争をする余裕が奪われてしまうだろうと懸念したのだ。

統制派の将官たちには、ソ連に対する親近感もあった。武藤章（終戦時に中将）は、第一次大戦直後の不景気な時代に青年将校として過ごした。当時のインテリは、なんとか日本国内のさまざまな問題（特に失業者問題）に解決案を得たいと苦悩していた。政党で大きな顔をしている自由主義者たちは、株の配当ですでに楽に暮らしている富裕老人階層の権益を擁護して、政府の公共事業拡大に反対し、政府にデフレ政策を採択させ、失業者を見捨てていた。ところが北隣のソ連には失業も不景気も無いという。日本のインテリは、日本を救う応えは、自由主義の中にはなく、ソ連の統制経済の模倣をすることにあるのではないかと考えた。武藤のように若くて元気で頭の良い者ほど、その可能性を真剣に考えたのだ。だから、米英のような宇宙人とではなく、以前からよく研究してきたソ連を相手に話をする方が、安心できると彼らは思っていた。日本陸軍の参謀本部の奥の院では、さいごのさいごに、「ソ日同盟」を妄想した可能性もある。日本海軍はレイテ沖とマリアナ沖で消滅したが、日本陸軍はまだ大陸と本土に過半が健在であった。日本陸軍がスターリンの子分になることを志願すれば、満州はソ連領になるが、朝鮮半島は親ソ反米派の日本陸軍の知行地として、スターリンは残してくれるかもしれない。すると、のちに朝鮮半島で証明されたように、満州から補給を受ける朝鮮軍（＝最後の日本軍）は、マッカーサーの米軍をも追い返すことができる……と。

Q

空母機動部隊は日本海軍が発明し、ハワイ空襲を受けたアメリカ海軍が、後から模倣したのではありませんか？

A

これは戦後に流布した自慢話だが、あたかも日本海軍がアメリカ海軍よりも、艦隊の中心的戦力を空母と位置づけることにおいて先行したかのような誤解を与えた。

事実は、アメリカ空母の技術進歩と大きな脅威化が先にあり、日本はそれに後手で対抗しようとする過程で、空母六隻の密集運用を、採用することになったのである。

ミッドウェー作戦では四隻を密集運用したが、海戦の結果から、それは合理的ではなかったと判明している。

海兵三七期で、海軍省の「軍事普及部」に何年も勤務した関根郡平大佐が、昭和一一年に呉警備戦隊司令部から出版した『海戦史話』という二冊本がある。前編が八月、後編が一〇月の奥付だ。

関根はちょうど、改装工事のため予備艦となっていた戦艦『伊勢』の艦長を一年ばかり拝命していたはずだが、余暇が十分にあったようだ。

同書の中で関根は、ハッキリと読者に教えている。アメリカ海軍にはすでに、渡洋接敵陣列、主力部隊の警戒航行序列として「リング・フォーメーション」(輪型陣)がある、と。それはしかも、「キャリアー・グループ」(航空母艦団)の集合だ、とも説明をしている。

アメリカ合衆国は、カリブ海と中南米諸国を支配下に置くために、航空母艦を発達させた。広大なカリブ海沿岸の、どこでいつ、対地爆撃作戦が海兵隊から要請されるか、分からない。建前の上ではそこは外国の土地であるから、あらかじめ無数に飛行場をつくって、陸上機を常駐させておくことはできない。空母が臨機にかけつけるのが、合理的であった。

（日本の南西諸島の広がりはカリブ海の数分の一にすぎないが、今日でも、その全域を攻撃ヘリコプターで効率的に防衛することは難しいという。陸上基地ではなく、空母から攻撃ヘリを運用するようにすれば、いくぶん有望になるようだ）

この、カリブ海の沿岸諸国に武力干渉するために便利な手段となった米空母は、日本の沿岸の海上封鎖のためにも使えるということが、日本海軍には、だんだんに分かってきた。

幕末の悪夢が蘇った。

徳川時代、伊豆の韮山《にらやま》には幕府の代官所が置かれ、代々、「江川太郎左衛門」の知行となっていたのである。高島秋帆が、長崎で洋式銃や洋書を輸入し、江川坦庵と佐久間象山に製砲技術や西洋銃陣を教えた話は有名である。なぜ伊豆の代官が、そこまで西洋知識の取得や実験に熱心だったのか。じつは伊豆半島の位置と関係があった。

大坂方面から江戸湾にむかう廻船は、必ず伊豆半島と大島の間を通過する。それだけではない。鹿島灘（銚子沖）から南下してきた廻船も、そのまま房総半島の南端を回りこんで江戸湾に直航することはしばしば困難で、いったん相模湾を横切って伊豆半島の下田に入港し、そこで風向きが反転するのを待って、ふたたび伊豆半島と大島の間を戻り、江戸湾に入る場合がよくあった。

つまり、もしもこの、伊豆半島と大島の間の海域に、外国の軍艦が蟠踞《ばんきょ》すれば、という世界最大規模であった江戸の都市機能は、それだけで扼殺《やくさつ》されてしまうという危機意識が、幕末からリアルにあったのだ。

アメリカ海軍の空母戦力をなんとかしないと、日本は将来、アメリカ海軍から沿岸を海上封鎖されてしまうかもしれない。この事態を防ぐためには、米空母の活動をこちらから進んで無効化できる海軍戦備が必要であった。それは戦艦でも潜水艦でも無理な仕事であり、同じ空母を多数揃えてぶつける以外に、考えられなかったのである。アメリカと同数の空母でも、日本の独立と安全は保ち難い。いわんや対米六割では、日本列島は丸裸も同然だ。このように確信して、山本五十六は、ワシントン軍縮条約とロンドン軍縮条約からの脱退を主唱した。

Q 日本はなぜ、対米戦争の前に、外地の油田を確保できなかったのでしょうか。

A

『漢書』地理誌に、現在の陝西《せんせい》省で湧き出る水がよく燃えると記されているように、石油が出そうな地域は、昔からおおよそは知られていた場合が多い。北樺太も、石油が地表に滲み出ていたから、すべての探検者が、それに気付くチャンスがあった。

難しいのは、ボーリングで大規模な油層にヒットすることであった。巨費を投じて、何十本も試掘しながら、とうとう油脈を探り当てられず、小さな石油ベンチャー会社が倒産してしまったという話は、よくあった。

試掘を成功させるノウハウを、世界の誰よりも豊富に蓄積していたのは、アメリカの民間石油会社であった。彼らにとっては、情報管理こそ企業の死生存亡の分かれ目である。そのため、やがて、一国の諜報組織にも匹敵する徹底した秘密保持能力を備えるに至るのだ。たとえば、いま、世界にどのくらいの石油埋蔵量があるのか、正確な数字を知っているのは、米国の巨大石油企業のごく一部の幹部だけだ。

石油が石炭に代わって先進国の動力燃料を支配することになるだろうと、最初に予見して海外油田の調査と確保に乗り出したのは、本国に油田をもたないイギリス海軍の中堅幹部だった。この努力は第一次大戦後も真剣・貪欲に継続され、一九一三年以降にアメリカの裏庭である中南米の油田にまで手を延ばそうとしたために、一九二〇年前後には、米英関係は異常に緊張している。

英国を同盟国として持ち、航空のみならず陸上のモータリゼーションで米欧にはるかに出遅れていた日本は、第一次世界大戦でのドイツの負け方を見てもなお、平時からの石油資源確保の緊要性を、国家指導者層からして、認識し得なかった。

特に、石油の最大消費者となる日本海軍が、人材として「戦術馬鹿」しか育てていなかったのは、日本の不幸であった。彼らは一九二〇年代以降、米英を共にライバル視するようになっても、軍艦や飛行機を増やすことしか頭になく、石油自給の努力に向けては、ほとんど予算を割こうとしなかった。

第一次大戦がまだ始まっていない一九一三年に、清国政府側から、陝西《せんせい》省の油田を日支合弁で開発しようとの提案が、日本公使の山座円次郎のところに持ち込まれた。清国政府は一九〇五年から陝西省延長県（今の延安市）での試掘に着手し、一九〇七年、シナ史上最初の油井を稼働させた。しかし年産量は数万トン以上には増えず、さらなる開発は行き詰まっていた。たまたま一九一二年は、世界の石油価格が暴騰し、シナ奥地の不便な油田にも、投資者があらわれるだろうと目論まれるようになったのだ。

山座はこの件を東京にとりついだのだが、外務省にも、他の官庁にも、政治家にも、軍人にも、石油資源の確保が将来喫緊の課題になると思う者が一人としておらず、聞き流されてしまった。日本海軍の軍艦は、まだ石炭焚きボイラーから重油ボイラーへ、完全に切り替えられてもいなかった。

清国政府は、次に話を、ドイツおよび米国にもちかけ、結局スタンダード石油会社が、一九一四年の二月九日に、この開発契約をとってしまった。

同年八月に、第一次世界大戦が始まると、シナに於ける欧米列強の軍事的なプレゼンスは、長期的にゼロになった。その期間、日本は、ほしいままにシナに対して要求をつきつけられる環境が生じた。

スタンダード石油会社は、この国際環境の変化に、よく注意を払っていた。一九一六年四月、彼らは「陝西油田は見込みがない」との情報を漏らして、試掘チームを引き上げさせた。第一次大戦の真っ最中である。

アメリカ政府がひそかに恐れたのは、スタンダード社がもし有望な油井を掘り当ててしまうと、それを日本やロシアが軍事力を背景にして横取りにくるのではないかということであった。延安は、のちにシナ共産党が江西省の根拠地から一年かけて最終的に落ちのび、ソ連の援助を受けながら、国民党軍の掃討をのがれることができた隠れ家で、要するに東からアクセスするには不便すぎるロケーションで、どこの国の法律も及ばぬ僻地《へきち》だったのである。

世界大戦が終わって、欧米列強がふたたびシナに関わる余裕を取り戻し、ロシアと日本がおとなしくなったら、ス社はまた戻ってくるつもりであった。

満州事変を起こした石原莞爾は、〈シナ大陸のどこかに大きな油田があるはずだ〉と、国内向けに宣伝し続けた。しかし関東軍も満鉄も、満州国北部の黒龍江省に、シナで最も大規模な「大慶油田」（一九五九年にソ連が掘り当て、中共が命名）が存在したことに、気付きもしなかった。

大慶油田は今でこそすっかり噴出量は減ったが、最盛期には日産九三万バレルもあった。日本の戦前の石油輸入は、一九三八年の一〇万三〇〇〇バレル／日がピークであったとされる（戦前の北樺太のオハ油田から、日本は年に二三五万バレルを輸入し、その三倍強が日本の石油総需要量だったともいう）。大慶油田は、日本の平時の石油需要だけでなく、おそらく戦時の需要も満たし得ただろう。〈満州にもシナにも石油が出ない以上、日本がそんなところの領土を増やしても米英に対する立場は強化されないぞ〉と石橋湛山は満州国建国を批判したが、日本にソ連並みの地下資源調査能力があれば、石橋は少し考えを改めねばならなかったかもしれない。

昭和一六年一〇月、つまり対米戦前夜に出た『科学の動員』という一般書（宮本武之輔・著）に、次のような話が載っている。

数年前に、富士山に石油が出るという迷信が起こった。ボーリングをして一〇〇万円以上、無駄にした。伯耆の大山でも、同じ噂に基づいてボーリングした、と。

また近年、海水の中へ木炭と何かを入れて瓶中に密閉しておくと、それがガソリンになる――と吹聴する詐欺に、爵位があるような名士がひっかかった。逮捕して調べてみると、この詐欺師は過去一〇年間も、同じ手口で世渡りをしてきたことが分かった、と。

一九二二年の日本外務省は、少しは石油の戦略資源および特権財としての高い価値が、分かるようになっていた。同年末から翌一九二三年夏にかけ、スイスのローザンヌで、第一次大戦後のトルコの国境などについて話し合う国際会議が開催された。イギリス陸軍が第一次大戦中から確保に乗り込んだ今のイラク＝クウェート油田は、もとはトルコ帝国の支配地であった。その油田利権の帰趨も、この会議で確定されるのだ。

このとき外務省は、林駐仏大使に、日本もメソポタミアの油田利権にありつけと訓電したという。が、林には石油の知識は皆無だったので、何もできなかった。

第一次大戦の最中、イギリスは同盟国の日本に、陸軍の複数の師団の派兵を要請した。西部戦線でも、東部戦線でも、メソポタミア戦線でもいいから、寄越してくれれば、費用は全部イギリスがもつ、という話だった。もし日本政府が、メソポタミアに一個師団でも派遣していたら、イラク＝クウェート油田を、堂々と日本の権利として、採掘できるようになっていたかもしれない。

Q **理想主義者といわれるウッドロー・ウィルソン大統領は、米国陸軍の必要最小限をどのくらいと考えていましたか？**

A 第一次大戦の勃発前、米陸軍は総勢わずか一〇万人以下であった。うち、半数弱が海外におり、他に二万七〇〇〇人の州兵があった。

第一次大戦は一九一四年八月に勃発した。

一二月、陸軍のウッド将軍が、アメリカも軍備増強が必要だとウィルソン大統領に意見具申した。

ウィルソンも、さすがに現状の米軍では有事に対応できぬと考え、妥当な軍拡案を考えるよう、ガリソン国防長官と陸軍参謀本部に命じた。

ウィルソンの軍拡プランは「コンチネンタル・アーミー」と命名された。この語を大文字で始めると、初代大統領ワシントンが指揮していた軍勢のことになる。そのイメージを拝借しようとしたのだが、もちろん最低限の遠慮をして、大文字にはしていない。

同案は、連邦陸軍の常備兵数を一四万人に微増させるとしていた。そのうち二万人は、軍医と兵站関係であった。

常備軍の兵卒は志願兵と選抜徴兵から成る。その現役期間は二年。除隊後、四年間が予備役の期間となる。

この他に、一八歳から二八歳の、主に高校～大学生の志願者に対して、連続三年間、ただし夏の二ヶ月間だけ、常備兵並の訓練を施し、その後、さらに三年間、そのコンディションを保たせる、という、準予備役の制度も設けようとしていた。

広義の予備役を、合計四〇万人まで増強したいというのが、ウィルソン案の大きな特徴であった。

加えて、一二万九〇〇〇人の州民兵（State Militia）があれば十分だ、としたのである。

他方でウィルソンは、「両用艦隊」の建造に強い意欲を示した。大西洋では英海軍を、太平洋では日本海軍を圧倒できるように、というのだ。海軍は主に志願兵だけからなるので、アメリカの有権者はそれほど反対をしないのである。

ウィルソンは一九一五年一一月から、有権者向けに、この陸海軍改革案の説明を開始した。だが、州兵を防衛の第一線から後退させるという大統領の狙いに、上院の軍事委員会は大反対だった。また下院の与党・民主党は、わずかな軍拡にもアレルギーを示した。

ガリソン陸軍長官（国防長官）は、ウィルソンと意見が合わなくなって、一九一六年二月に、議会を説得するのに失敗した責任をとって辞任した。

一九一七年四月にアメリカはドイツに宣戦布告した。ジョンソン准将の起案した選抜徴兵法は、志願兵からなる四個師団の編成権をウィルソン大統領に与えた。

一九一八年九月までに、二一歳から三〇歳までの男子、総計二四〇〇万人が登録され、そのなかから四〇〇万人が徴兵され、最終的に二〇〇万人が渡欧した。

一九一八年六月には、早くも一〇〇万人のアメリカ兵がフランスにいた。それに必要な航空機、大砲、戦車などの重装備、さらには軽機関銃までも、フランス（とイギリス）が供給した。パーシング攻勢に参加したのはこの一〇〇万人である。終戦までに来た残り一〇〇万人は、することはなかった。

こうした兵員の動員力と工業力は、当時の日本陸軍のエリート幕僚たちの想像を絶したものだった。

アメリカ兵の第一次世界大戦での戦死者は、一一万二四三二人だった。その半数が、停戦後に流行した悪性インフルエンザによる戦病死だった。

黒人兵は二〇万人が徴兵されたが、戦闘職種に配属されたのは四万二〇〇〇人にとどめられ、それも、米軍の白人部隊とは完全に分離されて、フランス軍と並んで戦った。

Q　第二次大戦前後の米軍の動員力は、どのようなものだったのでしょうか。

A　ジョージ・ワシントンが率いたアメリカ軍（the Continental Army）は、民兵（militia）とは別に一七七五年六月に編成され、独立後の一七八三年一一月に解散された。

プロフェッショナルの常備軍は合衆国には置いてはならぬ（それはアメリカに皇帝

を誕生させる母体となってしまいかねない）、というのが、独立の父たちの遺言だったのだが、一八四六年から四八年までのメキシコ戦争で、連邦陸軍は堂々と復活した。一八六〇年の米国連邦陸軍は一六万人からなっていた。南北戦争では、これが一挙に一〇〇万人に増やされた。そして停戦後一〇年で、また二万五〇〇〇人に戻った。これほどの弾力性を発揮できる国軍は、他にはみあたらない。

島大陸であるアメリカは、外国から致命的な奇襲を受けるおそれはなかった。逆にまた、自分から大規模な奇襲をかけなければ倒せないような相手も、近くにはいない。だから一九〇三年まで、アメリカ陸軍には参謀本部はなかった。

第二次大戦の直前には、米陸軍は志願兵のみからなる一七万人という規模に縮小されていた。ドイツが戦争を始めた一九三九年九月に参謀総長になったマーシャルは、〈とにかく高性能戦車と最新鋭の大砲を持たせて欲しい〉と声を上げねばならなかった。

一九四〇年、平時としては米国史上初の徴兵が実施された。一九四一年の夏までに、一四〇万人の陸軍が復活した。

米国では、議会が宣戦布告に同意する日を「Ｍ－ｄａｙ」という。Ｍは、Mobilization（動員）の頭文字だ。

戦争になると、大統領はオールマイティになる。憲法が議会に与えた権力すら、一部停止されてしまう。だから大統領の宣戦布告には議会の同意が必要だった。たとえばリンカーンが南部の州権（州権は建国の精神のひとつであった）を無視して「奴隷解放」を実現してしまえたのも、戦争のためにあらゆる権能が彼一人に与えられていた情況のおかげである。

産業の動員計画を米国が平時から立てるようになったのは一九三一年以後だった。一九四〇年に、ヨーロッパの動乱拡大に備えての平時徴兵が行なわれた。

レオ・チャーン著『アメリカの総動員体制』（松本和男訳、一九四一年刊）によれば、このとき三一歳以上の男子は徴募されなかった。徴募対象は二一歳以上であるが、有事には一八歳以上に引き下げることもできるとされた。なお、市民権なき者は徴募されなかった。

身長六〇インチ以下の者、および身長七八インチ以上の者は、兵役を免除された。体重一〇七ポンド以下の者、および、身長に比し太りすぎの者も、兵役を免除される。

Ｍ－ｄａｙ直後の志願兵には、兵種を選択する権利があった。

第二次大戦のヨーロッパ戦線では、米陸軍から二三万四八七四人の戦死者がでた。捕虜は一二万四〇七九人である（捕虜には多くの航空機乗員が含まれているだろう）。

朝鮮戦争では、米国人五万四二四八人が死んだ。シナ軍はこりごりだという恐怖と、日本軍はすごかったという再評価が生まれた。ベトナム戦争では一二年間で五万六八〇〇人が戦死した。

Q 米陸軍航空隊の「B－29」戦略爆撃機は、日本にとっては技術的奇襲でしたか？

A 一機が二三〇万ドル前後する飛行機を一〇〇機単位で揃えること自体、日本の国力では不可能であった。この編隊が一度のミッションで消費してしまうガソリンも、日本の陸海軍航空隊には、想像できない量であった。東京までB－29で爆撃可能な基地（サイパン島）があっけなく陥落した、という昭和一九年のニュースは、不人気な東条政権にトドメを刺すのに十分であった。米陸軍が、B－17をはるかに凌駕する四発長距離重爆撃機の開発の入札を、米国内のメーカーによびかけたのは一九四〇年一月である。いうまでもなく、これは「ドイツ潰し」の準備だった。

ドイツと英仏は一九三九年九月から公式に戦争状態にあった。一九四〇年の前半の時点では明らかに、ドイツ側が優勢で、元気に見えた。

もしも、ドイツが英仏とソ連を屈服させ、全欧を支配するようなことになれば、次は南米に進出してくると考えられた。そしてもし、全ユーラシアと南米がアメリカ合衆国の敵に回ったとするなら、その資源と人口は、アメリカ合衆国を凌ぐ。次には北米が圧倒されてしまうはずであった。

だからアメリカ政府は、ドイツであれロシアであれ、ただ一国の勢力が全ユーラシアを統一してしまう事態を、ぜったいに見過ごすことはできない。そのためにはどうすべきか。ドイツがあまりにも強大になったなら、仏・英・露のいずれかを応援し、ドイツと拮抗（バランス）させるべきである。それが、アメリカの国益になるのだ。

ところが一九一八年以来、アメリカの有権者は、ヨーロッパの戦争に介入することには、すっかり懲りていた。

第一次世界大戦で、アメリカ政府は南北戦争いらい久々に二一歳以上の男子を選抜徴兵することにし、最終的に二〇〇万もの大軍を編成してヨーロッパへ輸送した。その二〇〇万人のうち、戦闘とインフルエンザとを合わせて一一万人が死亡した。

二〇〇万人の軍隊を編成して大西洋を往復させるというだけでも、使った税金は膨大なものであった（帝国陸軍が一九四一年夏に対ソ戦を始める気で満州にかき集めた兵力が、総勢で八〇万人に満たなかったことと比較せよ）。

その上アメリカ政府は、イギリス政府やフランス政府に、多大の財政支援を行なった。にもかかわらず、そのとき貸した軍資金を戦後に返済すること以上の要求（たとえば殖民地の放棄）などを、戦後、アメリカ政府はヨーロッパ諸国に求めなかった。はなはだ「寛大」と言うべきであろう。

ところが、第一次大戦が終わるや、英仏両国は、なんだかんだと開き直って、アメリカ政府やアメリカの民間銀行から調達した資金の返済を、長期間、滞らせた。のみならず、戦後の不況期に、英仏両国がアジアに保有する広大な殖民地の市場を、アメリカ商品に対して開放することも拒否するのである。殊に大きかったのはインド市場であった。アメリカは、第一次大戦でイギリスを全力で助けた結果として、その期間中の極東への影響力が減退し、ヨーロッパに兵力を送らなかった日本をしてシナ市場への食い込みを強化させるという結果も招いてしまった。じつにバカを見たのだ。アメリカの有権者が、いまや再びドイツから圧迫されている英仏に対して同情をしなかったとしても、当然であろう。

だが、こうした庶民感情と、政治指導部の国策判断は、おのずから別でなくてはならない。全ユーラシアがドイツのような〈自由に非寛容〉な文化の国によって統一されれば、長期的に北米の自由は脅かされる。これは疑いがなかった。さりとて、再び英仏を陸軍の派兵によって助けようなどと演説すれば、アメリカ有権者は、その政治家を選挙で落選させるであろう。米陸軍を派兵できないとすれば、大規模な徴兵をせずとも志願兵だけでなんとか運用のできる海軍と空軍（＝陸軍航空隊）を強化するしか、ヨーロッパに手を延ばす手段はない。かくして一九四〇年六月一日に、「対ドイツ爆撃機」としてB－29の試作がボーイング社へ発注されたのである。

このB－29が、対日戦に投入されたのは、まったくの偶然といえる。それは日本人にとっては、技術的な奇襲になった。このようなことが、世界の歴史ではよくあるから、一見、日本国には何の関係もないように思われる地球の裏側の動静にも、われわれは常に注意を怠ることが許されないのだ。

ちなみに、米海軍の艦上戦闘機「F6F」（ヘルキャット）も、一九四〇年六月にドイツ軍がフランスを屈服させ、いよいよ次は英国が危うくなるというので、急遽、アメリカ政府が、米陸軍の地上部隊には頼らずに、志願制組織の米海軍だけでなんとか英国を後援する手段として、開発予算がつけられたものであった。とうぜんのことに、日本海軍の「零式艦上戦闘機」などは、当時のアメリカ人の眼中にはなかった。あくまで、ドイツ空軍のメッサーシュミット戦闘機が、ヘルキャットの仮想敵であったのだ。

これは連邦議会が審議して予算をつけているので、当初から少しも秘密の話ではない。ところが、自意識過剰な日本人は、「ヘルキャットは零戦対策として開発されたのだ」という神話を敗戦後に捏造《ねつぞう》し、いまだにその与太を再生産して喜んでいるのである。

そもそも、初代の「空の要塞」であるB－17も、一九三八年のミュンヘン会談で英国がヒトラーに譲歩したのを見たフランクリン・デラノ・ローズヴェルト大統領が危機感を抱き、米陸軍内では少数派だった航空兵団参謀長のヘンリー・H・アーノルド少将の構想を支持したのが大量調達の始まりであった。

B－17を中軸とする英米の航空隊は、ドイツ爆撃ミッションのために、なんと二万一〇〇〇機もが喪失し、クルーは一四万人が墜死もしくは機上戦死している。B－17よりもさらに馬力に余裕のある重爆撃機が、防御力の強化のためにも、必要であった。

さて、戦前の日本でいちばん読まれた航空雑誌であった『航空朝日』の編集者たちが、B－29の本土空襲が始まってから三ヵ月後の昭和二〇年一月に『B－29〝超空の要塞』の正體』という単行本を出版している。つまり、陸海軍の検閲済みの内容であるが、それによると、そもそも「B－29」の噂を日本が知ったのは、昭和一八年の春だったという。

なにしろ敗戦前の朝日新聞社は、社費で長距離連絡機を独自に製作して運用し、その遺産と人材が戦後の全日空を生み出したぐらいだから、分析のプロには事欠いていなかった。

彼らは、戦前からモニターし続けていた海外の公開情報を総合し、〈B－29とやらは、おそらく爆弾なしで八五〇〇㎞の航続力を有し、爆弾を三トン強搭載した状態では六〇〇〇㎞飛べるだろう〉と推定をした。

ちなみにロサンゼルスから本州までは八四〇〇㎞、インド国境に近いシナ奥地から本州までは五五〇〇㎞ほどである。必ずやアメリカ軍は、次の大型爆撃機に「太平洋横断能力」を持たせるに違いない――と読んだのだろう。もちろんマリアナ諸島から発進するなら、往復して東京を爆撃することは簡単だ。

昭和一八年の一〇月一五日に日本政府が主要都市の疎開計画をまとめているのも、この情報と無関係ではないだろう。すでに九月にはイタリアのバドリオ政権が連合軍に無条件降伏しており、もはやドイツが世界を征服できないことを誰もが悟った。

昭和一九年一月三一日に、米国の週刊誌『タイム』は、開発中のB－29の詳細を報じた。すなわち、爆弾を八トン搭載した状態で航続距離は一六〇〇㎞であり、三トンに減らした状態では四八〇〇㎞になる。速力は、高度七五〇〇mで時速四〇〇㎞である——と。

スペックは昭和一八年の日本人の予測よりも後退していたが、フィリピンやシナ奥地よりもずっと東京に近いマリアナ諸島が米軍に占領されれば、帝都がこのB－29による空襲にさらされるであろうことは、もはや確実となった。そして日本では戦前から、もし敵国から焼夷弾空襲を都市に受けるようになったら、都市の壊滅は防ぎようがないと、なかば公然に、認められていた。

かかる公開情報が事前に周知されていたために、東条内閣は、マリアナ諸島を「絶対国防圏」に含めねばならず、それが失陥したことの責任をとらされて、どうしても総辞職をせざるを得ぬ立場に追い込まれたのである。

サイパン島の日本軍は、昭和一九年七月七日に全滅。東条内閣は、七月一八日に総辞職に追い込まれた。

そのタイミングにあわせるかのように、米誌『コリヤーズ』（一九四四年七月二二日号）と英誌『フライト』（一九四四年八月一〇日号）に、B－29のこれまでの開発経緯と、今後の展開の見通しの記事が掲載された。昭和一八年一一月二二日のカイロ会談で蒋介石が、シナ本土にB－29用の飛行場を造成することを確約し、四三万人の農民がその工事のために動員されていることも、公表されたのである。

これは、英米両国が、小磯内閣の成立を「バドリオ内閣」だと期待して、早期の降伏を呼びかけた公報戦術であったと、見ることができよう。

Q　南方のゴム資源がどうして重視されたのですか。

A　一九一六年、まだ第一次大戦にアメリカが参戦を決められずに中立していたとき、ドイツの潜水艦『ドイッチェラント』号が、英海軍の封鎖をかいくぐって、米国東海岸に入港した。そして、積荷の薬品や染料とバーターで、ゴム五〇〇kgを持ち帰ったことがある。わずかなゴムのために、一隻の潜水艦を危険にさらすほどの価値が、あったのだ。

ドイツは第一次大戦中、木製タイヤを試すまでに、ゴム不足に悩まされた。そこから、合成ゴムの研究が促された。

石油やアセチレンを原料とする合成ゴムの製造技術は、第二次大戦の少し前から、急速に進歩しつつあった。だが、石油もまた、天然ゴムと同様に、地球上での産地が偏在する特権的な資源であったし、アセチレンからの合成は、生ゴムを買うのに比べて三倍のコストがかかった。

したがって、各種の合成ゴムが世界に知られた後も、天然ゴムの利用価値と稀少価値は、さして減じなかったのである。

ゴムの最大の需要は、タイヤだった。トラックやオートバイは、空気入りタイヤがなければ、ほとんどその機能を果たすことはできない。だいたい、自動車用のタイヤが、ゴム資源の半分を使った。

戦車には、空気入りタイヤは使われないが、転輪にソリッドゴムの「輪帯」を巻く。ゴムの必要量は、軽戦車でも乗用車の六倍に達した。飛行機には、その軽戦車以上のゴムが必要だった。たとえば、枢要な計器類をエンジンの振動から守るためにも、ゴムのダンパーは欠かせなかったのだ。

アメリカ合衆国の資源上のネックも、ゴムにあった。アメリカ政府は、軍需用のゴムを確保するため、真珠湾攻撃の前からタイヤやチューブの民間販売を制限し、一九四二年一月末からは、民間乗用車の製造そのものも禁止した。さらに三月以降、民間からタイヤを徴発した。また、民生用のタイヤの交換需要を抑制するため、国内では自動車は六四㎞／時以下のスピードで走れという大統領令も出している。

「加硫」によってゴムの弾性を増強する製法特許をグッドイヤーが取得したのは一八四一年。ゴム袋をズック布で包んだPneumatic tyre（空気入りタイヤ）を、英国人ダンロップが発明したのは一八八八年である。欧州ではこれは自転車に最初に採用されるが、明治期の日本では、人力車の機動性と乗り心地を、飛躍的に高めることになった。

明治四一年、神戸にダンロップの工場が建設されて、以後ようやく、大阪を中心にゴムの内製化が進む。まだ合成ゴムの競争が始まっていないから、技術をまったくもたない零細企業が容易に参入できたという。ゴム鞠やゴム風船が日本に普及するのも、明治四〇年代以降のことである。

大正時代には、地下足袋の裏底にゴムが貼り付けられるようになった。自動車後進国の日本では、足袋など履物用のゴム消費が、自動車タイヤ用のゴム消費よりも多かった。

こんな市場構造の後進性のため、日本ではなんと昭和一四年になっても、高性能な合成ゴムを作る工業が存在していなかった。他の先進国では、生ゴムの輸入が途絶えたら、代わりに合成ゴムを増産することができたのであるが、日本では、生ゴムがなくなれば、戦争の継続は至難だった。政府がその状態を放置してきたのは、陸海軍ともに、複数の欧米先進国を敵とする二年以上の長期戦など、一度も考えたことはないからである。

かくして〈ゴムの確保〉が、日本が南進すべき理由の一つに標榜されて、それが説得力をもつことになった。

Q **東京裁判のパル判事は、日本の味方だったのでしょうか。**

A インド人であるパル判事は、日本の味方ではなく、なによりもまず、イギリス帝国の敵であった。イギリス帝国に挑んだ日本を論ずるなかで、パル判事は、インドをいつまでも独立させないイギリスが、いかに不道徳な支配者なのであるかを、後世に伝えられる公的文書のなかで、強調したかった。そしてその際、イギリス帝国の相棒のようにふるまったアメリカ合衆国にも注文をつけたかった――と評するのが、適当だろう。

もちろんパル判事は、真珠湾攻撃以前の日本の行動の中にうかがわれた領土的な野心を、いささかも歓迎していない。

支那事変については、パル判事は、それが蔣介石の侵略だったという真相を把握できておらず、日本が悪いと考えている。そして逆に、東条内閣の対米英戦争の開戦流儀については、弁護できるわけのない日本の欺瞞行動を、大いに弁護しようとしている。

殖民地の人民を代表するパル判事の立場は、あまりにも特殊であり、その議論をそっくり日本人が採用しようとすれば、他の先進大国国民からの、あなどりをうけるだけである。戦前の日本は、インドのようにアングロサクソンの殖民地にされていたわけではなかった。逆に、世界の平安と近代主義の普及に応分の責任を果たすべき、独立した先進大国だったのだ。東京裁判では、先進大国としてふさわしくない反近代的な無責任行為が、糾弾されたのである。

殖民地であるインドは、世界に対して、そのような責任を負っていない。つまり、東京裁判のような大きな弾劾にかけられる資格すらない国であった。インド人は、自分たちの言語で、近代の国際法をきわめることができなかった。英語に熟達することで、はじめて彼らは近代法を摂取できた。

いとも簡単にイギリスの殖民地にされ、エリートが母国語よりも支配者の言語に習熟し、心身ともに宗主の奴隷になり、イギリス帝国のさらなる拡大のために一貫して膨大な軍資金を貢納しつづけたインド人は、アジア地域の平和や民族自決にすこしも貢献しなかったのであり、また、その資格もなかったと言うべきである。

日本は違う。日本人は、自分たちの言語で、近代を摂取できた国民であった。エリートが死戦してでも国の独立を保とうとし、じっさいに幕末から明治にかけての自衛に成功した軍事大国であった。

近代的な大国には、責任があった。その国際的な責任に、昭和前期の日本人エリートは、背を向けたのだ。資格と責任があったがゆえに、奇襲侵略を承認した日本の政治指導者は、裁かれた。

インド人のパル判事は、宗主国のイギリスを憎み、インドの独立を願っていた。インドが独立するためには、おそらくイギリス軍との間で、インド軍やインド人民が、銃撃戦くらいはしなくてはならないだろうと予測できた。

そこで、戦時国際法の権威ある専門家であったパル判事は、将来、インド人による独立戦争や反英戦争が始まったときに、自分のコメントが、けっして、英国側を利するようなことのないように、細心の注意を払っているのである。

パル意見書は、インド人民のための参考書なのであり、その大目的のために、日本弁護の外形を借りているにすぎない。

すでに殖民地であるような国は大国ではない。したがって外交慣行の埒外《らちがい》に置かれている。

被支配の現状打破をしようと思ったら、大国同士の慣行をブチ破らなければならない。そのためには手段を問わない。

だから日本を擁護した。

もしインドがすでに独立国であったら、彼はとても日本を擁護できなかった。

日本人がパル意見書を読むときに、日本語の発想では、この高踏な議論は不可能だ、と直観するであろう。日本の近代主義と、日本語による説得の技術は、まだ英米の水準にも、追いついてはいないのだ。そのことに、開き直るのは、あやまりである。

Q 一九四五年の日本の降伏がもうすこし長引いていたら、北海道は占領されていたでしょうか？

A 大いに疑問である。

ソ連軍が樺太の北緯五〇度線を越えて南下してきたのは、満州での対日開戦から三日目の、八月一一日だった。しかも、日本軍の国境陣地でほとんど阻止されてしまい、八月一五日の時点で、国境から一〇㎞南の位置で、釘付けにされていた。

一六日、沿海州のソヴェツカヤ・ガワニから軍艦で運ばれた二個大隊が塔路に上陸した。おそらく、駆逐艦一～二隻に鈴なりにしてきたのだろう。ソ連は、この海域で使える輸送船を、持っていなかったのだ。ソ連軍は、米軍ではないのである。

八月一七日に、北海道と樺太・千島の防衛司令官であった樋口季一郎中将が、樺太の守備隊に戦闘中止命令を伝えた。現地日本軍部隊はソ連軍に停戦を申し込む軍使を送ったが、軍使はことごとく射殺された。

二〇日には、第二派として三四〇〇名が真岡付近に海送されてきた。これも一隻か二隻分でしかない。

日本軍が自分で反撃を封じたので、ソ連兵は二五日までに、南樺太の主要な町を占領することができた。

国後島や色丹島は、沿海州から離れすぎており、冬季は流氷にとざされるので、北海道への侵攻拠点にはならない。逆に自衛隊は、いつでも国後島までなら楽に奪還できるのである。

軽視できないのは南樺太であった。スターリンは囚人を使って間宮海峡に海底トンネルを掘らせ、対日侵攻基地として樺太を整備させようとしていた最中、米国との水爆競争のストレスが祟って、病死した。

Q

アメリカ軍の最後の元帥となったオマー・ブラドリーも、マッカーサーの対支攻撃論には反対だったのですか？

A

その通り。

ブラドリーは一九五〇年に、アメリカ四軍をたばねる初代の統合参謀本部議長となった。つまり東京のマッカーサーよりも上席である。そのブラドリーの判断では、赤色シナに世界征服の力はなく、したがってロシアを放っておいてシナのために原爆を浪費するのは合理的ではなかった。

オマー・ブラドリーは米軍の最後の元帥でもあった。一九一五年に卒業したウェストポイント陸軍士官学校では、アイゼンハワーと同期であった。出身はミズーリ州だから、トルーマン大統領には親近感を持たれたはずである。

第一次大戦の前線には出征せず、メキシコ国境でキャリアをスタートした。日本軍の真珠湾攻撃が、彼の昇進速度をいきなり超特急にした。一九四一年二月、彼は大佐の階級をバイパスしていきなり准将になる。

そしてアイゼンハワーらとヨーロッパの西部戦線で采配をふるうことになった。人格円満であった彼は、一九五〇年九月に、今日までのところ最後の、米国陸軍元帥になった。

ブラドリーは一九五三年に退官して、一九五八年から七三年にかけては、時計メーカーの会長に就任しているのだが、一九八一年四月八日に死ぬまで「General of the Army」の階級は保持している。

Q

日本列島のはるか上空で核爆発があると、地上の電子機器は、電磁パルス（EMP）の影響を受けて、全部使えなくなってしまうのですか？

A

集積回路の類を一個も使っていない、ごく原始的な電気器具は、EMPによっては、何らの被害を受けない。

EMP効果が発見されたのは、一九六二年七月八日のことだった。

この夜、米軍は、太平洋のジョンストン島の上空四〇〇kmで、一・四メガトンの水爆弾頭を炸裂させてみたのである。ちなみに、最も高度の低い人工衛星は、高度二〇〇kmを回る。

なぜそのような宇宙でわざわざ核実験をしたかというと、米国は、敵（ソ連）のICBMを飛翔途中で無力化させる方法を、いろいろと模索していたのだ。

具体的には、宇宙空間で水爆を炸裂させ、多量の中性子を放出させてやれば、その近くを通った敵のICBMの核弾頭内部の核物質に中性子が届く。すると、敵の核弾頭内部で勝手に部分的な核反応が起こり、調子が狂って、落下後に正常に起爆しなくなる、という効果があるかどうか、試したのだ（詳しくは公表されていないが、おそらく爆発点近くを横切る人工衛星などの飛翔体の中に、模擬核弾頭をセットしておいて、後で回収して、調べたはずだ)。

ところが、科学者が予期しなかったことが起きた。爆発点から水平距離で一四〇〇km離れた、ハワイ諸島で、停電が起きたのだ。

地上の発電所や変電所などで、機器の制御用に用いていたICやLSI、つまりチップの上に微細に集積されている回路が、はるか宇宙で発生した電磁パルスの影響を受けて、短絡(ショート)してしまったのだ。

ただし、真空管を使っていた通信機(これは短波無線機に限って言えば、必ずしも時代遅れではなく、陸上自衛隊でも一九八〇年代までは現用されていたと記憶する)は、無被害だった。

今日では、飛行機はもちろん、自動車や家電品も、何らかのサイズのコンピュータがどこかに組み込まれていて、それが正常に動かないと、そもそもスタートできないようなものが多い。大規模な核戦争が起きると、それらのコンピュータは、ダウンしてしまうおそれがある。

Q

日本が長距離ミサイルをもつと、アメリカを不安にしないでしょうか?

A

岩手県の山岳地にICBM基地を置いたとして、射程六〇〇〇kmあればシナ奥地までカバーできる。ところがロスアンゼルスまでは八四〇〇kmあり、ニューヨークまでは一万三〇〇〇kmだ。射程六五〇〇kmでも、アラスカ州までしか到達しない。これどうして問題になるのか。

Q

「日本国憲法」では、陸海空軍は持たないことを宣言しているはずなのに、どうして今のわが国には「自衛隊」があるのですか?

A

キミたちには信じられないだろうが、世間で「日本国憲法」と呼ばれているもの、あれは〈ニセモノ憲法〉であり、あってはならない「ウソ」のかたまりなのだ。

ほんらい、近代化をしようとする日本の政府と、日本国民とのあいだで、日本をどんな国にしていくのか、その基本的なとりきめを文章にしておこうというのが「憲法」のはずだった。

しかし一九四六年に文章がつくられた「日本国憲法」は、日本を占領していたアメリカ軍が英語で作文し、それをそっくり日本の政府に押し付けて、そのまま日本語に訳させたものだった。日本人のこれからの生き方を、外国人が決めてしまおうという、ムチャなものだったのだ。

一九四一年のおわりから一九四五年の夏までの、三年八ヵ月と少し、アメリカは日本と戦争をしていた。この戦争のためにアメリカ人が何万人も殺された。そこで、終戦の次の年である一九四六年とうじのアメリカ人としては、日本人がこれからはずっと無力で無抵抗であり続ける方が、つごうがよいと思ったのは、とうぜんだ。それで、〈日本人はもう軍隊は持たない〉と約束させるような憲法を押し付けたのだ。

しかし「憲法」とは、外国軍から押し付けられて定めることはできないものなのだ。そのような押し付けは、昔から、文明国同士の慣行で禁止されていた。いま、地球上に百数十ヵ国もの国家があって、決して一つにはまとまらないのも、その国ごとに地理と歴史が独特であるからだ。そのために、住んでいる人々の「ものの良し悪しの感じ方」も違っているからなのだ。それで、どんな天才だって、〈他国民が最も満足し、納得できる社会〉とはどんなものかにつき、とうてい、決めることができない。

もしも、外国人から押し付けられた「偽憲法」などを採用すれば、かならずその国民は不幸になってしまうのだ。自分を不幸にする約束をわざわざする国民など、いるわけがあろうか。もちろんのことに、「日本国憲法」は、じつは「憲法」ではありはしない。〈ニセモノ憲法〉である。

たとえば、キミのとなりに座っている人が、急に野球のバットをふりあげ、キミに襲いかかって来たとする。キミは、逃げるか、さもなくば、そのバットの攻撃を、なんとか防ごうとするであろう。相手をつきたおしたり、ねじふせることで、敵に攻撃をやめさせることもある。こちらも棒を使って反撃したりおどかしたりして、敵に攻撃をやめさせることもあるかもしれない。逃げ場がないときには、そうでもしなければ、キミは頭を割られて死んでしまうのだ。

日本には警察官もいる。が、キミが頭を割られたあとで警察官がかけつけてきても、キミはもう生き返ることは不可能である。だから、逃げることができぬ場合には、キミはどんな反撃をしてでも、自分で自分の命を守るしかない。それは、今日では、世界中で認められている、すべての人の生まれながらの固有の権利で、「自衛権」と呼ばれている。

これが国家のばあいは、どうなるだろう？　他国から攻撃を受けたときに、日本国は、足が生えているわけではない。走って逃げ去るわけにはいかないのだ。となると、国家が殺されないで済むための、とっさの手段は、「反撃」しかない。自分の国を攻撃してくる外国を、こちらからも攻撃しかえさなくては、敵に攻撃をやめさせることができない。

この理屈も、ヨーロッパ人にとっては、一千何百年もくりかえしてきた無数の戦争の体験から、「とうぜんのことである」とみなされる。自衛権をすっかり放棄させるような憲法や契約を、ある国が、他の国に強制することも、ヨーロッパでは、いまさら論ずるまでもなく、許されない。

ところが、日本を占領していたアメリカ軍の指揮官・マッカーサーは、戦争と国際法の長い歴史には無知であった。マッカーサーは、他国にさきがけて原爆を完成したアメリカ合衆国は、原爆の力で戦争をなくし、世界の警察官になるのだ——と早合点をしてしまった。そして、アメリカ国内の選挙民向けにウケを狙って、日本人が自衛権の完全な放棄を宣言する〈ニセモノ憲法〉を創り、それを時の日本政府に押し付けようとした。

なんとまた、とうじの日本の政治家たちも、戦争と国際法の長い歴史には無知だった。彼らは、儒教の悪影響で「強い国の押し付けには逆らえない」と思い込み、〈ニセモノ憲法〉をうけいれたのだ。

その後、「国家が自衛権を放棄できるわけがない」ことにやっと日本人も気付いたが、〈ニセモノ〉憲法は、まだ形式的には葬られずに残っているのだ。

Q **兒玉源太郎のライバルや敵対者で、特筆されるべき人物はいたでしょうか。**

A 桂太郎は若いときから、着眼も意志力も同僚に優れ、しかも猛烈な努力によってプロシア式軍制の第一人者になったことを誰もが認めていた。川上操六も、桂と同じことをやったのでは周囲から認められぬと、直ちに合点したほどだった。

桂は、山県有朋の腰巾着には甘んぜず、伊藤博文とともに政党を母体とした近代的立憲政体の構築に取り組んだ。識見が卓抜であった。

桂が日露戦争を挟んで総理大臣であったことは、日本の幸運であった。桂は、国内をまとめるためならば、自分で我慢ができる人材であった。

我慢のできない男は、大きな集団を一つの目的にまとめることもできないし、その前に、人から立てられることもない。兒玉源太郎は、我慢のできない男だった。彼はなんでも一人でやろうとしたから、配下と思っていた後藤新平にまで、ついに見捨てられた。

明治末に、桂太郎は、こう言ったそうだ。

――アジアの安全は誰が保つのか。われわれは英国人と同盟しているのであるから、この部分は日本人がやろうか、あの部分は英国人がやるであろうと、こういう考えをもってはならぬ。全局を担当するという覚悟があって、はじめて日英同盟の効果を充分ならしむることができるのである。決して人頼み、人の力によるというような考えをもってはならぬ。人と共同し、人と組み合って、仕事をしようというには、自分独りでもやるという考えがなかったならば、決して共に仕事をすることは出来ない。いわゆる独立独歩の精神がなくてはならぬ。また独立して行くことが出来なければ、人が己を頼んで来るものではない――。

桂は、「陸上自衛隊は海外派兵されるべきである」と言っているわけだが、ここで桂が処世訓に強調した「独立独歩」は、決して兒玉式の個人謀略のことではなかった。

寺内正毅は、非常に長く陸軍大臣を務めたが、これは、吉田松陰に近くなかった桂が、自分より先に総理大臣になっていることへのくやしさが己れの精励のバネとなり、身をスキャンダルから遠ざけたおかげであろう。しかし日本陸軍の形式主義は、寺内の居座りのおかげで、抜きがたく固定してしまった。

兒玉は、こういう真面目だがスケールの小さい人物に仇敵視されながら山県への忠勤を競わされるという境遇には、堪えられなかった。

兒玉は熊本城天守閣にみずから放火することによって、西郷軍の意気を殺ぎ、敗滅させた。西郷隆盛を殺したのは兒玉だと言っても良かろう。

『南洲遺訓』の次の一節は、大西瀧治郎が気に入っていた部分らしい。

「正道を踏み、国を以て斃《たお》るるの精神無くば、外国交際は全《まった》かる可《べ》からず。彼の強大に畏縮し、円滑を主として、曲げて彼の意に順従する時は軽侮《けいぶ》を招き、好親却《かえっ》て破れ、終《つい》に彼の制を受くるに足らん」「……然《しか》るに平日金穀理財の事を議するを聞けば、如《い》何《か》なる英雄豪傑かと見ゆれども、血の出る事に臨めば、頭を一処に集め、唯《ただ》目前の苟《こう》安《あん》を謀るのみ。戦の一字を恐れ、政府の本務を堕しなば、商法支配所と申すものにて、更に政府に非《あら》ざる也」

兒玉には、国のために死なねばならぬという考え方がなかった。彼は、南満州に、参謀総長である自分が支配する、日本でもシナでもない「極東のプロシア」を創ろうとした。

西郷が征韓論を唱えたときは、南樺太はまだロシアが北海道への侵攻の跳躍台として利用できる状態だった。しかしポーツマス条約により、南樺太は爾後《じご》、〈北海道防衛のための要塞〉として日本が利用できるようになった。日本列島にとっての大陸勢力の脅威は、ふたたび、太古いらいの玄界灘正面に、局限される見通しとなったのである。

この時点での児玉の満州開発構想は、日本にとって、大きな不良資産にしかならなかった。

文庫版のあとがき

陸軍大将で参謀総長だった兒玉源太郎は、明治三九年七月に脳血管症を突発し、自宅寝室で急逝します。

その翌々年の明治四一年（一九〇八年）。米国東部の名門大学で講師になっていた歴史学者・朝河《あさかわ》貫一が、『日本の禍機』という警醒の諫議書を日本語で上梓する必要を感じました。

朝河の思いはしかし、日本の読者には届きません。

けっきょくそれから三三年後に、日本帝国とアメリカ合衆国は正式に戦争状態に突入してしまうのです。

けれども、もしも、明治末期から昭和前期のわが国の指導者層が、『日本の禍機』

がストレートにつきつけてくれた朝河の苦言に耳を傾け、「その批判は尤もだ」と三省し、日露戦争の休戦（明治三八年）直後からの、自分たちの「対外公約違反」を、国家の恥だとして撤回・修正できていたならば、昭和一六年の日米戦争を避けることなど、たやすかったでしょう。

二〇二二年二月二四日、ロシア連邦が身勝手な理屈を持ち出して隣国のウクライナに対する大規模な軍事侵略を発起し、その張本人のウラジミール・プーチンは世界中から指弾を受け、これ以上なく憎まれているありさまを、わたしたちは同時代の証人として見聞しているところです。

昭和一六年一二月八日の対米開戦に至る期間の日本の評判も、ちょうど、末期のプーチンに似ていました。いろいろと言い訳の宣伝もありましたが、出発点で筋が通っていませんため、説得力がまるで乏しいのです。

日露戦争を戦っている間は、ロシア以外の世界中の国々が、日本に同情してくれていたものです。誰もが、ロシアが満洲と朝鮮を占領支配する気であって、日本がそれを座視し得ないのは当然だと思ってくれていました。

それが、ポーツマス講和条約以降は様子がガラリと変わって、もはや心の底から「日本は正しい」と考えて味方をしてくれるような与国は、ただの一つも探せなくなりました。わが国は、まさに今のロシアのように、世界中から嫌われる国へ転じてしまったのです。それも、ほとんど一夜にして……。

どうしてそんなことになってしまったのでしょうか？

『日本の禍機』は、思い出させようとしました。

明治三七年に日本がロシア帝国と開戦した前後、日本政府は欧米の新聞マスコミに向けて、どんな宣伝を打っていたのか？

――《清帝国の領土が植民地化される未来には反対する》《どの外国も、清国市場へのビジネス参入を排除されるべきではない。もちろん日本も清国市場を独占しない》――と言い続けたのです。

この非公式的な方針宣伝を、米国を筆頭とする商業先進国は大歓迎し、それならば日本を全力で応援してやろうじゃないかという気運が、全地球的に醸成されたのでした。

日露戦争は、「日本・対・ロシア」の戦争ではありませんでした。宣伝外交によって、「全世界・対・ロシア」の戦争という構図に昇格させたから、日本は負けないで済んだのです（フランスとドイツはロシアの味方のように装っていましたけれども、フランスはロシアが極東の戦争で疲弊しないことだけを望んでおり、かたやドイツはロシアの弱体化を密かに願って日本に武器弾薬を売り渡していました）。

そんな大きな構図を作ったのが、米国新聞に対する日本政府の上記の意向標榜でした。朝河は、リアルタイムに米国東部で暮らしていて、日本発の絶妙の宣伝が反映されている新聞記事や雑誌記事をずっと読んでいたのです。

では、この政府としての半ば公式な約束をあっけらかんと反故にし、満州市場、ひいては中国市場にも米英資本などが入って来られないようにさまざまな妨害を展開し、ゆくゆくは中国大陸をぜんぶ日本の植民地として支配して行こうと陰に陽に画策し、具体的な計画を推し進めたのは、いったい誰だったのでしょう？

そんな路線を初期に打ち出したキーパーソンこそ、児玉源太郎だったのです。

朝河は、『日本の禍機』の中で児玉についていちども言及はしていません。しかし『日本の禍機』を執筆する直前に短期間、日本に滞在していますから、ほぼ、察しはついたのではないでしょうか。

児玉の遺策は、児玉その人をもう必要としないぐらいに、日本陸軍や各界の指導者候補に受け入れられ、ほとんど集団的に引き継がれていました（だから児玉も満鉄という打ち出の小槌を奪われて憤死を遂げたのでしょう）。

陸軍中枢の主流にすでに形成されていたその集団的意向に抵抗することが難しそう

なことも、朝河には予感はできただろうと思います。

さりながら、公人が公的な約束を破って恥じることがなくなったら、それはもはや「近代」社会たり得ません。今のロシアや儒教圏などと同じ、「反近代」に、逆戻りすることになるのです。

まさに「近代」を目指した革命であるところの「明治維新」を、四〇年にして裏切ることになるでしょう。

朝河は書いています。

――「けだし日本の最も恐るべきところは清国にあらず欧米の強国にあらず、実に己れを不正の地に陥れ清国および欧米をして正義の側に立たしむるにあるなり」。

世界中の同情はこんどは中国に集まって、日本からは離れました。日本は世界中から憎まれ、ほとんど世界中を相手に戦争を始め、その必然の結果として昭和二〇年に惨敗します。日本を破滅させたのは、児玉源太郎の反近代的な方略と流儀を、まったく無反省に引き継いだ日本人たちでした。

朝河は、遠い未来への訓戒のつもりだったのでしょう、《一時の国利と、百年の国害を、比較できるまでに、国民全員が、成熟しなくてはダメだ》とも、書きのこしています。

初版『日本の戦争Q&A』は二〇〇八年一月に店頭発売されています。当時の私（兵頭）は、多くの日本人がいちじるしく誤解しているようにみえた児玉源太郎の生前の構想を穿った本を書くことで、読者の戦前史リテラシーが成熟することを願っていました。

今、読み返しますと、それに成功したかは甚だ疑問です。けれども、初版当時の時代精神をそのままに保存する方が、エンターテインメント性は生きると思い、本文には手を加えないことにいたしました。ひとつ、ご諒承ください。

末筆ながら、光人社NF文庫化にあたり、『地獄のX島で米軍と戦い、あくまで持久する方法』にひきつづきまして、潮書房光人新社の小野塚康弘さんのお世話になりました。まことにありがとうございます。

令和五年八月　兵頭二十八　識《しるす》

NF文庫

読解・富国強兵
日清日露から終戦まで

二〇二三年十月二十三日　第一刷発行
著　者　兵頭二十八
発行者　赤堀正卓
発行所　株式会社　潮書房光人新社
〒100-8077　東京都千代田区大手町一-七-二
電話／〇三-六二八一-九八九一㈹
印刷・製本　中央精版印刷株式会社
定価はカバーに表示してあります
乱丁・落丁のものはお取りかえ
致します。本文は中性紙を使用
ISBN978-4-7698-3330-7　C0195
http://www.kojinsha.co.jp

NF文庫

刊行のことば

第二次世界大戦の戦火が熄《や》んで五〇年――その間、小社は夥しい数の戦争の記録を渉猟し、発掘し、常に公正なる立場を貫いて書誌とし、大方の絶讃を博して今日に及ぶが、その源は、散華された世代への熱き思い入れであり、同時に、その記録を誌して平和の礎とし、後世に伝えんとするにある。

小社の出版物は、戦記、伝記、文学、エッセイ、写真集、その他、すでに一、〇〇〇点を越え、加えて戦後五〇年になんなんとするを契機として、「光人社NF（ノンフィクション）文庫」を創刊して、読者諸賢の熱烈要望におこたえする次第である。人生のバイブルとして、心弱きときの活性の糧《かて》として、散華の世代からの感動の肉声に、あなたもぜひ、耳を傾けて下さい。